U0032633

Intellectual History

2

2014 年 3 月

目錄

發刊辭

　　整體史學之興衰與思想史之興衰相維;反之亦然。

　　史學興盛的原因眾多;有緣於外部因素者,如某類重要或大宗史料的突然出現、政治因素的推波助瀾、學科建制化之後的自我複製與再生產的能力等等;但真正能讓史學持續灌入活頭源水的原因,則在於吾人主觀上對重要歷史課題的強烈好奇;以及足以將好奇轉化成學術議題的社群對話。史料、政治或知識環境固然可於一時之間創造史學研究的能量,但研究者能否從史料爬梳、凝塑出具深遠意義的課題,從而回饋給政治環境以多元反思的歷史理解,則與史學社群對歷史學的持續回顧與提高視野密切相關。如果歷史學界不願將這類自我理解與反思的功課交付給專事方法論的哲學家,那唯一的可能,或許就是有待思想史從業人員更積極地介入此道,讓整體史學能夠從中汲取足夠的養分。

　　上述所言不等於冀望思想史家自命為史學界的導師。正好相反,許多思想史家在創造議題之時,只是史學軍團的游擊兵或初入史學花苑的小園丁。思想史家無法告知我們真實如何取得,或史學應當如何等等認識論的規範真理,而毋寧是提出議題及其重要性的討論。胡適當年「截斷眾流」,將春秋時期之前的思想論述從中國哲學史中剔除,無疑正面地激撓了當時的史學重要議題。馬克思提議的資本主義

批判史觀，不只導引了近代討論資本主義興起的史學重鎮——例如布
勞岱（Fernand Braudel）等人，也造成現代史學對下層社會歷史的關
注。他們都未曾自命爲思想史家。但無疑的，若要周全地討論近代思
想史，他們的著作或想法絕對不容忽視。他們都關心於如何將歷史概
念化、意義化、問題化；從而能夠介入重要的歷史議題。

　　從概念到重要歷史議題中間的論證發展當然有許多種路徑，其關
係也不是一路平遂，常常充滿糾葛。但開放地接待概念與歷史議題之
間的關係，或許是對思想史研究最佳的「定義」方式：思想史不是個
既定的領域，它的疆界，或正確地說，它的生命注定隨著概念與歷史
議題之間多樣的關係之開展而開展。如果討論一件宋代陶器時不預設
所謂器型、風格或歷史脈絡是既與或既定的，那麼研究者勢必得從器
類的思維範疇開始進行思考研究，進而了解此陶做爲當時美感秩序、
生活秩序、甚至禮儀或政治秩序中的因素或配件的地位與意義。再
者，工藝之內容反映美感價值之分疏、判斷、選擇，正如同工匠的社
會存在反映時代對職業、人格、地位、榮譽等等的價值態度。統整各
類細微價值而描繪出某一歷史社會、族群的人生態度、價值取向，是
思想史家正當且當爲的知識目標。

　　將思想史的畛域推至如此之大，其實是漢語思想史之傳統使然。
近幾十年來，隨著史學的專業化，漢語思想史家們對某一文本、思想
史人物、甚至時代思想氣氛的研究與日俱進——其成果也確實令人燦
然欣喜。但是過度的專業化永遠有自我區隔的風險。如何讓漢語世界
的思想史重新與整體史學的命運密切聯繫在一起，應是此刻思想史研
究者不可迴避的課題。本文首揭「整體史學之興衰與思想史之興衰相
維」，此義甚難以分析方式證成，只能以「歷史經驗」或「選擇之親
近性」的方式略以示意。衡諸近百年之世界史學，應以法語、德語、

英語、華語史學界為四大傳統；應無疑義。而法、德、英語史學均有其獨特而擅場的「思想史」傳統，迄今未衰。法語世界有「心態史」（l'histoire des mentalités）史學寫作，強調社群於長時間的集體心態或世界觀。無論學界對於何謂「心態史」、何人可為代表有所歧見，此一特色史學與一九二〇年代以來的年鑑學派（Annales）強調長時間、社會、經濟、人口等面向的史學發展息息相關，殆無疑義。德語世界則有「概念史」（Begriffsgeschichte）的提法，認為理解歷史的重要途徑之一在於掌握概念之變化以及概念與其社會之間的關係。這個史學傳統既有19世紀黑格爾精神史（Geistesgeschichte）的遺緒，也有現代德國哲學與社會學的特殊影響力。英語世界在一九四〇年代有注重西洋文明傳統的美國學者 Arthur Lovejoy 所提倡的觀念史（history of ideas）；一九六〇年代後有昆丁・史金納（Quentin Skinner）所強調的觀念之脈絡史學（contextual history of ideas），認為歷史研究的重點不在於再現觀念本身，而在分析觀念的使用者與其外在環境的互動關係。此種說法顯然與柯林烏（R. G. Collingwood）以及奧斯汀（John Austin）的思想（史）研究傳統有關。此外，歐美與英國尚有受到馬克思主義所啟發的思想史研究，例如 Keith Thomas、E. P. Thompson、Gareth Stedman Jones、Christopher Hill 等人的著作。如果單以社會史來統稱這些著作，顯然忽略了他們對於觀念的重視與分析，也過度撕離了思想史與整體史學的關係。而義大利裔的 Carlo Ginzburg 膾炙人口的 *The Cheese and Worms* 其實是精采的庶民思想史作品。總而言之，這幾個大史學傳統各自有其相應的「思想史」傳統。這絕非偶然，而是兩者之間形成回饋的循環有以致之。

淵遠流長且勝義迭出的漢語史學及其思想史之間的關係，與上述傳統其實並無二致。唯一差別在於華語世界有「樸學」的傳統，較缺

少哲學或方法論的辯證與語言來對自身的知識操作進行定性的工作。其實，漢語世界的「思想史」是個光譜或幅員相當廣的史學次領域。它涵蓋對觀念、概念的關注與分析，也包含智識份子的研究。甚至，緣於秦漢以降漸次成熟的經籍志、四部、學案、乃至有清一朝的考證學傳統，使得在近代漢語學術中，思想史與學術思想史很難完全切割；甚至在加入政治史或制度史研究體例之後，有「制度思想史」這樣少見於其他重要史學傳統的概念。漢語世界此種學術底蘊，造成自一九二○年代起，風起雲湧的思想史研究盛況。梁啓超、錢穆等人固然是自認且公認的前後相望的思想史大家，其他如王國維、陳寅恪等人的史學之大者，如前者的〈殷周制度論〉，後者的《隋唐制度淵源略論稿》與許多論文其實也都牽涉到制度與思想或大傳統的價值體系。如果思想史家錢穆的制度史寫作，是以通貫的史學思想為中國歷代制度加以定位，透顯制度背後的價值體系，王國維、陳寅恪等人的著作則是以制度說明大傳統或社會心態的結構力與滲透力。甚至一般認知裡，不被視為思想史家的史學教授，其著作也多半觸及，甚至處理思想史課題，例如沈剛伯從社會地理，討論先秦法家的起源與流派，以社會史著稱的李宗侗不只研究史學史，也注疏《春秋公羊傳》。即使是標榜「唯物史觀」的一些史家，如翦伯贊、郭沫若，尤其是侯外廬等人的史學作品，都相當關注思想與思想史。換言之，這一群被稱之為早期社會史的研究者，其實都有很深的思想史涵養，這使得他們的史著能夠對其他同行產生較大的啓示。甚至常被誤認為反對思想史的傅斯年，他最好的學術作品之一即是《性命古訓辨證》，也泰半與思想史密切相關。幾乎可以這麼說，不標榜思想史，甚至偶而質疑思想的重要性，懷疑思想史的確定性，卻實質上從事思想史工作並卓有貢獻者，是現代漢語史學的特色。漢語思想史富有豐沛的傳

統與水脈，使得研究者得以左右逢源，或者在潛移默化中，關注（學術）思想史的課題，或甚至運用概念來詮釋歷史。單一的經典思想人物、概念、著作、課題固然值得研究，但積極推展議題，並努力概念化各類研究課題，期能在概念層次上與其他議題相通、相融而回過頭來摶聚成更具意義與廣度的議題，或許是讓思想史重新成為漢語整體史學之底蘊的唯一可能。

　　相較於法、德、英語世界的現代思想史寫作，漢語世界的思想史傳統雖然較少方法論的自我釐清與自述，卻有更為寬廣的學術史、制度史底蘊。上世紀四十年代以來，左派的「批判史學」與右派的「同情的理解」之間的齟齬如今已然低盪，逐漸相融於同一個史學傳統。加上司馬遷「通古今之變」的遠大傳統，使得漢語思想史在課題廣度、態度、時間向度上，或許尚不足以稱之為遠邁於其他語言世界的思想史傳統，卻鼎足並立而有餘。可惜，雖然自20世紀晚期開始，漢語史學明顯有去意識形態化、去物質主義化的傾向，卻似乎同時也有去思想化的傾向。晚近去思想化的傾向，可能原因是在所謂全球化、普世化的當代政治生活中，一些基本的價值與概念，諸如民主、憲政、人權、正義、國家理論、主權等等常常被認為均源自西方，使得傳統中國或華文思想史，尤其是政治思想史研究的正當性需要予以特別說明，或常常只能在反抗西方中心論這種被動論述中建立正當性。另一方面，晚近西方史學中以新文化史為大纛的新物質主義史學，如消費、出版、醫療、視覺、身體、收藏等等史學主題，相當程度吸引了史學界的注意力。然而正如自稱為思想史家的傅柯（Michel Foucault）的著作所展示，身體可以是思想史家的研究思考的自然場所。思想史與身體史或其他被籠統稱之為新文化史或新物質主義歷史的次領域，若始終平行發展，對彼此都是限制。如果思想史要獲取源

頭活水，它顯然可以發展概念化、問題化、意義化歷史議題的能力，將上述次領域的歷史意義——如果不是文獻——考量進去，並加以擴大。

　　漢語思想史學界的前輩已爲此領域留下諸多典範與經典，但今日它所面臨的挑戰之鉅，也遠大於半世紀之前的景況。今日談論思想史而要求有通貫之識或橫跨三個斷代者，已如鳳毛麟角。跨國族或國際化的思想史寫作雖然有引人之處，但其困難度較諸槍砲或傳染病的全球歷史，不可以道里計。或許，在通古今之變與全球思想史之外，思想史可以更專注於議題的整合與擴大。思想史應該更敞懷地擁抱各類歷史議題，期能與整體史學的發展脈動同步。如果思想史家們相信，他們終究不只能回應、預流史學新潮，也能夠概念化、問題化、意義化各式新舊的歷史議題，思想史或許能夠成爲其他史學次領域發掘議題、聯結議題、解決議題的靈感來源。此爲本刊之所祝願，而願爲路橋者。

編輯語

　　本期共收錄論文四篇，訪問稿兩篇，研究討論一篇，書評一篇。

　　楊正顯的〈白沙學的定位與成立〉書寫細緻，是年輕學者中難得一見的佳作。楊文旁徵博引，舉凡正史、文集、碑帖、書信、詩詞、墓誌銘、縣志等等與之關涉史料，幾乎一網打盡，鉅細靡遺。該文表面上處理傳統學案體所遺留下來的問題：究竟明朝陳白沙的思想應該歸諸禪門佛釋，還是道家玄學，抑或儒學正宗？是儒學中之理學還是心學？其思想淵源是繞道漢宋，直接上承孟子，還是從宋初二程之理學傳統而來？白沙思想的核心概念或修養功夫的法門是「隨處體認天理」，還是「勿忘勿助」？楊文並非採取與白沙同時期的人或與其門生故舊相平行的判教方法，而是採取了學術史，或者可稱之為知識考古的方法，追溯後代所建構的白沙學面目的由來。楊文依照時間順序，詳論張詡、林光、湛若水等門生對江門心學的建構史。根據楊文研究，陳白沙故後，他的弟子之間興起幾個階段的師門學思宗旨的詮釋論爭——楊文稱之為「話語權」的爭奪。

　　此一同門間對師說的詮釋之爭，是本文的故事核心（另一條交涉但占據相對邊緣，但同樣重要的學術思想史故事是江門心學與陽明學之間的合離糾結）。本文層層剝解歷史文獻之包覆，終至揭露核心——今日學案所通見的陳白沙思想定位，其實是白沙門人中的相對

晚輩湛若水所建立；它其實摒除或清除了先前門人的師說詮釋。

　　相對於楊文的「詮釋史的歷史」，魏綵瑩的論著——〈廖平論《春秋》撥正下的世界秩序與中國〉——則是「歷史中思想的詮釋」，而且明顯貼近錢穆歷史主義史學，與史金納（Quentin Skinner）的觀念的脈絡史學也相當親近。錢穆的歷史主義認為，觀看歷史人物與思想都必須以他自身的時代問題為座標，以他自身所用的語言為稜鏡。史金納思想史學的旨趣則是鼓勵研究者討論歷史人物思想的論述意向與目的。雖然從後世的角度，或從當時西方資本——帝國主義的國際政治現實來衡量，廖平想以《春秋》經學中思想為綱，建構一套新的文化天下觀，不啻為烏托邦甚至荒幼的想法，但魏文清晰而雄辯地展示廖平思想的時代意義、特質、目的。魏文主要論證有三。第一，廖平思想是甲午戰爭之後的反動，其中尤以對當時國際關係為然。在目睹列強日逼後，廖平相信那源自於西方，在晚清廣為滿漢士人所熟知的《萬國公法》（Elements of International Law, by Henry Wheaton, 1836）不足以為萬國之訓。他因此立志於通經致用，以其所熟知的中國古代知識，尤其是《春秋》公羊學，提出以中國儒學為中心的（文化的）世界大一統構想。第二，根據魏文的描述，廖平的文化世界體系在思想上是種折衷主義，而他對激烈的改革或革命思想所提出一連串的批判，卻有明顯傳統主義的傾向。廖平強調綱常的重要，論述中國古代政治理念的美意等等，都是以撥亂反正為目的。第三點或許也是本文最重要的貢獻。魏文清楚論道，在感受更緊迫的晚清的國際情勢裡，廖平主張，在公義的前提下，霸道有其正當性。此一觀點顯然與兩千年強調仁恕、王道的儒學正統相當不同。魏文敏銳地點出，這是廖平從向外的天下關懷轉入向內的中國關懷的軌跡。

　　廖平的春秋學或許是近代中國最後一個，也可能是最驚心動魄的

傳統主義思想創造。從鴉片戰爭以來，許多中國士人便相信西方的現代知識都可以在中國古代經典中找到精義。這種自古有之的信念，成為他們持續相信大同、大一統、普世主義的最後支柱。但在以孫中山為代表的民族革命，乃至五四思潮成為主流之後，這種大同世界或普世主義就逐漸銷聲匿跡了。黃克武的〈靈學與近代中國的知識轉型〉就是在這背景下所出現的課題。簡單說，以中國為某種意義下的中心，並據以形成普世政治或文化秩序的想像已經成為歷史。至少，發言的方式與姿態越來越採取守勢，是一種爭取發言的義憤，而非如傳統帝國恢然大度的自命。在此背景下，取而代之的課題，是中國作為一個民族或地方的文化意義如何被保存，或融入西方主流。黃克武的文章顯示，在西方科學成為現代性之主流的過程中，尤其是中國對於西方科學的吸收與繼受過程中，中國地方知識如扶乩、通靈、道家信仰等等元素，曾使得這個過程變得崎嶇、有趣。從近代史研究的角度看，黃文可以讀成兩個主題。第一是在中國的靈學活動。此部分是建構一個較少人注意的邊緣歷史，而其價值，也正在建構之本身。就其建構而論，本文採列豐富，短期內難有出其右者。第二是靈學活動與論述對後代的意義。黃文認為後來在五四時期熱鬧辯論的科學與玄學論戰其實是在靈學脈絡下展開的。這一論斷無疑深化了近代中國思想中的科學主義（郭穎頤語）命題，同時也可能豐富了五四新文化運動的研究。在近代中國各式學科中強調科學的洶湧論述裡，靈學研究的聲音相當微弱，相關期刊的壽命極為短暫。但不可否認，「靈學」概念本身，就是新時代的產物。它既可包含扶乩、通靈之傳統文化，也可以納進催眠術這等與精神醫學相關的現代西方科學。靈學是中國傳統社會與現代社會轉變中被創造出來的知識概念；正好出生在精神的或迷信的東方，與物質的與科學的西方的文化代理者激烈相互拉扯的

時代。黃文宣稱，對照靈學研究與相關團體的活動，「在近代中國，科學作為一種知識範疇，一直是多元、模糊且游移的，並與宗教、迷信等概念相互界定。」這是底蘊相當宏大的宣稱，值得相關學者注意。

梁裕康的〈自由與必然──對霍布斯相容主義的一種脈絡分析〉處理對象或許是英格蘭史上最重要的政治理論家，霍布斯。梁文的旨趣是追問，為什麼霍布斯需要回應 John Bramhall 有關自由意志的質問。以往論者多半將此一「自由 vs. 必然」之爭辯，視為對英國內戰（English Civil War, 1642-9）的回應。梁文的最大貢獻在於提出，此一辯論有其非政治或歷史的背景或脈絡。在哲學與科學領域中，「自由 vs. 必然」的辯論同樣有意義、重要。這是霍布斯之所以必須正面回應的理由。換言之，理解霍布斯文本可以不只限於單一脈絡，如此才能更明白，此一辯論的底蘊。梁文花了極長的篇幅，極細緻的文字討論霍布斯如何在邏輯學與自然科學前提下，鋪陳他的相容主義觀點──自由意志與決定論不是互為悖反的兩造。在考量所有造成世界運行或變動的原因之關係後，人們應可理解到自由意志並不會造成另一種運行結果。本文的重要底蘊，當然是企圖豐富 Quentin Skinner 的脈絡史學，將 Skinner 的單一脈絡擴展成多重脈絡的理解。從形式上，這是非常具正當性，且令人欣喜的提議。

正巧，除了上述四篇嚴謹而重要的論文，本期也收錄了兩篇訪問稿，其中一篇就是 Skinner 的訪問。Skinner 於 2013 年 5 月來台主講中研院講座。陳正國與蕭高彥利用此機會，請 Skinner 就他長期以來的觀念的脈絡史學研究、新近的觀念的系譜研究、對共和主義與霍布斯研究的個人感受、對當前的思想史研究與寫作、對有志於思想史研究的年輕人的警語等等提出回應。此訪問應是 Skinner 對一些學術問題

的最新反思。

　　另一篇訪問稿是由 Alvin Chen（陳禹仲）在倫敦大學瑪莉女王學院（Queen Mary University of London）訪問該校思想史重鎮，也是 Skinner 同事 Professor Richard Bourke 的訪問稿。訪談內容相當集中於 Bourke 近年對 Edmund Burke 的新發現與研究。對 Burke 研究者以及有志於思想史研究的研究生，此一精采訪談錄很有提示的作用。

　　創刊號中，David Armitage 發表他對思想史國際轉向的觀察，其中略及比較思想史的研究。究竟比較研究的範圍或思想之母體應如何設定？時代？社會潮？思想家？還是文本？這些母體或單元應該是異地而同時還是可以異地異時？或許從方法論上談論比較思想史，其困難與問題要遠比全球思想史、觀念的脈絡史等等其他議題來得複雜。Peter Zarrow 的研究討論 An Essay in Comparative Intellectual History: *Datongshu* and *Looking Backward* 不談論上述這些後設的問題，而直接以比較思想史的實作當作試金石，來展現這條勢必崎嶇但充滿挑戰的道路可以如何邁開大步。Zarrow 以分別完成於十九世紀晚期的中國與美國的兩分文本，康有為的政論《大同書》以及 Edward Bellamy 的小說 *Looking Backward* 平行論述，期待可以藉比較閱讀，讓讀者得到相互闡發的體會：不同的社會裡的烏托邦思想是否會具有不同的動能與內涵。換言之，文化與社會對於思想的形式與內容這兩種不同的範疇，是否會產生完全不同的作用？這是一條值得繼續探索的路。

　　最後，曾國祥的書評既有深度，也有高度；視之為該書的導讀，恰如其分。臺灣文史與社會科學社群的對話與商榷文字不多見。書評的質與量，有以致也。此書評或可為青年學者之模範。

【論著】

白沙學的定位與成立 *

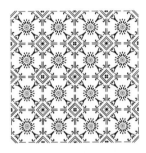

楊正顯

臺灣清華大學歷史學博士。主要研究領域爲明清學術思想
史、陽明學與輯佚學等。主要著作有《一心運時務：正德時
期（1506-21）的王陽明》、〈王陽明《年譜》與從祀孔廟之
研究〉、〈王陽明詩文輯佚與考釋〉、〈王陽明佚詩文輯
釋——附徐愛、錢德洪詩文輯錄〉等。

* 此文曾經王汎森師寓目，後又以〈看煙火——白沙思想與白沙學〉爲
題，宣讀於「近世儒學、家族與宗教研究工作坊」讀書會。會中承呂妙
芬老師及眾學友的斧正，謹此致謝。特別要感謝林勝彩博士在材料以及
觀點上的幫助。本文也曾經發表於中國文哲研究所舉辦的博士後成果發
表會上，承鍾彩鈞老師指正，在此致謝。也謝謝審查人的指教。

白沙學的定位與成立

摘要

　　本文透過分析白沙弟子們對於老師思想不同詮釋，說明彼此爭論的焦點，及如何影響後世對於白沙學的定位與看法。首先討論張詡與林光對其師墓文的爭議，繼而說明湛甘泉如何透過註解白沙詩作、改寫墓誌銘的作法，確定白沙之學源自宋儒，進而掩蓋白沙其他的思想面貌。之後，甘泉在宣揚白沙學之時，又以自身學術宗旨替換掉白沙的思想，而這個替換的過程，發生在甘泉學與陽明學思想的競合中，導致白沙學原來的面貌逐漸隱晦，致使後來學者多認同甘泉所詮釋的白沙學。

關鍵詞：陳獻章、湛若水、張詡、林光、道統

一、前言

本文以明代思想家陳白沙（獻章，1428-1500）爲例，說明思想是如何被看待、定義、流傳與評價，而最終成爲現今思想史論述中的樣貌。研究白沙學必須面對兩個難題：一是陳白沙所留存下來的思想材料很少，要鉅細靡遺地重建其思想歷程，十分困難。二是，陳白沙的思想樣貌非常難把捉，有稱之爲詩家、心學、禪學、儒學及道家之學等，這反映出他學問的豐富與複雜。本文主要欲分析說明白沙學被詮釋、建構，以及流傳的歷史過程，同時對於白沙思想提出更符合歷史脈絡的詮釋。

在進入具體分析之前，將簡要說明現今思想史對於白沙學的看法，以及這些看法的問題。首先，白沙思想之所以被注意，是爲了解決王陽明思想如何崛起的問題。因此，學者會以陽明思想的成分爲標準，來衡量白沙思想的意義。例如，將陽明思想定位爲心學，白沙思想中有關心學的因素也被放大，以符合白沙爲陽明之前導的看法，故在論述白沙思想時亦追尋其心學的脈絡，上溯吳與弼（1391-1469）、楊時（1053-1135）、程顥（1032-1085）、周敦頤（1017-1073）、邵雍（1011-1077）等，乃至於禪學，都會被特別提出來討論對其所造成的影響。這種論述的前提顯然是視白沙與陽明的思想系統相近，所以才會有「陽明爲何不提白沙」問題的產生。[1] 第二，站在平行的基礎來論述白沙與陽明的異同，但往往不直接用白沙的說法來論證，主要因爲白沙思想材料太少又難以理解。因此，白沙弟子湛甘泉（若水，1466-1560）對其師思想的闡釋成爲陳、王兩人思想比較的主要依

1　姜允明，〈三人行——論陳白沙、湛甘泉與王陽明的承傳關係〉，《華岡文科學報》，22（臺北，1998），頁 1-22。

據，此主要因為甘泉取得對白沙學詮釋的優勝，又是曾與陽明論學的
著名學者，[2]學界對於「王湛之學」異同問題的討論也頗熱衷。[3]然而這
種論述是透過湛甘泉思想來詮釋白沙之學的見解。第三，所謂「江門
心學」的確立、崛起與流傳，透過對於白沙思想歷程的討論以及其弟
子的說法來說明這一歷史過程。[4]這種論述是以兩方面來開展，一是討
論白沙思想的源流與影響，集中闡發白沙的「心學」內涵，如對靜坐
功夫的看重與對佛經的援引等；另一是弟子們如何解釋白沙思想，其
中又以湛甘泉說法為主，不見其他弟子如林光（1439-1519）、張詡
（1454-1514）、李承箕（1452-1505）等人的理解。因此，最終所謂
「江門心學」的內容與定義，侷限在甘泉的說法。[5]

　　以上這三種論述所隱含的問題，究其實就是「詮釋」的問題，也
就是說白沙思想在其歿後如何被概念化、體系化以及正當化。因為要
概念化，就得將其思想內容簡化成某幾個概念；要體系化，則要將其
思想放進當時乃至往後的學術傳統之中；要正當化，則要擴大或放大
其思想與當時社會所認同的部分，或者隱藏、刪除社會所不能接受的
部分。這些都造成思想內涵的失真，也是學問或學派建構過程中普遍

2　關於湛甘泉的研究眾多，最新且最完整的論述請見鍾彩鈞，〈湛甘泉哲
　　學思想研究〉，《中國文哲研究集刊》，19（臺北，2001），頁345-405。
3　陳郁夫，《江門學記——陳白沙及湛甘泉研究》（臺北：臺灣學生書局，
　　1984）。
4　潘振泰，〈明代江門心學的崛起與式微〉，《新史學》，7：2（臺北，
　　1996），頁1-46。鍾彩鈞，〈陳白沙的自得與自然之學〉，收入鍾彩鈞、
　　楊晉龍主編，《明清文學與思想中之主體意識與社會：學術思想篇》（臺
　　北：中央研究院中國文哲研究所，2004），頁55-89。黃敏浩，〈陳白沙自
　　然之學的定位問題〉，《清華學報》，38：4（新竹，2008），頁599-634。
5　張克偉，〈王湛二子之論交與學說趨歸〉，《漢學研究》，7：2（臺北，
　　1989），頁259-278。

的現象。

二、蓋棺論不定──墓文之爭

明弘治十三年（1500）二月，白沙卒，對其一生行誼與學術定位
的問題也隨之而來，故其墓文的撰寫也就特別重要。按照明代墓文的
書寫慣例，此文通常由白沙知己、弟子或是家人來執筆，從現今的材
料來看，主導者是其弟子張詡。張詡在〈白沙先生行狀〉文末云：

> 先生沒後，門人聚議，以湛雨爲〈行狀〉、李承箕爲〈墓
> 誌銘〉、梁儲爲〈傳〉，而〈墓表〉則屬之某也。湛之爲
> 〈行狀〉也倉卒，事多未備，某竊懼久而湮晦無傳，暇日
> 因重補葺，以爲天下後世君子告，且備異日史氏采錄
> 焉！[6]

由此可見，墓文撰寫的任務皆由白沙的主要弟子們分別承擔，照理說
應無異議，但是卻遺漏了另一重要同門林光。以入師門的早晚輩份來
論，林光早於其他弟子，不應不列名其中，而之所以無能參與此事，
主要的原因是其出仕在白沙生前已被同門視爲背叛師教。他給白沙的
信中說：

> 夫以隱爲高，則其視仕者可知矣！豈惟人哉？久矣乎，師
> 門之所不與也。諷哂之意，往往見于吟詠之間，而頑鈍之
> 姿，未能超然脫化于塵俗之外，由是乘不與之心，而忌者
> 之言日入矣！向非先生猶有不忘故舊之情，光之迹，其不

6　張詡，〈白沙先生行狀〉，收入孫通海點校，《陳獻章集》（北京：中華書
　　局，1987），〈附錄二〉，頁868-882。此文未收錄於張詡《東所先生文
　　集》之中。

　　見掃于門下乎？是知勿疑勿貳，自古契合之難，豈獨君與
　　臣哉！近者師門故舊，頗覺寥寥，一涉宦途，即爲棄物。
　　門客弟子，倡和一辭，牢不可破。揆諸聖道，恐未深然。[7]

從此信可知，當時林光因出仕而招致的處境，無疑是艱難的，也無怪
乎張詡同門等不讓其參與，這也是可以理解的。[8]然林光之所以在白沙
歿後三年發起墓文之爭，主要的原因在於士大夫們對於張詡等人的墓
文內容議論紛紛，如理學名臣章懋（1436-1521）的高徒董遵在給林
光的信中說：

　　白沙先生作古，吾道可傷。但狀者銘者，或涉于偏高浮空
　　之弊，恐累白沙之高明，且將起天下後世之疑似。惟先生
　　實白沙老友，深得白沙之淵源，一言發白沙之精蘊，以垂
　　世範俗，幸早圖之。[9]

董遵認爲張詡等人的墓文有「偏高浮空之弊」，不僅於白沙思想有
礙，且將引來後世的質疑。而林光在透過友人得到相關墓文後，亦有
所質疑，但礙於處境不能發言，然其時的長官謝鐸（1435-1510）也
認爲墓文內容於白沙有虧。林光致張詡書中回憶說：

　　仲彩遂以閣下所爲〈表〉及〈文〉、（民）澤〈行狀〉諸

7　林光著，羅邦柱點校，《南川冰蘗全集》（北京：中國文史出版社，
　　2004），卷5，〈奉陳石齋先生書〉，頁144。此集承林勝彩博士借閱，謹
　　此致謝。

8　關於林光的出處問題，可見朱鴻林，〈明儒陳白沙對林光的出處問題之
　　意見〉，收入《文集》編委會編，《顧誠先生紀念暨明清史研究文集》
　　（鄭州：中州古籍出版社，2005），頁56-79；又見於氏著，《明人著作與
　　生平發微》（桂林：廣西師範大學出版社，2005），頁220-248。

9　董遵，〈寄林南川先生書〉，收入林光著，羅邦柱點校，《南川冰蘗全
　　集》，卷末，頁459。

文見寄到京，周文都又以世卿〈誌銘〉見示。閱之，中間
多有鄙意未滿處，默默藏之而已。及祭酒（謝鐸）先生借
閣下〈墓表〉觀之，明日云：「爲此文虧了公甫！」僕懷
愧不能答。又見諸公多以爲笑，云：「某尊白沙爲孔子，
則某自爲曾子矣！」[10]

即使後來原擬由湛甘泉撰寫的〈行狀〉改由張詡自撰，仍然沒有回應
林光的質疑。林光在不得已的情況下，於弘治十六年（1503）七月二
十一日致書張詡，[11] 並且另撰〈明故翰林院檢討白沙陳先生墓碣銘〉。

墓文的撰寫通常是先有〈行狀〉（張詡），再依〈行狀〉來寫
〈墓表〉（張詡）、〈墓誌銘〉（李承箕）及〈傳〉（梁儲）。今梁儲
（1451-1527）的〈傳〉不得見，李氏〈墓誌銘〉的內容又多承襲自
〈行狀〉，故「墓文之爭」實是林光針對張詡的說法提出質疑。下文
筆者將集中討論張詡與林光兩人對白沙之學的論斷，主要集中於三方
面：一是白沙接續誰的道統？二是白沙的思想進程及其思想內容爲
何？三是誰傳白沙之道？

1. 道統

張詡在〈行狀〉中有云：

10　林光著，羅邦柱點校，《南川冰蘗全集》，卷5，〈與張廷實主事書〉，頁
　　155。此書有簡要版〈與張廷實主事書略〉，見於張二果、曾起莘重修，
　　《東莞志（崇禎）》（北京：中華全國圖書館文獻縮微複製中心，2001），
　　卷7，頁1183-1185。
11　就林光而言，其出發點是：「此文字所繫甚大，非泛泛他文字可苟且放
　　過，要判斷白沙一生，則在門者非止一人，其學術皆繫焉！其可苟
　　乎？」林光，〈與張廷實主事書〉，頁155。

又有占象者言：「中星見浙閩，分視古河洛。百粵爲鄒
魯，符昔賢所説。」……卓卓哉！孔氏道脈之正傳，而伊
洛之學蓋不足道也。12

而他在〈墓表〉中説的更明白，文章一開頭就説：

天旋地轉，今浙閩爲天地之中，然則我百粵其鄒魯歟？是
故星臨雪應，天道章矣；哲人降生，人事應矣。於焉繼孔
氏絕學，以開萬世道統之傳，此豈人力也哉？若吾師白沙
先生，蓋其人也。……詡特以天人章應之大者表諸墓，以
明告我天下後世，俾知道統之不絕，天意之有在者，蓋如
此。13

張詡依天象所示來立論，要跟天下後世表明的是：白沙是繼承孔子的
道統。不過，這個説法，並未爲其他同門所接受，例如李承箕〈石翁
陳先生墓誌銘〉就不以此立論，而是以敘述思想進程爲主。林光就集
中質疑張詡的道統論述，他致書張詡説：

〈墓表〉云「繼孔氏絕學，開萬世道統之傳」，則自孟子
以下諸賢皆不免見遺矣。……又云「卓卓乎！孔氏道脈之
正傳，而伊洛之學蓋不足道也。」嗚呼！斯言之過甚矣！
……閣下以爲伊洛之學蓋不足道，僕恐白沙先生地下亦未
以爲然也。此啓爭端、添談柄之大者，不可不思也。14

林光認爲張詡貶抑孟子以下的賢人來抬高白沙學術地位的作法，除了
會引來非議外，此種説法亦不能得到九泉之下白沙的認同。而林光在

12　張詡，〈白沙先生行狀〉，頁868、880。
13　張詡，〈白沙先生墓表〉，收入孫通海點校，《陳獻章集》，〈附錄二〉，頁882-884。
14　林光，〈與張廷實主事書〉，頁155-156。

〈明故翰林院檢討白沙陳先生墓碣銘〉一開頭及結語中說到：

> 天之生人，得氣之精一者，其生必有所自。宋有天下，積
> 累三百餘年，文物可謂盛矣！元將迫逐，滅之於廣東新會
> 之崖門。於時忠臣義士，十萬生靈，悉沉殞於海，英魂義
> 氣，鬱墜於此。……新會乃天地極南，中氣之盡處，碩果
> 不食，海岳孕靈。向之鬱附於茲者，停蓄既久，意其必篤
> 生偉人，以為國家之寶。……銘曰：……潛龍在淵光不
> 耀，上契孔顏下周邵。[15]

林光從地理之說立論，認為白沙的出世，乃是繼承宋代的文物與英
靈，是為國家之寶，也就是將白沙的學脈置放在宋儒的道統之下。

2. 白沙的思想進程及其思想內容

張詡在〈行狀〉中說：

> 蓋其學初則本周子主靜，程子靜坐之說，以立其基。其自
> 得之效，則有合乎見大心泰之說。……其後造詣日深，則
> 已進乎顏氏之「卓爾！雖欲從之，末由也已」之地位，而
> 駸駸乎孔子「毋意必固我」之氣象矣！其學有本原，進有
> 次第，的然可據如此。迫其晚年，超悟極於高遠，則又非
> 他人所能窺測，言語所能形容者矣！[16]

又在〈墓表〉中說：

> 壯從江右吳聘君康齋遊，激厲奮起之功多矣，未之有得

15　林光著，羅邦柱點校，《南川冰蘗全集》，卷6，〈明故翰林院檢討白沙陳
　　先生墓碣銘〉，頁177-182。

16　張詡，〈白沙先生行狀〉，頁880。

也。暨歸，杜門獨掃一室，日靜坐其中，雖家人罕見其
面。如是者數年，未之有得也。於是迅掃凤習，或浩歌長
林，或孤嘯絕島，或弄艇投竿於溪涯海曲。忘形骸，捐耳
目，去心志，久之然後有得焉！於是自信自樂。其爲道
也，主靜而見大，蓋濂洛之學也。由是致力，遲遲至於二
十餘年之久，乃大悟廣大高明，不離乎日用一眞；萬事本
自圓成，不假人力。其爲道也，無動靜、內外、大小、精
粗，蓋孔子之學也。[17]

張詡認爲白沙早年雖由濂洛之學入手，但最終了悟到孔子之學是無分
內外動靜的，也就是說濂洛之學與孔子之學之間仍有毫釐之別，這都
是在強調白沙是繼承孔子的道統。林光則對此大加批評，他說：

論學則云「數年未之有得……久之然後有得焉！」此一段
論學之所得，非獨不知先生，而且壞了後生者，此也。如
此則似狂惑失心之人，雖釋老之卑者，亦不如是，而得而
謂先生學孔子之道，如是而後得乎？不意閣下從先生多
年，所見乃如是，謝公（鐸）所謂「虧了某」，正謂此
耳！閣下表先生墓，言先生學，將以爲天下後世法。使天
下後世皆如是而學，以求所得，可乎？不可也。清談盛而
晉室衰，其可懼乎！其可懼乎！〈贊〉中云「大道堂堂，
其易也，鏡中鼻見；其難也，海底針藏。」亦非儒者之言
也。[18]

---

[17]　張詡，〈白沙先生墓表〉，頁883。「去心志」，黃宗羲所錄爲「去心
智」，見黃宗羲編，《明文海》第5冊（北京：中華書局，1987），卷
440，頁4670。

[18]　林光，〈與張廷實主事書〉，頁155-156。

林光認爲張詡把白沙描述成魏晉時期置名教不顧的玄學家，如何能稱得上繼孔子之道呢？又視當朝爲何物？難道說此時是魏晉時期嗎？而張詡的〈贊〉語，又套用佛家之說來描述白沙，實非儒者之言。[19]因此，一反張詡的說法，林光在〈墓碣銘〉中強調白沙學習宋儒思想的歷程，他說：

> 讀書一見輒了，如《皇極內篇》[20]，數世罕有知者，先生稍注思，則一吉九凶、三祥七災、八休二咎、四客六悔之占，遂輪於掌中矣！其讀諸書以驗吾之所有，所謂「以我觀書，不以書博我也」。其論治道必曰：「天下非誠不動，非才不治；必才與誠合，而後治化可興。」嘗讀明道先生論學數語，極精要，前儒謂其太廣難入，歎曰：「誰家繡出鴛鴦譜，不把金針度與人。」[21]（〈墓碣銘〉）

從林光的說法，才知道白沙曾經精研過術數之學，無怪乎文集中有不少地理術數的記載；另外白沙對於程顥之學亦有涉獵，做爲最早從學於白沙的弟子，這些說法的可信度是很高的。

3. 白沙的傳人

　　張詡在〈行狀〉最後，加上一段白沙臨歿的說法，他說：

> 臨歿，具書趣至白沙，寄以斯文，告門人羅晃曰：「吾道吾付吾某矣！」示以詩云：「往古今來幾聖賢，都在心上

19　張詡，〈白沙先生像贊〉，收入孫通海點校，《陳獻章集》，〈附錄四〉，頁953。
20　此書有可能是邵雍的《皇極經世書‧觀物內篇》與蔡沈《洪範皇極內篇》，都與術數之學有關。承鍾彩鈞老師賜知，謹此致謝。
21　林光，〈明故翰林院檢討白沙陳先生墓碣銘〉，頁177-178。

契心傳。孟子聰明還孟子，從今且莫信人言。」……因執
某手曰：「出宇宙者，子也。」既而曰：「孔子之道至矣，
願毋畫蛇添足。」又曰：「用斯行，舍斯藏，子其勉之！
吾言止是矣。」嗚呼！言猶在耳，不肖某斗筲之器，何修
何爲而後可以少副我先生負託之重乎？[22]

由於張詡不論在〈行狀〉或〈墓表〉之中，隻字未提及到林光，顯然
是將其排除在白沙之門外，漠視其存在，這對林光而言，情何以堪。
而張詡自詡爲白沙之道傳人的這段話，林光恐怕也很難接受。林光則
在〈墓碣銘〉文中，用另一種方法來表明他得到白沙之傳。〈墓碣
銘〉記云：

辛卯（成化七年，1471）二月二十八日，光居青湖山中，
奉書質疑。先生答書略云云：「終日乾乾，只是收拾此而
已。此理干涉至大，無有內外，無有先後，無一處不到，
無一息不運。得此欛柄入手，更有何事？往古來今，四方
上下，都一齊穿紐，一齊收拾，隨時隨處，無不是這箇充
塞。舞雩三三兩兩，正在勿忘勿助之間。曾點些兒活計，
被孟子一口打拼出來，便都是鳶飛魚躍。若無孟子工夫，
驟而語之以曾點見趣，一似說夢。自茲已往，更有分殊
處，合要理會。」[23]

林光表明早在成化七年，白沙就已經詳細地將其所認識的道告訴林
光，認爲爲學要有孟子的功夫，而不能驟語人曾點的境界，而這段話
往後將成爲定位白沙思想的重要依據。

22　張詡，〈白沙先生行狀〉，頁881-882。
23　林光，〈明故翰林院檢討白沙陳先生墓碣銘〉，頁178-179。

　　從以上三點來說，道統論述最爲關鍵，因爲直承孔子道統或是承繼宋儒道統的這一差別，是當時士大夫用以判別兩人墓文好壞的標準。如章懋的姪子章拯（1479-1548）在林光的墓誌銘中說到：

> 予嘗提學廣東，見南川林公（光）貽書張東所（詡），反覆辨論白沙〈表〉〈狀〉之失，實有道之言。竊謂知白沙者，南川而已。[24]

劉大夏（1436-1516）也說：

> 夜來承惠〈白沙墓碣〉，力疾讀之一過，其文與事俱可傳後，便當付便人寄去，並圖石刻。區區與白沙頗有交遊之誼，必如此而後朋友之心相安也。[25]

連當時大學士李東陽（1447-1516）也認同林光的說法，林光在給白沙兒子的信中說到：

> 此中士論，〈與張廷實書〉稿中詳具，更不喋喋也。昔明道先生終時，伊川令門友各敘述所見。光自揣言不足傳，袖手遲遲，不敢下筆，以至于今，非敢忘先生也。近日士夫相知者多以不秉筆見責，牽強成得〈墓碣〉一首，錄在別本。此稿已經相國西涯先生一目，見許堪刻。[26]

從肯定林光的士大夫們背景來看，皆是程朱後學，自然會認同其繼承宋儒的說法。筆者現今能找到稍微不同的說法的唯有楊廉（1452-

---

24　章拯，〈南川林公墓誌銘〉，林光著，羅邦柱點校，《南川冰蘗全集》，卷末，頁499。

25　劉大夏，〈答林南川惠陳白沙墓表書〉，林光著，羅邦柱點校，《南川冰蘗全集》，卷末，頁460。

26　林光著，羅邦柱點校，《南川冰蘗全集》，卷5，〈與陳仲彩〉，頁159。此書作於弘治十六年九月九日。

1525），他在給林光的信中說：

> 辱示〈白沙先生墓碣〉，莊誦數過，大要說得平實，可與
> 白沙傳神。所引答執事書一段，恐亦《中庸》首章戒慎恐
> 懼意，但白沙好作隱語，初學卒乍未領略耳！所云「康齋
> 多舉伊洛成語教人，時在門下，未有所得」，及云「白沙
> 以自得教人」，夫伊洛成語亦伊洛所自得者，後之人必欲
> 以自得教人，恐又別生出弊。白沙不欲著述，詩云「眞儒
> 不是鄭康成」，此最名言，但「一入商量便作疑，可堪垂
> 老更求知」之句，伊洛輒言「商量恐未可以垂老，不疑將
> 鶻突道理齎去也。」先儒論造化，謂不是將已返之氣來爲
> 方伸之氣，首論宋亡忠魂義氣，沉鬱尨門，生爲偉人，似
> 近於輪迴之說，恐亦須斟酌，如何？[27]

楊廉的意見完全是從程朱學立場出發，因此他認爲白沙答林光書那段
話是《中庸》首章的註解；其次白沙所謂以「自得」教人，這在二程
亦是如此；第三做學問究竟要不要「商量」，還是只求「自得」呢？
最後又提林光在〈墓碣〉首論白沙繼承宋代之說，近似於佛教輪迴之
說。楊廉的說法其實正顯示出林光的兩難之處，因爲他徘徊於白沙學
與程朱學之間，而這也是他跟張詡間意見不同的關鍵所在。

　　要說明張、林二人意見爲何不同，要從張詡爲何要以「道統」爲
中心來論斷白沙說起。張詡的道統論述是有其依據的，黃佐（1490-
1566）所編寫的《廣東通志・陳獻章傳》末記云：

> 進士姜麟使貴州，特取道師之，下至市井婦孺，皆稱爲

27　楊廉，《楊文恪公文集》，收入《續修四庫全書》第1333冊（上海：上海
　　古籍出版社，1995），卷47，〈與林緝熙〉，頁106-107。

「陳道統」云。[28]

姜麟見白沙是在弘治三年（1490）春，[29]此時張詡亦在白沙處，距離白沙之歿恰好十年左右，而「陳道統」一語正是其當時給人的印象。在白沙的文集裡，亦有不認同當時學術的說法，例如成化十七年（1481）時，他拒絕白鹿洞書院的聘書時說：

> 予覽幣而驚，置書而走，走且告曰：「二生莫誤。諸公欲興白鹿之教，復考亭之舊，必求能爲考亭之學者，夫然後可以稱諸公之任使，乃下謀於予，是何異借聽於聾、求視於盲也。」[30]

白沙不接受的原因在於他自身並不認同朱子之學。到了弘治十年，白沙在〈韶州風采樓記〉中說：

> 顏淵問爲邦，孔子斟酌四代禮樂告之。顏淵，處士也，何與斯理耶？居陋巷以致其誠，飮一瓢以求其志，不遷不貳，以進於聖人。用則行，舍則藏。夫子作《春秋》之旨，不明於後世矣。後之求聖人者，顏子其的乎！時乎顯則顯矣，時乎晦則晦矣。語默出處惟時，豈苟哉！（余）英乎，勉諸。毋曰（余）忠裏可爲也，聖人不可爲也。[31]

此記可以說是白沙自身的寫照，以顏淵自況，以成聖人自許，並以此來勉勵余靖（1000-1064）的後人，聖人是「用則行，舍則藏」的，

28　黃佐，《廣東通志（嘉靖本）》（香港：大東圖書公司，1977），卷61，頁1623。

29　《廣東通志》記云：「（弘治）三年春，進士姜麟使貴州，取道如白沙，以師禮見，留十日去。」見阮元修、陳昌齊等纂，《廣東通志》，收入《續修四庫全書》，第674冊，卷274，頁638。

30　孫通海點校，《陳獻章集》，卷1，〈贈李劉二生還江右詩序〉，頁18。

31　孫通海點校，《陳獻章集》，卷1，頁26。

而這不正是張詡在墓文內的說法嗎？此外，張詡在墓文中引白沙之贈
詩「往古今來幾聖賢，都在心上契心傳。孟子聰明還孟子，從今且莫
信人言。」此詩之名為「次韻張廷實讀《伊洛淵源錄》」，[32] 不也正表
明了白沙自身是以心契孔子之道，而非《伊洛淵源錄》所錄諸人。因
為白沙以承繼孔子之道自任，才會有「陳道統」之稱。[33]

　　林光對白沙的說法也無大錯，林光從學白沙最久，最能理解其師
之思想。[34] 就筆者閱讀白沙文集的感想，是很難單從文字上去理解白
沙思想的，但如果透過林光種種直截的說法，就較能清楚認識。綜而
言之，白沙心學的「心」是以天地萬物之心為心，因此必須識得萬物
生生之德（觀物），瞭解到天地萬物變化之「機」（天機），而這可以
在日常生活中掌握的。所以，白沙很少直接提及內心修養的工夫，反
而是透過詩的形式來表達他識認天機的感受，並且成為他立身處事的
依據。例如對「心」的看法，他在〈洗竹〉詩中云：

　　　洗竹洗荒枝，洗心洗狂馳。老夫無可洗，抱膝洗吾詩。[35]
在〈贈周成〉詩云：

　　　虛無裏面昭昭應，影響前頭步步迷。說到鳶飛魚躍處，絕
　　　無人力有天機。[36]

32　孫通海點校，《陳獻章集》，卷6，頁645。
33　方獻夫，〈廣東通志序〉：「我明成化弘治間，白沙陳先生者出，默學潛
　　修，歸然以道統自任。由是而仕者恬進取，學者知本原。」見氏著，《西
　　樵遺稿》，收入《四庫全書存目叢書》集部第59冊（臺南：莊嚴文化出
　　版公司，1997），卷6，頁113。
34　關於林光的研究，請見容肇祖，〈補明儒東莞學案──林光與陳建〉，
　　《容肇祖集》（濟南：齊魯書社，1989），頁218-246。
35　孫通海點校，《陳獻章集》，卷5，頁515。
36　孫通海點校，《陳獻章集》，卷6，頁566。

這一個思想，林光就把握得很好，他說：

> 盈天壤之間，生生者，物之自得也。物之所生，以天地之
> 德也。人之理豈異于物？惟靜而明者心，出乎萬物之上，
> 不亂于欲，不役于物，不撓于劇，其機活，其神完，目之
> 所觀，生意融徹而混合。今之學者，窮歲汔汔，呻吟服
> 習，疲德于訓詁之餘，使非息焉空其心，以發露其天機，
> 舒暢其鬱蔽，俾塵累脫落，則困迫昏塞，不幾于苦難而怠
> 廢乎！[37]

這也就是白沙的「靜中養出端倪」工夫，所謂「惟靜而明者心」，要
讓「心」靜而明，才能識認天機（並非是佛家的靜坐觀自心），希冀
能達到以天地之心爲心的境界。如此詩云：

> 地僻人來少，春回花自深。風光拈不盡，一物一天心。[38]

又落實在日常生活中，林光亦有詩云：

> 行藏空使我懷疑，即鹿無虞事可知。千載風雲看際會，一
> 時機軸轉何誰？苔封僻逕人踪遠，風蕩游絲日影遲。間點
> 一雙觀物眼，還將消息認庖義。[39]

所謂「千載風雲看際會，一時機軸轉何誰？」也就是要識認天地萬物

37　林光著，羅邦柱點校，《南川冰蘗全集》，卷2，〈靜觀亭記〉，頁41。作
　　於弘治四年（1491）。此文内容與《（天啓）平湖縣志》所載有些出入，
　　此處以縣志所載爲主，見程楷修、楊儁卿等纂，《平湖縣志》，收入《天
　　一閣藏明代方志選刊續編》第27冊（上海：上海書店出版社，1990），
　　卷7，頁407。
38　林光著，羅邦柱點校，《南川冰蘗全集》，卷9，〈靜觀亭次定山韻〉，頁
　　303。
39　林光著，羅邦柱點校，《南川冰蘗全集》，卷8，〈閩都臺檄催赴省試‧其
　　四〉，頁248。

的變化，找出其運作的原理，因此有無「觀物眼」就很重要了！這也
就是為什麼林光要在〈墓碣〉內加上白沙學《皇極內篇》那一段話的
意義。所以，從林光的詩可以充分理解白沙「早期」成學的歷程與思
想內容，但對白沙晚期思想變化則不然，因為自林光在成化二十年
（1484）中進士副榜任平湖教諭後，有將近十六年的時間沒能跟白沙
面對面論學，在這段時間裡，白沙思想並非沒有任何改變，然已不是
林光所能知曉的。林光之所以以其師是繼承宋代道統的論述，最重要
的原因是他自身立場已偏向程朱學。在成化二十三年（1487）十月，
他曾致書白沙說：

> 近承鄭公學條，日與諸生催督課本以度日而已。向因較諸
> 生課本，偶成一絕云：「銖銖兩兩較高低，眼漸昏來意漸
> 迷。弄月吟風程伯子，不知何以學濂溪。」大率今之教官
> 事業，循例奉行，不過如此而已！[40]

此時林光剛出仕不久，仍然保有白沙思想的立場，但十二年後，恰恰
是白沙過世前後，其立場已轉為肯定朱子學了。林光有《晦翁學驗》
一書，其序中有云：

> 儒者之學，至於朱子，可謂考之極其博而析之極其精
> 矣！……及來嚴州，見官書笥有《文公大全》，……日取
> 一二冊而讀之，凡封事及朋游書問門弟子答應之間，皆先
> 生之手筆，而自悔之言，猶屢屢見之。乃知先生之學，其
> 所以悔者，乃其所以進。晚年體驗，蓋有人不及知而己獨
> 覺者矣！……今年夏，乃取硃記者手錄之，庶便暮年檢覽

40　林光著，羅邦柱點校，《南川冰蘗全集》，卷4，〈奉陳石齋先生〉，頁
　　133。

> 以自策其昏憒，而于先生平日之辛苦受用處，亦可以因此
> 而窺見一二，因以「晦翁學驗」名焉！[41]

此書成之時，白沙已歿，而林光卻因閱讀《文公大全》，轉而認同朱子之學，無怪乎他寫給張詡的信末徵引朱子之語來立說，強調「朱子之不可及矣」。[42]而〈墓碣〉亦經程朱學者如李東陽與謝鐸的認可，[43]可說是站在程朱學立場而寫的。

張詡與林光對於白沙的「墓文之爭」，在兩人在世之時，並沒有得到解決，雙方各行其是，各說各話。一直要到兩人歿後，由當時白沙弟子中最具權力與名望的湛甘泉，掌握了白沙學的話語權，「墓文之爭」才落幕。

三、湛甘泉的白沙學

誠如後來歷史事實所表明的，對於推展與光大白沙學，湛甘泉發揮了關鍵的作用。但是，為什麼是甘泉呢？在白沙門人之中，他不是從學最久的，不是白沙親口肯認得其真傳的，卻為何是他承擔此責呢？他又是如何來推展白沙學的？甘泉推展白沙學有兩個重要的關鍵問題要處理：一是白沙門內的學術定位問題；二是他所認知的白沙學為何？

41　林光著，羅邦柱點校，《南川冰糵全集》，卷2，〈《晦翁學驗》序〉，頁57。

42　林光，〈與張廷實主事書〉，頁157。

43　林光，〈奉相國李西涯先生〉：「生掇拾白沙先生平生事，昨蒙教，已改碑爲碣矣！……先生愛人，欲完其美，豈以存沒間乎？頃嘗面請，今具稿專人遞上，伏乞刪改擲下，遲日遣人領回。」林光著，羅邦柱點校，《南川冰糵全集》，卷5，頁158。

　　湛甘泉於弘治七年（1494）二月從學白沙於廣東，十年（1497）
冬甘泉提出「隨處體認天理」之說，[44]隔年三月白沙回信，稱讚此
說。十二年（1499），白沙有贈甘泉〈江門釣瀨與湛民澤收管〉詩，
內含有三首詩，有段話說：

> 達磨西來，傳衣鉢爲信，江門釣臺亦病夫之衣鉢也，茲以
> 付民澤，將來有無窮之祝。[45]

過去學界都以此段記載來證明白沙已將衣鉢付託給甘泉，但這說法有
待商榷，主要原因是這段話該如何解釋的問題。白沙之所以將「江門
釣臺」「分付」給甘泉，是因爲他在弘治八年（1495）七月中風了，
導致不良於行，[46]所以詩名才有「收管」二字，意思應是將來在其死
後由甘泉來管理他的「衣鉢（釣臺）」。但是否就意味著甘泉得其眞
傳呢？白沙病革之際，也有詩贈甘泉，詩云：

> 有學無學，有覺無覺。千金一瓠，萬金一諾。於維聖訓，

44　湛若水，〈上白沙先生啓略【拾遺】〉云：「愚謂『天理』二字，千聖千
　　賢大頭腦處。堯、舜以來，至於孔、孟，説中，説極，説仁、義、禮、
　　智，千言萬語都已該括在內。若能隨處體認眞見得，則日用間參前倚
　　衡，無非此體，在人涵養以有之於己耳云云。」見湛若水著，鍾彩鈞點
　　校，《泉翁大全集點校稿・甘泉先生續編大全點校稿》（臺北：國家科學
　　委員會，2004），卷8，頁3。
45　收錄在文章修、張文海纂，《增城縣志》，收入《天一閣藏明代方志選刊
　　續編》，第65冊，卷17，頁526。筆者所引用這段話是放在「小坐江門
　　不記年，蒲袓當膝幾回窮。如今老去還分付，不賣區區散帚錢」後，而
　　非「江門漁父與誰年，慚愧公來坐榻穿。問我江門垂釣處，囊裏曾無料
　　理錢」後。整組詩見孫通海點校，《陳獻章集》，卷6，頁644。而眾版本
　　都寫作「傳衣爲信」，而《縣志》則是「傳衣鉢爲信」，語意較通。
46　阮榕齡編，《編次陳白沙先生年譜》：「〈答蘇僉憲書〉：『亡妣見背，力疾
　　裏事。忽於七月盡日中風，左手足不仁，寸步不能自致。秋云暮矣！媿
　　如之何！』」見孫通海點校，《陳獻章集》，〈附錄二〉，頁853。

先難後獲。天命流行，真機活潑。水到渠成，鳶飛魚躍。
得山莫杖，臨濟莫喝。萬化自然，太虛何說？繡羅一方，
金針誰掇？[47]

白沙整首詩在表達其對「道」的體認，而最後一句「繡羅一方，金針誰掇？」原意應是對甘泉說不知誰能掌握他的方法以求得至道呢？或許亦有期待甘泉之意，但仍未明確說甘泉得其真傳。不過，甘泉倒是以接班人自居了，他在祭白沙文中說：

嗚呼！先生獨得不傳之奧，以傳後人。擴前聖之未發，起歷代之沉淪。至無而動，至近而神。因聖學以明無欲之敬，舉鳶魚以示本虛之仁。卓有見乎神化初不離乎人倫，即一事一物之末而悟無聲無臭之根，於勿忘勿助之間而見參前倚衡之全。握無為之機而性成久大之業，啟自然之學而德有日新之源。……先生昔嘗執我之手：「惟我與爾，以慨斯文。」[48]

此祭文有三個要點：第一，從「獨得不傳之奧，以傳後人。擴前聖之未發，起歷代之沉淪」這句話，可見甘泉在白沙歿後之初是認同張詡的道統論述；第二，說明他對白沙思想的大體是有掌握的，也加進了白沙肯認其思想之語；最後，文末一語，亦可見其以傳白沙道自任的。但是，隨著時間的推移，甘泉對於白沙思想有新的解釋與作法，一方面，他揚棄了張詡的道統論述，轉而支持林光的說法；另一方面，開始脫離白沙思想，轉而用己意來範圍白沙思想。

　　弘治十八年（1505）甘泉成進士，此年李承箕歿；隔年正德元年

47　孫通海點校，《陳獻章集》，卷4，〈示湛雨〉，頁278。
48　湛若水著，鍾彩鈞點校，《泉翁大全集點校稿》，卷57，〈奠先師白沙先生文〉，頁29。

（1506），甘泉與王陽明定交論學。而在正德時期，張詡與林光分別歿於九年（1514）與十四年（1519），此後白沙學的話語權就完全由甘泉所掌握。雖說甘泉在白沙歿後之初，仍是依循張詡的道統論述，但是當兩人都故去之後，卻分別在兩人的悼念文中，是此非彼。[49]筆者引甘泉論述林張兩人的話來論證。甘泉的〈知新後語〉中有云：

> 初年齋戒三日，始求教白沙先生，先生先嘆曰：「此學不講三十年矣。」少頃講罷，進問：「今門下見有張廷實、李子長，而先生云：『不講學三十年』，何也？」先生曰：「子長只作詩，廷實尋常來只講些高話，亦不問，是以不講。此學自林緝熙去後已不講。」予後訪廷實，廷實因問白沙有古氏婦靜坐，如何？予應曰：「坐忘耳。」張曰：「坐忘是否？」予應曰：「若說坐忘，便不識顏子。」張曰：「不然，三教本同一道。」予知其非白沙之學，因叩之云：「公曾問白沙先生否？」張曰：「未曾問，只是打合同耳。」乃知先生之說不誣也。[50]

甘泉以白沙對張詡只說高話及李孔修（1436-1526）只作詩的負評，來映照出林光得其學的事實，最後更強調張詡未曾向白沙問過學。此段話之上，甘泉又云：

> 常恨石翁分明知廷實之學是禪，不早與之斬截，至遺後患。翁卒後，作〈墓表〉，全是以己學說翁，如「不以手

---

49 朱鴻林，〈讀張詡《白沙先生行狀》〉，《嶺南學報》，新1（香港，1999），頁625-628；後收入氏著，《明人著作與生平發微》，頁214-219。
50 湛若水著，鍾彩鈞點校，《泉翁大全集點校稿》，卷3，〈知新後語〉，頁26。

而能書，不以心而能詩」，全是禪意，奈何！奈何！[51]

此段話在說明張詡〈墓表〉是用「禪學」來論斷白沙一生，而所謂「至遺後患」，是指當時人都因此視白沙爲禪學。因此，張詡的道統論述自不爲其所取了。

甘泉面對師門內部的紛爭以及外界視白沙學爲禪學的情況，是透過註解白沙詩的作法解決的，這即是撰於正德十六年（1521）《白沙子古詩教解》的由來。此書一開頭收錄了白沙初試啼聲之作〈和楊龜山此日不再得韻〉詩，此詩是其在太學時和楊時〈此日不再得〉詩，讓祭酒邢讓（1429-1473）目爲眞儒，傾動朝野。[52]甘泉於此詩解說末云：

> 夫先生主靜而此篇言敬者，蓋先生之學，原於敬而得力於靜。隨動靜施功，此主靜之全功，無非心之敬處。世不察其源流，以禪相詆，且以朱陸異同相聚訟，過矣。先生嘗曰：「伊川先生見人靜坐，便歎其善學。此靜字發源濂溪，程門更相授受。晦翁恐人差入禪去，故少說靜只說敬，學者須自量度何如，若不至爲禪所誘，仍多靜方有入處。」按此，則靜與敬無二心、無二道，豈同寂滅哉？[53]

此段話主要說明有二：一是強調白沙的「靜坐」是方便法門，源頭仍是程朱學的「主敬」思想，跟禪學不同。[54]第二，當時的人已將白沙

51　湛若水，〈知新後語〉，頁26。
52　見阮榕齡，《編次陳白沙先生年譜》，「成化二年」條，頁809-810。
53　湛若水，《白沙子古詩教解》，卷上，收入孫通海點校，《陳獻章集》，〈附錄一〉，頁702。
54　黎業明，〈湛若水對陳白沙靜坐學說的闡釋——以《白沙子古詩教解》爲中心〉，《哲學動態》，8（北京，2009），頁29-33。

視爲陸學，也就是將其放在朱陸異同的學術議題中來討論。第一重
點，學界說明已多，筆者詳細說明第二點。「朱陸異同」的問題在程
敏政（1445-1499）的《道一編》出版後，再度引起學術圈的討論。
正德四年（1509），張吉（1451-1518）寫了《陸學訂疑》，其序有
云：

> 朱陸之學，先輩論之詳矣！近世儒臣又謂其學始雖殊途，
> 終則同歸於一致，備摘二家辭旨近似者，類而證之，是蓋
> 又一說也。……予惡夫世之從邪而畔正也，乃取《象山語
> 錄》，反覆玩味，有可疑者，韻而訂之，藏諸篋笥，以俟
> 知者擇焉！若與其閑邪衛正，不失爲朱氏忠臣，則世之偏
> 執一隅，詆訾先哲者，亦可以少愧矣！[55]

張吉此書收錄其文集中，並未單行出版，因此《陸學訂疑》一書必是
其死後才爲人所知，那也是正德十四年後的事。其序前段話批評程敏
政，末段則是暗指白沙。事實上，張吉曾向白沙問過學，起初還十分
崇敬，但後來會批評白沙，其中原因可能是受胡居仁（1434-1484）
說法的影響[56]。甘泉於〈張克修見訪〉詩解云：

> 此詩先生因張克修別駕見訪而作。託言滄溟之海，道里甚
> 遠，而泉出山下，未能盈尺，初甚細微，及泉流爲海，則
> 萬水攸同，皆本於一源，誰爲碧眼之人可以見此者哉？以

55　此序作於「正德己巳夏五月既望」，見張吉，〈陸學訂疑序〉，《古城
　　集》，收入《景印文淵閣四庫全書》第1257冊（臺北：臺灣商務印書
　　館，1983），卷2，頁606-607。

56　張吉曾從胡居仁女婿余祜處得《居業錄》，並作《居業錄要語》一書，
　　見其〈居業錄要語序〉，《古城集》，卷4，頁656-657。又此書約作於正
　　德三年（1508）。

滄海比達道，以山泉比大本，故曰溥博淵泉而時出之。非
天下之知本者，不足以語此。克修乃逐末之學，非惟終不
能悟先生之指，反著論相非，惜哉！[57]

此外，甘泉在〈答張內翰廷祥書，括而成詩，呈胡希仁提學〉詩解
云：

此篇乃將〈答張內翰書〉會括成詩，雖書中之言不只此，
而大意不外此也。世多訾之，抑亦未深思耳。……先生之
意，總見先靜而後動，須以靜爲之主；由虛乃至實，須以
虛爲之本。若不先從靜虛中加存養，更何有於省察？故戒
慎恐懼，雖是存養，而以此爲主，以此爲本，非偏於存養
也。……周子之論學聖也，曰：「一爲要。一者，無欲
也。無欲則靜虛動直。」其即先生主靜致虛之學乎？聖學
精微俱括於此，奈何以禪目之？[58]

此詩內「至無有至動，至近至神焉」一語，引發當時人目白沙爲禪，
甘泉在解語中重新解釋，最後歸結到說白沙之意是先存養後省察，非
專偏於存養，這也是周敦頤的思想，那裡是禪！《白沙子古詩教解》
中，辯解白沙非禪之說相當多，茲不多引。[59]

---

57 「滄溟幾萬里，山泉未盈尺。到海觀會同，乾坤誰眼碧？」見湛若水，
　　《白沙子古詩教解》，卷下，頁786。
58 「古人棄糟粕，糟粕非眞傳。眇哉一勺水，積累成大川。亦有非積累，源
　　泉自涓涓。至無有至動，至近至神焉。發用茲不窮，緘藏極淵泉。吾能
　　握其機，何必窺陳編？學患不用心，用心滋牽纏。本虛形乃實，立本貴
　　自然。戒慎與恐懼，斯言未云偏。後儒不省事，差失毫釐間。寄語了心
　　人，素琴本無絃。」見湛若水，《白沙子古詩教解》，卷下，頁710-711。
59 例如在〈金籠霽雪〉詩解云：「借問一峰何時來此，乃十二月八日在南
　　都別我而來也。彌勒佛相傳十二月八日生，蓋先生此時與一峰別於南
　　都。此乃假借之辭，讀者不得錯解指爲佞佛。」見湛若水，《白沙子古詩

　　除此之外，甘泉還表明他自身是白沙之道的傳人，並且排除其他
門人。例如在〈和楊龜山此日不再得韻〉詩後，緊接著就是前面曾引
的〈示湛雨〉詩，甘泉解說此詩云：

> 又借引繡羅，以比千變萬化皆從本心應用。然則金針在
> 我，又誰掇乎？蓋佛氏所謂「莫把金針度於人」者，以金
> 針比心，此心人人各具，我不能授之於人，人亦不能掇之
> 於我。釋氏可謂不識心者矣。此詩乃先生病革以示若水
> 者，深明正學以闢釋氏之非，其意至矣。[60]

將白沙寫給自己的詩放在第二首，承繼白沙之道的意思，顯露無遺。
其次批判佛家不能將金針授人的說法，暗示白沙將金針給了他。最後
一語，不正是要強調白沙最終對甘泉的囑咐，不但表明白沙是正學非
禪學，亦有傳法之意在。不過，這個「深明正學以闢釋氏之非」的解
說無法說服羅欽順（1465-1547），羅氏說：

> 《白沙詩教》開卷第一章，乃其病革時所作，以示元明者
> 也。所舉經書曾不過一二語，而遂及於禪家之杖喝，何
> 邪？殆熟處難忘也。所云「莫杖莫喝」，只是掀翻説，蓋
> 一悟之後，則萬法皆空，「有學無學，有覺無覺」，其妙
> 旨固如此。「金針」之譬亦出佛氏，以喻心法也。「誰掇」
> 云者，殆以領悟者之鮮其人，而深屬意於元明耳。觀乎
> 「莫道金針不傳與，江門風月釣臺深」之句，其意可見。

教解》，卷下，頁717-718。〈製布裘成偶題寄黎雪青〉詩解云：「如此篇
『樂矣生減減』，乃因雪青事佛，故致其辨別以深曉之。奈何不得其解
者，遂斥為媚禪乎？」見湛若水，《白沙子古詩教解》，卷下，頁753。

60　湛若水，《白沙子古詩教解》，卷上，頁703。

註乃謂「深明正學以闢釋氏之非」，豈其然乎！[61]

同樣的詩句，在羅、湛兩人的解釋，可謂天差地別，不過兩人都點出甘泉此書有以白沙傳人自居之意。值得注意的是羅氏所看到的《詩教》，是嘉靖四年的版本，而非原刊本，內容上已有刪改。例如筆者前引此書第一首詩應是〈和楊龜山此日不再得韻〉詩，但被刪除，所以才會變成〈示湛雨〉詩為首章。[62]甘泉也透過此書來反駁張詡的說法，例如在〈送劉方伯東山先生〉詩解云：

> 此詩「江門臥烟艇」，及臨終詩「弄艇江門月」等句，皆作詩假託之常，猶采〈卷耳〉「陟高岡」之意耳。不知者認真，遂謂先生之學弄艇投竿而後有得，古人所謂「不可向痴人前說夢」也。[63]

甘泉此解語明顯是駁斥張詡〈墓表〉中的說法。此外，在〈偶得寄東所〉詩解云：

> 然此道初不離物，故舉目若或見之，何必如莊子所謂窮扶搖而求之於高遠哉？此與後篇皆寄東所之詩，東所好求之高遠，故告之以此。[64]

甘泉在說明白沙認為張詡有「求之高遠」之病時，同時亦說明白沙不

61　羅欽順著，閻韜點校，《困知記》（北京：中華書局，1990），卷下，頁42。

62　此嘉靖四年序刊本，名為《白沙先生詩教解·詩教外傳》，收入《四庫全書存目叢書》，集部第35冊。

63　「未別情何如，已別情尤邈。豈無尺素書，遠寄天一角。江門臥烟艇，酒醒簑衣薄。明月照古松，清風灑孤鶴。」湛若水，《白沙子古詩教解》，卷下，頁764。

64　「知暮則知朝，西風漲暮潮。千秋一何短，瞬息一何遙。有物萬象間，不隨萬象凋。舉目如見之，何必窮扶搖？」湛若水，《白沙子古詩教解》，卷下，頁778-779。

是求之高遠的人。

　　甘泉通過《白沙子古詩教解》一書，一方面爲白沙思想定位，另一方面也企圖證明白沙非禪，而其最終對白沙的論斷，表達在嘉靖元年（1522）正月的〈改葬墓碑銘〉中。其文有云：

> 惟夫子有生乃異，始讀《孟子》，志于天民。……既又習靜于春陽臺，十載罔協于一，乃喟然嘆曰：「惟道何間於動靜？勿助勿忘何容力？惟仁與物同體，惟誠敬斯存，惟定性無內外，惟一無欲，惟元公、淳公其至矣。」故語東白張子曰：「夫學至無而動，至近而神，藏而後發，形而斯存；知至無於至近，則何動而非神！故藏而後發，明其幾矣；形而斯存，道在我矣。夫動已形者也，形斯實矣，其未形者，虛而已矣。虛其本也，致虛所以立本也。」語南川林生曰：「夫斯理無內外，無終始，無一處不到，無一息不運。會此，則天地我立，萬化我出，而宇宙在我矣。得此把柄，更有何事？上下四方，往古來今，渾是一片。自茲已往，更有分殊，終日乾乾，存此而已。」甘泉湛生因天壺梁生以見，語之曰：「噫！久矣！吾之不講於此學矣。惟至虛受道，然而虛實一體矣。惟休乃得，然而休而非休矣。惟勿忘勿助，學其自然矣。惟無在不在，心其無忘助矣。」問體認天理，曰：「惟茲可以至聖域矣。」問參前倚衡，曰：「惟子是學矣。」問：「東所張生敏也，子何不之講？」曰：「弗問弗講，且順其高談，然而禪矣。」甘泉生曰：「夫至無，無欲也；至近，近思也；神者，天之理也。宇宙，以語道之體也。乾乾，以語其功也。勿忘勿助，一也，中正也，自然之學也。皆原諸周、

程，至矣。惟夫子道本乎自然，故與百姓同其日用，與鬼
神同其幽，與天地同其運，與萬物同其流，會而通之，生
生化化之妙，皆吾一體充塞流行於無窮，有握其機，而行
其所無事焉耳矣。惟夫子學本乎中正，中正故自然，自然
故有誠，有誠故動物。」……銘曰：……孔孟而後，若更
一門。門各為戶，競出異言。渾渾濂溪，有沿其源。一為
聖學，示我大全。學絕道喪，千載芬芬。天篤夫子，握會
之元。沂程而周，再復渾淪。何名渾淪？溥博淵泉。直指
本體，挽漓而淳。孰惑寓言？孰惑其禪？惟此天理，二途
判然。[65]

此銘文依序說明：一、白沙得道之言；二、白沙告張詡、林光以及甘
泉的話；三、甘泉得其學；四、引白沙之語證明張詡之誤；五、重新
解釋白沙語張詡「至無至近」的說法；最後將白沙學定位為溯濂洛而
至洙泗的道統源流。[66]透過這個銘文，可以瞭解到甘泉是如何弭平白
沙門下的爭論，又是如何凸突出自己正宗傳人的角色。附帶一提，誠
如往後的歷史所顯示的，甘泉一直都出仕當官，並未像其師一樣隱於
家鄉，這不是跟銘文中說白沙「志于天民」的作法矛盾嗎？事實上，
在重豎此改葬墓碑時，甘泉有一祭文，祭文內容即在解決這個問題，
他說：

水也不敏，幸承夫子之教以有聞。昔也逢時之屯，懼辱其
身，以忝夫子之門，退畢業于西樵，以迪前聞，若將終

65　湛若水著，鍾彩鈞點校，《泉翁大全集點校稿》，卷59，〈明故翰林院檢
　　討白沙陳先生改葬墓碑銘〉，頁50-51。
66　此處的「沂程而周」的「程」，指的是程顥。見鍾彩鈞，〈湛甘泉哲學思
　　想研究〉，頁348-354。

　　身。水也不肖，際茲亨運，天啓聖明，秉資堯、舜，搜羅
　　遺逸，無有遠近。有司以召，命及煙霞之墟，而責之君臣
　　之分。水也不材，安敢偃蹇以自遯。夫雲龍風虎，聖作物
　　睹。水也雖不敏、不肖、不材，安敢偃蹇肥遯，自暇自逸
　　以負明主？[67]

甘泉以「時」爲「出仕」與否的關鍵，來說明過去他退隱西樵山是因
爲時不該出，但如今新皇帝具有堯舜之資，因此是可以出仕之時。甘
泉透過〈改葬墓碑銘〉確認「白沙學」的內容，從此之後，由於他歷
仕途久（做官到嘉靖十九年〔1540〕，年七十五歲），又屢屢稱引其
師之學，故對白沙思想種種說法也就成爲時人認識白沙學的重要依
據，在「白沙學」的推廣上，扮演關鍵的角色。

　　甘泉除了確認「白沙學」的內容應該爲何外，還以己意衍申了白
沙學。舉例來說，嘉靖十一年（1532）四月，甘泉在〈白沙書院記〉
中云：

　　曰：「敢問白沙先生之心之道，其有合於堯、舜、禹、
　　湯、文、武、孔、孟、周、程之心之道者，何居？」先生
　　語水曰：「千古有孟子勿忘勿助，不犯手段，是謂無在而
　　無不在，以自然爲宗者也，天地中正之矩也。」世之執有
　　者爲過，泥空者以爲不及，豈足以知先生中正之心之道
　　哉？……堯、舜、禹、湯、文、武之所謂「惟精惟一」，
　　所謂「無偏無黨」，即孔子之所謂「敬」也。孔子之所謂
　　「敬」，即孟子所謂「勿忘勿助」也。孟子之「勿忘勿

67　湛若水著，鍾彩鈞點校，《泉翁大全集點校稿》，卷57，〈祭告白沙先生
　　文〉，頁32。

助」，即周、程之所謂「一」，所謂「勿忘勿助之間正當
處，而不假絲毫人力」也。程子之「不假絲毫人力」，即
白沙先生之所謂「自然」也。皆所謂「體認乎天之理」
也。[68]

這一段問答極有深意，問的是白沙之學合乎道統嗎？當然，甘泉旁徵
博引地回答說是合乎道統，並且將自己也列入這個道統之內。將孔子
的「敬」、孟子的「勿忘勿助」、程子的「不假絲毫人力」與白沙
「自然」連成一線，最終扣合上甘泉的「體認天理」之說。可以說，
甘泉以「隨處體認天理」之說取代與轉化了白沙學思想概念。十三年
底，甘泉又在〈自然堂銘〉強調云：

夫堂何以名自然也？夫自然者，聖人之中路也。……先師
白沙先生云：「學以自然為宗。」當時聞者或疑焉。若水
服膺是訓，垂四十年矣，乃今信之益篤。蓋先生自然之
說，本於明道明覺自然之說，無絲毫人力之說。明道無絲
毫人力之說，本於孟子勿忘勿助之說。孟子勿忘勿助之
說，本於夫子無意必固我之教。說者乃謂老、莊明自然，
惑甚矣。[69]

甘泉此語完全將白沙「自然」概念的意涵轉化成宋儒的「明覺自
然」，即內心「勿忘勿助」的工夫。末後一語，更否認與老莊之學的
關係。自此之後，「白沙學」的「自然」概念為甘泉的「隨處體認天
理」說所取代，工夫論也轉換為甘泉的「勿忘勿助」之說。

68　湛若水著，鍾彩鈞點校，《泉翁大全集點校稿》，卷27，〈白沙書院
　　記〉，頁23。
69　湛若水著，鍾彩鈞點校，《泉翁大全集點校稿》，卷33，〈自然堂銘〉，
　　頁71。

四、學術競合下的白沙學

嘉靖一朝，是甘泉的「白沙學」與陽明學既競爭又合作的時期，也是學術勢力彼消我長的時期。簡要地說，在正德時期，陽明逐漸發展其學說，最終完成「良知說」的體系；而甘泉則是消除了白沙學內部的雜音，並且掌握了解釋白沙思想的話語權。在嘉靖之初，陽明學因陽明事功而盛行於世，到了陽明歿後至有「僞學」之稱而中衰，末年由於門生弟子講學而復振，到了嘉隆之際，徐階（1503-1583）當國可謂高峰。然而，白沙學在嘉靖時期卻是由盛到衰，尤其當甘泉歿後，就只剩陽明學一枝獨秀了。論說兩派學術的競合對「白沙學」的影響，必須從甘泉與陽明的定交論學說起。

弘治十八年，王陽明與甘泉於北京定交講學，當時兩人的共同目的是反「記誦辭章之學」，而強調「身心之學」。[70] 這個目的對兩人的意義是不同的。兩人都中弘治五年（1492）鄉試，會試下第後，甘泉轉師白沙，早早就從事身心之學，且不願出仕；而陽明則繼續從事程朱學術的探索，也依然繼續科考，尋求出仕。因此，「身心之學」對此時的甘泉來說，是其從事已久的學問，但對陽明來說，卻是中進士後才開始摸索反省而逐漸有得。換個角度來說，甘泉是承接白沙的思想遺產，而陽明則是自己摸索創發。事實上，就因爲思想上先覺後覺的問題，兩人的交往也是處在一不平等的情況下。當陽明以一書生之

70　錢德洪編，《年譜‧弘治十八年》：「學者溺於詞章記誦，不復知有身心之學。先生首倡言之，使人先立必爲聖人之志。聞者漸覺興起，有願執贄及門者。至是專志授徒講學。然師友之道久廢，咸目以爲立異好名，惟甘泉湛先生若水時爲翰林庶吉士，一見定交，共以倡明聖學爲事。」收入王守仁撰、吳光等點校，《王陽明全集》（上海：上海古籍出版社，1992），卷33，頁1226。

力，接連平南贛盜、平宸濠，立下不世之功業，而甘泉卻在其大科書
院內教書，天下士人學子的注意力自然集中於陽明身上。就因為兩人
在仕途與學術的不同發展，彼此間的關係也就起了微妙的變化，甘泉
屢屢致書論辨，而陽明則甚少回應，但甘泉卻不得不回應陽明所拋出
的學術議題，如古本《大學》等。兩人思想的異同，學界論述已多，
此處不擬多論，關鍵處在於同是倡導「心學」，但對「心」是在內還
是在外有很大的爭論，往後兩人的諸多論辯也不脫此問題。正德十六
年，甘泉寫信給陽明弟子楊鸞信中說到：

> 承諭閱《訓規》，立中正以示學者，然而此理本中正，乃
> 天之所為也。稍偏內外即涉支離，非天理矣。此與《古本
> 大學》相同，在隨處體認天理而已，更無別事。《古本大
> 學測》曾仔細看否？自程子沒後，此書不明數百年矣，賴
> 天之靈，一旦豁然有冥會，持以語人而鮮信之者，豈非許
> 真君賣丹丸子者，命耶？可嘆！可嘆！……近侍程侍御、
> 王兵備深信格物之說。陽明近有兩書，終有未合，且與陳
> 世傑謂「隨處體認天理是求於外」。……靜言思之，吾與
> 陽明之說不合者，有其故矣。蓋陽明與吾看心不同，吾之
> 所謂「心」者，體萬物而不遺者也，故無內外。陽明之所
> 謂「心」者，指「腔子」裏而為言者也，故以吾之說為
> 外。[71]

首先，作此信時，陽明已經悟得「良知」之說，而甘泉《白沙子古詩
教解》接近完成，因此，可以併而論之。甘泉於此信中要表達的有三

---

[71]　湛若水著，鍾彩鈞點校，《泉翁大全集點校稿》，卷9，〈答楊少默〉，頁
16。

點：一是《訓規》可說是其「教」，與《古本大學》要旨是相同的；二是甘泉亦以《古本大學》文本做了《古本大學測》，可見陽明大學說的影響；三是兩人的「格物」觀點「終有未合」，原因在於「看心不同」。從甘泉《訓規》的內容可知其教，在其簡要版的敘中，他說：

> 夫《規》何爲者也？夫學，心而已焉者也。何莫非心也？
> 心得其職則敬，敬爲義。心失其職則肆，肆爲利。利義之
> 判也，間焉者也。[72]

從此敘的內容就可以知道：爲何甘泉在《白沙子古詩教解》中，要以「主敬」代替「主靜」，實則與其學術立場有關。此外，甘泉強調其隨處體認天理與《古本大學》同，是在回應陽明良知說所造成的學術影響。甘泉在信中強調說只要能「心得其職則敬」，即是在任何地方都能體認到天理，無內外之別，故以陽明之說心是在說「腔子」裏的心。而甘泉「勿忘勿助」的工夫，是甘泉最重要的內涵，此亦與陽明學「事上磨練」、「致良知」工夫相對。到了嘉靖七年（1528）十月，陽明在與聶豹（1486-1563）的信中，嚴厲批評甘泉「隨處體認天理」宗旨，他說：

> 我此間講學，却只說個「必有事焉」，不說「勿忘勿
> 助」。必有事焉者，只是時時去集義。若時時去用必有事
> 的工夫，而或有時間斷，此便是忘了，即須勿忘。時時去
> 用必有事的工夫，而或有時欲速求效，此便是助了，即須
> 勿助。其工夫全在必有事焉上用，勿忘勿助只就其間提撕

---

72 湛若水著，鍾彩鈞點校，《泉翁大全集點校稿》，卷5，〈西樵大科書堂訓規〉，頁39。

警覺而已。……近日一種專在勿忘勿助上用工者，其病正
是如此。終日懸空去做個勿忘，又懸空去做個勿助，濟濟
蕩蕩，全無實落下手處；究竟工夫只做得個沉空守寂，學
成一個癡騃漢，才遇些子事來，即便牽滯紛擾，不復能經
綸宰制。此皆有志之士，而乃使之勞苦纏縛，擔閣一生，
皆由學術誤人之故，甚可憫矣！[73]

「學術誤人」一語，語氣可謂相當的重，當然此信甘泉未必及時能
知，但往後其透過友朋，即可瞭解到陽明對其不滿之意。陽明於嘉靖
七年歿於南安，甘泉於八年（1529）三月，〈祭陽明文〉中說到：

嗟惟往昔，歲在丙寅。與兄邂逅，會意交神。同驅大道，
期以終身。渾然一體，程稱「識仁」。我則是崇，兄亦謂
然。……自公退食，坐膳相以。存養心神，剖析疑義。我
云聖學，體認天理。天理問何？曰廓然爾。兄時心領，不
曰非是。……我居西樵，格致辯析。兄不我答，遂爾成
默。壬午暮春，予吊兄戚。云致良知，奚必故籍？如我之
言，可行廝役。乙丙南雍，遺我書尺。謂我《訓規》，寔
爲聖則。兄撫兩廣，我書三役。兄則杳然，不還一墨。及
得病狀，我疑乃釋。遙聞風旨，開講穗石。但致良知，可
造聖域。體認天理，乃謂義襲。勿忘勿助，言非學的。[74]

此祭文詳細描述在兩人論交之初，陽明都同意甘泉之說，直至甘泉官
南京國子祭酒時，還說其《訓規》是聖則，但最終卻認爲「體認天理

73　王守仁撰、吳光等點校，《王陽明全集》，卷2，〈答聶文蔚·二〉，頁83。此信後收入《傳習錄》中，可以說是公開地反對甘泉之說。
74　湛若水著，鍾彩鈞點校，《泉翁大全集點校稿》，卷57，〈奠王陽明先生文〉，頁34。

之說」是「義襲」、「勿忘勿助」工夫非「學的」。由此可見，甘泉對陽明不認同其學，是心知肚明的。嘉靖二十五年（1546），甘泉卻在陽明〈墓誌銘〉中說：

> （兩人）遂相與定交講學，一宗程氏「仁者渾然與天地萬物同體」之指。故陽明公初主「格物」之說，後主「良知」之說；甘泉子一主「隨處體認天理」之說，然皆聖賢宗指也。而人或捨其精義，各滯執於彼此言語，蓋失之矣！故甘泉子嘗爲之語曰：「良知（必）用天理，天理莫非良知，以言其交用則同也。」[75]

即使陽明已歿近十八年，甘泉仍要在墓誌銘中爭論說兩家宗旨是相同的，可見對陽明不認同其學多麼耿耿於懷了！

　　甘泉之所以會有兩家宗旨同的說法，必須回顧自陽明歿後，陽明學與甘泉學各自的發展，才能理解。陽明歿後，嘉靖皇帝聽從朝廷會議的結果，對其事功與學術一律抹殺，並且律令云「敢有踵襲邪說、果於非聖者，重治不饒。」[76]自此以後，至少在嘉靖初中期時，陽明學

---

75 湛若水著，鍾彩鈞點校，《甘泉先生續編大全點校稿》，卷11，〈明故總制兩廣江西湖廣等處地方提督軍務奉天翊衛推誠宣力守正文臣特進光祿大夫柱國少保新建伯南京兵部尚書兼都察院左都御史陽明先生王公墓誌銘〉，頁27。

76 《世宗實錄》：「守仁放言自肆，抵毀先儒，號召門徒，聲附虛和，用詐任情，壞人心術。近年士子傳習邪說，皆其倡導。至於宸濠之變，與伍文定移檄舉兵，仗義討賊，元惡就擒，功固可錄，但兵無節制，奏捷誇張。近日掩襲寨夷，恩威倒置。所封伯爵，本當追奪，但係先朝信令，姑與終身。其歿後，卹典俱不准給。都察院仍榜諭天下，敢有踵襲邪說，果於非聖者，重治不饒。」中央研究院歷史語言研究所校勘，《明實錄》（臺北：中央研究院歷史語言研究所，1966），第75冊，卷98，「嘉靖八年二月」條，頁2299-2300。

的發展爲朝廷功令所壓抑，陽明弟子後學無法公開宣揚其學。[77] 相反地，由於甘泉於嘉靖三年（1524）由翰林院侍讀升任南京國子監祭酒，執掌學宮；八年七月，轉北京禮部右侍郎，十年（1531）轉左侍郎；十一年（1532）升南京禮部尚書；十五年（1536）升南京吏部尚書；十八年（1539）轉南京兵部尚書，隔年致仕，時年七十五歲，三十九年（1560）歿於家鄉。雖說甘泉大部分是在南京擔任閒職，但仍然有其地位，從學之人相當多，況其年歲又長，對當時學術的影響力甚大，以致有「嘉靖中，一時道學稱『王湛』」之語。[78]

甘泉學的推展在甘泉生前即受到打擊，打擊來自兩方面：一是朝廷士大夫對王湛之學的否定；另一是來自陽明學的挑戰。先說來自陽明學的方面。嘉靖十一年，曾經跟陽明問過學的直隸御史馮恩（1493-1573）上疏言事，疏中有云：

> 禮部左侍郎湛若水強致生徒，勉從道學，教人隨處體認天理，處己素行，未合人心。臣謂「王守仁猶爲有用道學，湛若水乃無用道學」也。[79]

馮恩本於職責，風聞言事，其言必有所據。例如黃景昉（1596-1662）記云：

77　歸有光，〈送王子敬之任建寧序〉：「近世一二君子，乃起而爭自爲說，創爲獨得之見。天下學者，相與立爲標幟，號爲講道，而同時海內鼎立，迄不相下。餘姚之說尤盛。中間暫息，而復大昌。」見歸有光撰，周本淳點校，《震川先生集》（臺北：源流出版社，1983），卷10，頁223。此序作於嘉靖四十四年（1565）。

78　尹守衡，《明史竊》（臺北：華世出版社，1978），卷75，〈王守仁湛若水列傳第五十三〉，頁1757。

79　中央研究院歷史語言研究所校勘，《明實錄》，《世宗實錄》，第78冊，卷143，「嘉靖十一年十月」條，頁3341。

> 方霍（韜）家居，屢橫恣，非特如龔大稔所劾已也。湛甘
> 泉故稱恬靜，間亦不免，生徒往往煩人。爲南宗伯日，揚
> 州、儀眞大鹽商皆從講學，號「行窩中門生」，到處請
> 托。或嘲之正到處體認天理，如甘泉教云。流弊可知。[80]

到了十六年（1537），御史游居敬（1509-1571）上書攻擊王、湛之
學，《皇明大政紀》記云：

> 御史游居敬上言〈乞戒邪僻大臣以端士習〉，謂：「王守
> 仁以致良知爲學，湛若水以體認天理爲學，皆祖宋儒陸九
> 淵之説，稍變其辭以號召喜名媒利之士。然守仁謀國之
> 忠、濟變之才，猶不可泯。彼若水者，一迂腐之儒耳！而
> 廣收無賴，無廉介之節；私創書院，爲不經之行。聽其言
> 亦近是，考其行則大非也。乞加罷斥，仍行禁諭，以正人
> 心。」[81]

游居敬以「邪僻大臣」視甘泉，皇帝亦不支持，不日致仕亦是可以想
見的，至其死後甚有「僞學盜名」之稱。[82]面對這些批判言論，甘泉
在寫給同鄉陽明弟子薛侃（1486-1545）的信中說：

80　黃景昉著，陳士楷等點校，《國史唯疑》（上海：上海古籍出版社，
　　2002），卷6，頁162。
81　雷禮，《皇明大政紀》，收入《四庫全書存目叢書》，史部第8冊，卷
　　23，「（嘉靖十六年）三月毀湛若水書院」，頁682。
82　沈德符，《萬曆野獲編》：「世宗所任用者，皆銳意功名之士，而高自標
　　榜，互樹聲援者，即疑其人主爭衡。如嘉靖壬辰年御史馮恩論彗星，而
　　及吏部侍郎湛若水，謂素行不合人心，乃無用道學。恩雖用他語得罪，
　　而此言則不以爲非。至丁酉年御史游居敬，又論南太宰湛若水學術偏
　　陂，志行邪僻，乞斥之，并毀所創書院。上雖留若水，而書院則立命拆
　　去矣。比湛歿請卹，上怒叱其僞學盜名，不許，因以遂太宰歐陽必進，
　　其憎之如此。」（北京：中華書局，1997），卷2，〈講學見絀〉，頁52。

前者良知之學亦已遭此，今日天理之學何怪其然？凡橫逆
之來，在我能善用之，反爲進德之地。他山之石，可以攻
玉，以玉攻玉，其能成之乎？靜言思之，自反自責，大抵
在吾同志尚有未協者，何怪乎其他？夫道至一無二者也，
認得本體，則謂之良知亦可，謂之良能亦可，謂之天理亦
可。[83]

所謂「前者良知之學亦已遭此」，說的是陽明學在嘉靖初年的遭遇；
後一語「今日天理之學何怪其然」，說的是游居敬等人的攻擊言論。
甘泉認爲在「認得本體」的目標下，什麼樣的宗旨名號都是可以接受
的。政治上批判言論的出現，顯示出「王湛之學」並稱，是其來有自
的。

　　然而甘泉在學術上的批判，來自於程朱學及陽明學兩方。在程朱
陣營方面，羅欽順以禪學目白沙學，兩人間還彼此有書信辯論，此事
學界討論已多，茲不贅述。值的注意的是，甘泉將白沙之所以被誤認
爲禪的原因，完全推給張詡。[84]來自陽明學方面的批評，起因乃是甘
泉自己。前文已說到，甘泉在陽明墓誌銘中漠視陽明不認同其學的事
實，硬說兩家宗旨是相同的。此外，甘泉仍然以道學先覺的態度對待
陽明。舉例來說，嘉靖十七年（1538），甘泉的學生文章和張文海修
《增城縣志》時，於《外編》收錄了兩篇正德六、七年間陽明寫給甘
泉的信，這兩封信的收錄是有深意的。首先，這部縣志的修訂，甘

83　湛若水著，鍾彩鈞點校，《泉翁大全集點校稿》，卷10，〈答薛尚謙〔名
　　侃〕〉，頁31。

84　見甘泉寫給羅欽順的信，收入湛若水著，鍾彩鈞點校，《泉翁大全集點
　　校稿》，卷85，〈歸去紀行錄〉，頁55-56。

泉是參與其事的；[85]其次，這兩封信未收錄於當時陽明弟子所編的
《陽明先生文錄》及《陽明先生續錄》中，可見資料提供者應是甘
泉。第一封信是陽明從貴州回到北京之時所寫，信中說到：

> 別後無可交接，百事灰懶，雖部中亦多不去，惟日閉門靜
> 坐。……又思平日自謂得力處亦多尚雜於氣，是以聞人毀
> 謗輒動，却幸其間已有根芽，每遇懲創，則又警勵奮迅一
> 番，不爲無益。然終亦體認天理欠精明，涵養功夫斷續
> 耳！[86]

透過此信之載，甘泉想要描述的陽明早年亦從事於靜坐，也曾經採用
「體認天理」之說。事實上，陽明早年的確認同「靜坐」與「體認天
理」之說，李詡的《戒庵老人漫筆》中曾記其有陽明的墨寶，紙中載
云：

> 明道先生曰：「……」延平先生曰：「默坐澄心，體認天
> 理，若於此有得，思過半矣。」右程、李二先生之言，予
> 嘗書之座右，南濠都君（穆）每過輒誦其言之善，持此紙
> 索予書，予不能書，然有志身心之學，此爲朋友者所大願

85　張星，〈《增城縣志》序〉：「既成帙，寓書于太宰甘泉湛公，請裁定
　　焉！……維甘泉公炳靈毓秀，寔產茲邑，方以道學倡海內，懿德崇望，
　　爲時儒宗。茲志之修，紀述獨詳焉！尤足以徵今日道化之盛，此所謂有
　　待焉者也。」收錄在文章修、張文海纂，《增城縣志》，卷首，頁4-7。又
　　編者有一〈附記〉云：「全誌張龜峰脩成，呈稿泉翁。時翁因南都工板
　　精美，刊刻發來縣。泉翁惠愛鄉土至矣！三記續成，收於此者，縣事
　　也。」卷17，頁502-503。
86　王守仁，〈與湛甘泉書（二）〉，收入文章修、張文海纂，《增城縣志》，
　　卷17，頁534-535。書信年代的考證，請見楊正顯，〈王陽明詩文拾
　　遺〉，《古今論衡》，22（臺北，2011），頁148-149。

也，敢不承命！陽明山人餘姚王守仁書。[87]
「靜坐」之說，是白沙很受批評之處，或許甘泉想要表明陽明也曾從
事這樣的修養工夫。而陽明信中「體認天理欠精明，涵養功夫斷續
耳」一語，應該是指李延平（1093-1163）的說法，但是在嘉靖年間
甘泉高舉「隨處體認天理」宗旨後，很難不被誤認爲早在兩人論交之
初，甘泉是站在指導者的位子，且陽明也是信其學的。第二封作於甘
泉出使安南之後，信中說到：

> 往時朝夕多相處，觀感之益良多，然亦未免悠悠度日。至
> 於我字亦欠體貼，近來始覺稍親切，未知異時回看今日，
> 當復何如耳？習氣未除，此非細故，種種病原，皆從此
> 發。究竟習氣未除之源，却又只消責志。近與宗賢（黃
> 綰）論此，極爲痛切，兄以爲何如耶？[88]

這信放在明人的書信文化裡，應是朋友彼此間切磋論學的信件，算不
得什麼重要的信件，但著錄於此，卻像是陽明「求教」於甘泉，也就
顯示出甘泉是指導者、先覺者。除此之外，《增城縣志》對陽明學術
觀點亦有質疑，在「王陽明傳」的最後，編者下了一個案語，案語在
說明編者曾與陽明弟子何廷仁有過一場學術論辨，最後寫了一封信回
答，此信亦被著錄，信中說到：

> 蒙示以致良知之說，僕初未領，久乃若有得者。大抵孟子
> 言良知，便繼曰良能，今委良能而專以良知爲訓，恐涉偏
> 墮。及三四涵泳，乃悟立言深意，懼人舍行以爲知，徒事

87　李詡撰，魏連科點校，《戒庵老人漫筆》（北京：中華書局，1982），卷
　　7，〈王文成墨蹟〉，頁266。
88　王守仁，〈與湛甘泉書〉，收入文章修、張文海纂，《增城縣志》，卷
　　17，頁533。

支離也。故言知則行已具，知而不行，未爲眞知，其實欲
令人將知行合作一事，所以藥石後學務口耳而廢實踐者，
甚盛心也。然此或亦矯枉之説，恐後來概其宗旨，主張太
過，則未免以知爲行，以行爲知，反生扞格。妄意以爲且
將知行調停説去，更覺工夫明整渾全也。僕曩出拙草求
正，因覘尊意每不以爲然，只以爲學須有大頭腦，頭腦既
得，旁節自當疏暢，不必汎濫，此則憂僕知浮於行也。僕
再思之，宇宙如是其博，萬物如是其繁，精精粗粗，巨巨
細細，莫非吾心道義。苟於宇宙萬物，有一理未究，便是
吾心體用猶有缺也。故以吾心放之宇宙萬物不爲外，以宇
宙萬物約之吾心不爲內，體用一原，內外無間也。是以用
心窮理未必即爲汎濫之學，而專心事內以遺外者，其學乃
偏枯也。若其用工，又有先後本末截然而不容紊者耳！[89]

甘泉弟子先細數陽明學的種種問題，例如有孟子的良知卻無良能；強
調知行合一，恐會流於偏於一邊。最後不但強調隨處體認天理之説沒
有以上這些弊病，又辯解説此説不是「汎濫之學」，反倒陽明學不但
會陷入偏枯之病，且工夫又成兩截。很少有地方志的編撰如同《增城
縣志》一般，將甘泉地位抬的如此之高，又直接地批評陽明學的。當
然，有多少人能夠閱讀此縣志，還有商量的餘地，然甘泉於嘉靖十八
年所作的《楊子折衷》，則是近乎點名地在反駁王畿（1498-1583）所

89　野史氏曰：「陽明之學，大要只致良知，又爲知行合一之説，學者多疑
　　之。余嘉靖己丑歲下第，回至儀眞，偶晤陽明之門人何廷仁，與辯論數
　　日別去。迨壬辰歲，舟次乃作書以答廷仁，余不忍棄捐此書，遂附錄于
　　下，以俟尚論者。」見文章修、張文海纂，《增城縣志》，卷8，頁266-
　　267。

提倡的「心之精神是謂聖」（出自《孔叢子》）與「不起意」之說。
他在序中說：

> 或曰：「象山禪也，辭而擯之，宜也。」甘泉子曰：「象山
> 非禪也，然而高矣。」……甘泉子曰：「象山高矣，然而
> 未禪。今日慈湖高過於象山，是何言歟？是何學歟？其得
> 爲中正歟？其得不爲禪歟？」……數年之間，其說盛行如
> 熾，吾爲此懼，閔先聖之道，不得已而爲之辯也。吾懼此
> 說行而天下皆以氣爲性也，吾懼此說行而天下皆不知道
> 也，皆不知學也，皆援古先聖王之指以入於夷狄也，爲作
> 《楊子折衷》。[90]

表面上，甘泉在批判楊簡之學，暗地裡卻有以陽明喻象山、龍溪喻慈
湖之意，且悍然以「知道知學」者自視。當然，陽明弟子們對甘泉也
有不滿的，如嘉靖二十年（1541），甘泉寫給弟子洪垣（1507-1593）
的信中說：

> 天理者，吾心中正之體而貫萬事者也。此外何有血脈？此
> 外何有骨髓？即由仁義行之學，集義所生之學也。天理二
> 字不落心事，不分內外，何者？理無內外心事之間故也。
> 而或者以爲襲影響者，自或者觀之而云然耳。……君子之
> 道自在中間。近來陽明之徒又以爲行格式，整菴之說又以
> 爲禪，真我只在中間也。影響了不干涉。[91]

所謂「行格式」，應是指甘泉教法是有一定的格式，從其《訓規》一

90　湛若水著，鍾彩鈞點校，《泉翁大全集點校稿》，卷79，〈《楊子折衷》
　　序〉，頁42。
91　湛若水著，鍾彩鈞點校，《泉翁大全集點校稿》，卷11，〈復洪覺山侍
　　御〉，頁41。

書可以看出，因為內容是各種做人處事的規定，而甘泉是以此為其
「教」的。而陽明教法是要去除「格套」的，兩者差別很大。

　　甘泉致仕後，由於地處偏遠，逐漸脫離學術圈，也幾乎同一時
間，陽明講會開始盛行於大江南北。以甘泉說法為主的白沙學，一方
面後繼乏有力之人而無能與其對抗。另一方面，由於其致仕後居鄉所
做所為不為其鄉人所認同，以致於在其死後，仍有批判言論產生。萬
曆十三年（1585）左右，陽明後學耿定向（1524-1596）在寫給友人
的信中說：

> 往得《廣東通志》一部，諗為黃宮諭（佐）所脩，世傳以
> 為佳者。觀〈列傳〉中，擊刺白沙、甘泉、渭厓（霍韜）
> 二三先生甚甚，竊慨于中。夫白沙先生，我明創開眼孔人
> 也，乃志傳中謂其「善談論、脩容儀，以是得人歡」，此
> 何評也？余近借為之傳，緘奉覽教。甘泉先生，或謂其事
> 行或多弘潤，不滿俗眼，顧其一生，任道興起斯文之志，
> 尚可想見，傳中詆詈，至有不忍道者。雇（顧）中語意亦
> 自矛盾，謂其名重東夷矣，而乃不信于鄉人；謂其終應天
> 隕星之異矣，而生不理于世口。何天可動、夷可感而行乎
> 州里之難耶？……往聞甘泉先生好廣田宅，以此不厭于世
> 吻，近聞其胤孫作某府二者，清苦殊甚矣！[92]

《廣東通志》是黃佐（1490-1566）於嘉靖四十年（1561）所作，正是
甘泉歿後一年。耿氏所提及到白沙與甘泉之「不忍道」之事，還原
《志》中文字，說的是下面兩條，在白沙部分：

　　然善論辯、脩容儀，一時縉紳爭先見之，雖中官緇流蕃夷
　　商賈，接之盡得其歡心。[93]

在甘泉部分：

　　自其祖江以來，田連阡陌，世爲土豪。若水益增田宅庄
　　店，歲入數千金，而好食宿肉沙飯，居漂搖危樓，營建歲
　　無虛日，人皆異之。[94]

這兩條當然於白沙、甘泉的名譽有所貶抑，但不見得不是實錄，只不
過很少人會直接記錄在縣志之中。然而，耿氏沒指出的還有學術方面
的問題，因爲在兩人傳文之中，黃佐一方面敍述其思想，但緊接著引
述當時批判白沙或甘泉的文字，充分顯露出其貶抑之意。譬如說，講
到白沙自然之學時，就引用何喬新（1427-1502）〈與羅一峰論白沙
書〉；[95] 說到鳶飛魚躍之說，就引其祖父黃瑜《雙槐歲鈔》中的〈鳶魚

93　黃佐，《廣東通志》卷61，頁1623。黃佐撰於正德時期的《廣州人物傳》
　　裡，亦有白沙之傳，與此處相較，傳文大體沒有更動，不過沒有引用文
　　集之說法。
94　黃佐，《廣東通志》，卷62，頁1658。
95　此書名〈寄羅應魁內翰書〉：「近者友人吳僉憲自京回，錄得陳公甫二書
　　及其門人林緝熙寄公甫書。僕尋繹數日，深喜公甫玩心高明，非俗儒所
　　及，斯道之傳有望矣！但書中所言，有不能無可疑者，得非鄙劣學未聞
　　道，不足以窺公甫立言之旨故邪？心有未安，願就有道而質焉！夫道之
　　難言也，尚矣。《中庸》曰：『天命之謂性，率性之謂道』，是則所謂道
　　者，不外乎性命，非窈冥昏默之謂也。又曰：『君子尊德性而道問學』，
　　是則所以入道者，不越乎存心致知，亦非有甚高難行之事也。自濂洛關
　　閩諸大儒繼作，其於道之全體大用與凡所以入道之方，發明詳且盡矣！
　　儒者世守之，毋庸異說也。今公甫之書云：『夫道至近而神，至無而
　　動。』又曰：『虛其本也。致虛之所以立本也。』得非老莊虛無之說歟？
　　又曰：『不須廣覽前言，徒亂心目』，得非子靜不必讀書之說歟？又曰：
　　『僻處作室，靜處用功』，審如是，則學道者必如仙翁釋子，絕類離倫，
　　乃可以得道歟？至於緝熙之書曰：『終日靜坐杜門面壁』，無乃禪家之意

辯〉等;而講甘泉勿忘勿助之學,就引用陽明〈答聶文蔚〉書等。批
判之意,不言可喻。耿氏因此爲白沙重做傳文,此傳應作於白沙於萬
曆十三年從祀孔廟之後,因爲文中有「越萬曆乙酉,允議從祀孔廟」
一語。耿氏所作傳文,於白沙之學的敘述徵引其四大弟子李承箕、林
光、張詡、湛若水論學語,毫無質疑之處。特別的是最後引用羅洪先
(1504-1564)語來評價白沙,一開頭記說:

> 羅文恭曰:「先生之學,以虛爲基本,以靜爲門戶,以四
> 方上下、往古來今、穿紐湊合爲匡郭,以日用常行分殊爲
> 功用,以勿忘勿助之間爲體認之則,以未嘗致力而應用不
> 遺爲實得。」[96]

羅洪先此語顯然承襲自白沙寫給林光信的內容,而其所以這麼認定,
顯然已受到甘泉說法的影響,完全沒有以天地之心爲心的概念,也沒
有提靜中養出端倪的說法,只主張「勿忘勿助」之說。而此傳後來也
原封不動地被劉元卿(1544-1609)的《諸儒學案》所收錄,[97]直至清

歟?又曰:『端默踰月,從此得些光景』,無乃佛氏頓悟之說歟?凡此數
說,參諸濂洛關閩之書,誠爲可駭。不知公甫何爲而然也?近世儒者所
學詞章而已,潛心道學者,惟閣下與公甫、廷祥數君子耳!而公甫之說
又如此,豈所謂智者過之邪?抑天於斯道之傳,固靳之邪?愚於公甫素
所敬仰,所以云云者,非敢少訾也。蓋望公甫造詣精純,以紹百世之絕
學耳!謹錄三書,并陳鄙說,以質諸左右。閣下若以鄙見乖謬,望以一
字示教焉!倘愚者或有一得,亦望移書公甫,庶幾其察而改之也。」見
何喬新,《椒邱文集》,收入《景印文淵閣四庫全書》,第1249冊,卷
16,頁266-267。

96　耿定向,《耿天臺先生文集》,卷13,〈白沙先生傳〉,頁331。羅洪先語
　　出自其〈告衡山白沙先生祠文〉,見徐儒宗編校整理,《羅洪先集》(南
　　京:鳳凰出版社,2007),卷23,頁911。

97　劉元卿輯,《諸儒學案》,收入《四庫全書存目叢書》,子部第12冊,卷
　　數不明,〈白沙陳先生要語〉,頁378-380。

初黃宗羲（1610-1695）《明儒學案》亦是採用羅洪先的說法來評價白沙。[98]同時的顧憲成（1550-1612）在回答友人之問時，也以「勿忘勿助」之工夫等同於白沙，其《小心齋劄記》記云：

> 惲瑤池問：「本朝之學，惟白沙、陽明為透悟，陽明不及
> 見白沙，而與其弟子張東所、湛甘泉相往復。白沙靜中養
> 出端倪，陽明居夷處困悟出良知，良知似即端倪，何以他
> 日又闢其勿忘勿助？」曰：「陽明目空千古，直是不數白
> 沙，故生平竝無一語及之。至勿忘勿助之闢，乃是平地生
> 波，白沙曷嘗丟卻有事，只言勿忘勿助，非惟白沙，從古
> 亦竝未聞有此等呆議論也。」[99]

顧憲成不知道陽明批判的對象是甘泉，而非白沙。從耿、顧兩人的認知裡，反映出當時的人是將甘泉等同於白沙的，凸顯出學術競合下的「白沙學」，完全被甘泉學所取代，脫離了其原本的思想內容。由此可見，甘泉對白沙思想的解釋與話語權，無疑是重要的關鍵因素。

五、結論

　　白沙弟子對白沙學定位的爭論，直到甘泉透過《詩教解》一書與重新撰寫墓誌銘的作法，確立了其繼承宋儒的道統。職此，理解白沙

98　黃宗羲在引用羅洪先語後，還加了一句話：「（引羅洪先語）遠之則為曾點，近之則為堯夫，此可無疑者也。故有明儒者不失其矩矱者亦多有之，而作聖之功，至先生而始明，至文成而始大。向使先生與文成不作，則濂、洛之精蘊，同之者固推見其至隱，異之者亦疏通其流別，未能如今日也。」黃宗羲，《明儒學案》，收入沈善洪主編，《黃宗羲全集》（杭州：浙江古籍出版社，2005），第7冊，卷5，〈白沙學案上〉，頁81。
99　顧憲成撰，馮從吾、高攀龍校，《小心齋劄記》（臺北：廣文書局，1975），卷18，頁426-427。

學的徑路就被限縮在理學的脈絡裏。往後，甘泉逐漸以己意來衍申白沙思想，進而越過白沙學，故在論學宗旨上，換上其「隨處體認天理」之說，工夫論則是援引白沙告林光的「勿忘勿助」說，排除了張詡的道統論述。至此，白沙思想已是甘泉的白沙學。而白沙學的眞實面貌，在陽明學與甘泉「白沙學」的競合中，逐漸隱晦。也就因爲這樣的歷史發展，後世學者看待白沙思想時也依循甘泉的脈絡，受侷限而不自知。不論是學術史或思想史的寫作上，在所謂「白沙心學」內容的解釋上，都無能脫離宋代儒者的思想範疇。誠如筆者在前言中所說的，爲了要體系化、概念化以及正當化，白沙思想中所謂有爭議或不符合當時學術規範的種種說法，逐漸隱沒在人爲的揀擇之中。這種爲了某種目的而修改、隱藏甚至曲解思想的情況，也發生在王陽明的身上，[100] 說明了歷史上的思想家的思想內涵是「與時俱進」的，現今學者必須穿過層層的歷史帷幕，找尋接近思想眞實的內涵，同時也必須關注思想家思想在不同時期的多變面貌，因爲這也是後續的思想家所接觸與理解的內容，是另一思想興發的基礎。當然，現今思想史的寫作必須同時關照這兩方面，否則也將成爲另一種「揀擇思想」的思想史。

---

100 楊正顯，〈王陽明《年譜》與從祀孔廟之研究〉，頁153-187。

The Academic Orientation and Construction of Chen Baisha's Learning

Cheng-Hsien Yang

This paper analyzes the debate between Baisha's two pupils, Zhang Xu and Lin Guang over the content of their teacher's epitaph, furthermore demonstrates how Zhan Ganquan assures Baisha's succession of the way and his thoughts origins from the Sung Confucianists by commenting on Baisha's poems and rewriting Baisha's epitaph; Other aspects of Baisha's thought were concealed by these conducts as well. Thereafter, Ganquan replaces Baisha's thought with his own purpose while advocating it. Through the long competing and negotiating between the Ganquan and Yangming learning, the process of Ganquan's replacement gradually has been forgotten; Most of the later scholars suppose that Baisha learning is Ganquan learning.

Key words: Chen Xian-zhang, Zhan Ruo-shui, Zhang Xu, Lin Guang, the succession of the way (daotong)

徵引文獻

中央研究院歷史語言研究所校勘,《明實錄》,臺北:中央研究院歷史語言研究所,1966。

尹守衡,《明史竊》,臺北:華世出版社,1978。

方獻夫,《西樵遺稿》,收入《四庫全書存目叢書》,集部第59冊,臺南:莊嚴文化出版公司,1997。

王守仁撰、吳光等點校,《王陽明全集》,上海:上海古籍出版社,1992。

朱鴻林,〈明儒陳白沙對林光的出處問題之意見〉,收入《文集》編委會編,《顧誠先生紀念暨明清史研究文集》,鄭州:中州古籍出版社,2005,頁56-79;又收入氏著,《明人著作與生平發微》,桂林:廣西師範大學出版社,2005,頁220-248。

_____,〈讀張詡《白沙先生行狀》〉,《嶺南學報》,新1(香港,1999),頁625-628;又收入氏著,《明人著作與生平發微》,頁214-219。

何喬新,《椒邱文集》,收入《景印文淵閣四庫全書》,第1249冊,臺北:臺灣商務印書館,1983。

李詡撰、魏連科點校,《戒庵老人漫筆》,北京:中華書局,1982。

沈德符,《萬曆野獲編》,北京:中華書局,1997。

阮元修、陳昌齊等纂,《廣東通志》,收入《續修四庫全書》,第674冊,上海:上海古籍出版社,1997。

阮榕齡編,《編次陳白沙先生年譜》,收入孫通海點校,《陳獻章集》,北京:中華書局,1987,〈附錄二〉。

林光著,羅邦柱點校,《南川冰蘗全集》,北京:中國文史出版社,2004。

姜允明,〈三人行——論陳白沙、湛甘泉與王陽明的承傳關係〉,《華岡文科學報》,22(臺北,1998),頁1-22。

孫通海點校,《陳獻章集》,北京:中華書局,1987。

容肇祖,〈補明儒東莞學案——林光與陳建〉,《容肇祖集》,濟南:齊魯書社,1989,頁218-246。

徐儒宗編校整理,《羅洪先集》,南京:鳳凰出版社,2007。

耿定向,《耿天臺先生文集》,收入《四庫全書存目叢書》,集部第131冊。

張二果、曾起莘重修,《東莞志(崇禎)》,北京:中華全國圖書館文獻縮微複製中心,2001。

張　吉,《古城集》,收入《景印文淵閣四庫全書》,第1257冊。

張克偉,〈王湛二子之論交與學說趨歸〉,《漢學研究》,7:2(臺北,

1989），頁259-278。

陳郁夫，《江門學記——陳白沙及湛甘泉研究》，臺北：臺灣學生書局，1984。

湛若水，《白沙子古詩教解》，收入孫通海點校，《陳獻章集》，〈附錄一〉。

_____，《白沙先生詩教解·詩教外傳》，收入《四庫全書存目叢書》，集部第35冊。

_____著，鍾彩鈞點校，《泉翁大全集點校稿·甘泉先生續編大全點校稿》，臺北：國家科學委員會，2004。

程楷修、楊儁卿等纂，《平湖縣志》，收入《天一閣藏明代方志選刊續編》，第27冊，上海：上海書店出版社，1990。

黃　佐，《廣東通志（嘉靖本)》，香港：大東圖書公司，1977。

黃宗羲，《明儒學案》，收入沈善洪主編，《黃宗羲全集》，第7-8冊，杭州：浙江古籍出版社，2005。

_____編，《明文海》，第5冊，北京：中華書局，1987。

黃敏浩，〈陳白沙自然之學的定位問題〉，《清華學報》，38：4（新竹，2008），頁599-634。

黃景昉著，陳士楷等點校，《國史唯疑》，上海：上海古籍出版社，2002。

楊正顯，〈王陽明詩文拾遺〉，《古今論衡》，22（臺北，2011），頁139-174。

_____，〈王陽明《年譜》與從祀孔廟之研究〉，《漢學研究》，29：1（臺北，2011），頁153-187。

楊　廉，《楊文恪公文集》，收入《續修四庫全書》，第1333冊。

雷　禮，《皇明大政紀》，收入《四庫全書存目叢書》，史部第8冊。

劉元卿輯，《諸儒學案》，收入《四庫全書存目叢書》，子部第12冊。

潘振泰，〈明代江門心學的崛起與式微〉，《新史學》，7：2（臺北，1996），頁1-46。

黎業明，〈湛若水對陳白沙靜坐學說的闡釋——以《白沙子古詩教解》為中心〉，《哲學動態》，8（北京，2009），頁29-33。

鍾彩鈞，〈陳白沙的自得與自然之學〉，收錄在鍾彩鈞、楊晉龍主編，《明清文學與思想中之主體意識與社會：學術思想篇》，臺北：中央研究院中國文哲研究所，2004，頁55-89。

_____，〈湛甘泉哲學思想研究〉，《中國文哲研究集刊》，19（臺北，2001），頁345-405。

歸有光撰，周本淳點校，《震川先生集》，臺北：源流出版社，1983。

羅欽順著，閻瑫點校，《困知記》，北京：中華書局，1990。

顧憲成撰，馮從吾、高攀龍校，《小心齋箚記》，臺北：廣文書局，1975。

【論著】

廖平論《春秋》撥正下的世界秩序與中國——
從「二伯」的理想談起[*]

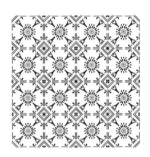

魏綵瑩

原名怡昱,臺灣臺中人。2013年取得國立臺灣師範大學歷史所博士學位,博士論文題目爲《經典秩序的建構:廖平的世界觀與經學之路》。另著有《世變中的經學:王闓運〈春秋〉學思想研究》。研究與關注領域爲晚清經學、近代學術與思想文化史。

*　承蒙兩位匿名審查委員提供寶貴的意見,特此致上最深的謝忱。

廖平論《春秋》撥正下的世界秩序與中國——
從「二伯」的理想談起

摘要

　　在弱肉強食的近代國際中，艱困的時代課題讓廖平反思要以經典重新架構一個不同於當世西方主導下《萬國公法》的國際關係圖景；他以《春秋》的制度設計了一套具體的國際新秩序模式，而《春秋》的「二伯」正是這個理想制度與秩序的核心內容。廖平的思想所展現的，是另一種如何為中國在世界重新定位的典型。他以全球大一統為終極理想的世界觀也牽涉到中國當下、未來所應採行的政體型態，同時也反映了一己的倫理觀，這些都與晚清康有為主導的立憲，以及革命論者的主張有所歧異，並產生交鋒，深具時代性。而隨著時間與外在環境的變化，廖平對「二伯」的發揮開始走了完全不同的方向，透露了他世界觀視野的轉變與時代的交織。最後，透過廖平經學的研究，亦可窺探到近代過渡時期經學詮釋的重要特色。近代以降，西學東漸，種種的原因造成經學的致用功能急遽地弱化，廖平努力地要回復、強化過往經學治國、平天下的功能，顯示了欲維繫經學命脈的用心。然而世局的遷變已經不是傳統經典的觀念所能回應，但從學術變遷的角度來說，廖平固守經學的困境也是經學的近代轉化過程所呈現的重要特色之一。

關鍵詞：廖平、近代經學、近代思想、天下觀、世界觀、萬國公法

一、前言

　　廖平，字季平，生於咸豐二年（1852），卒於民國21年（1932），四川井研縣人。廖平嘗試在中國近代學術思想迷航之際，把經學扮演成一個時代的舵手，欲為中國開導一個新的方向，以實踐孔子之道為本願。在清末民初時期，於學術思想史上別開生面。他的經學歷經六變，初變：光緒九年至光緒十二年（1883-1886），論「平分今古」；二變：光緒十三年至光緒二十二年（1887-1896），論「尊今抑古」；三變：光緒二十三年至光緒二十七年（1897-1901），論「大統小統」；四變：光緒二十八年至光緒三十一年（1902-1905），論「人學天學」；五變：光緒三十二年至民國7年（1906-1918），論「人天小大」；六變：民國7年至民國21年（1918-1932），以《黃帝內經》解《詩》、《易》。若仔細分析其六變，第一、二變是討論今古學，第三到六變是將經學與世界聯繫的論大、小統之發揮。從這個層面來說，廖平的經學之路其實只有兩個階段：從「今古學」到「大小統」，也就是前兩變的關懷在於承繼前輩今文學者對今古文學的分辨；從三變到六變，是一路堅定地致力於將經典與世界接軌的詮釋，這當中的轉變只是作更細緻的建構。廖平自始就是一個主張通經致用的學者，而經學三變以後的學術，正是他積極用世之志的表現。

　　廖平在光緒二十三年後跳脫分別今古的思路，轉而以經學規劃世界，他的命題是天生聖人孔子在兩千年前已經預設了教化不僅要施行於中國，還將要普及於世界，經學是「俟後」而作。他這時會強調孔子教化不應僅止於中國一隅，主要是由於甲午之戰的創鉅痛深，中國面臨的挑戰已經不僅是政治社會問題了，還產生了文化認同的危機。愈來愈多的讀書人開始主動承認西方為「文明」，中國已經退居野

蠻，處於世界的邊緣。受傳統教育的廖平，在面臨文化危機的背景
下，不能接受中國被邊緣化的處境，欲重新尋回中國中心的地位，因
此要申論何謂「文明」（夏），何謂「野蠻」（夷）。他深信中國的文
明領先於世界其他地區，因為中國的孔子之道無可取代，而且具有普
世的價值，故經典的教化不但不會過時，而且還是今後中國與世界的
南針。因此經學三變以後他長時間的關懷都是如何在世界中「用夏變
夷」。

　　廖平論如何實踐「用夏變夷」的經典主要在《春秋》，又其《春
秋》學中一個很重要的理論，就是藉著齊桓、晉文「二伯」所傳達的
微言大義，說明經學與世界／地球的關係：「藉桓、文之史事，推皇
帝之共球」。[1]進一步說，《春秋》精神在撥亂，「二伯」是《春秋》所
特別託寓的撥亂至太平過程中的符號；經典對廖平而言又是孔子為兩
千年後的現世、全球立法，因此「二伯」的微言與當前的中國與世界
必定是密切相關。因此筆者希望從「二伯」的理想談起，看在西方的
衝擊下，他如何用孔經來撥正世界，同時在這個過程中，孔經與中國
於世界中扮演什麼角色？所呈現的經教價值是什麼？而隨著時間與外
在環境的變化，他對「二伯」的發揮又有什麼轉折？代表什麼意義？
這些都是本文所要探索的議題。

二、《春秋》中的「二伯」與秩序關懷

　　廖平於光緒二十九年（1903），經學四變初完成的《大統春秋公
羊補證》一書，是以孔子《春秋》撥正世界的代表作。它雖然完成於

1　廖平，《大統春秋公羊補證》（光緒三十二年中秋則柯軒再版，中央研究
　　院傅斯年圖書館藏），〈提要〉，頁1a。

四變的第一年，卻代表著從三變後以經學面對世界的《春秋》詮釋。以「大統」為名，指世界大一統，尊孔子之道為「統」，全球同奉孔子之道為正朔，[2]這是廖平筆下《春秋》撥亂的最終理想。他又突出齊桓、晉文「二伯」在《春秋》中的地位，以《春秋》「藉桓、文之史事，推皇帝之共球」，視「二伯」為孔子特別託寓，為撥亂功成過程中的重要符號。[3]何以「二伯」具有如此的重要性，這要從廖平怎麼從經典的內容看待「二伯」說起，而這個概念又與〈王制〉有密切的關係。

（一）《春秋》、〈王制〉與「二伯」

　　廖平以齊桓、晉文為《春秋》的「二伯」，最初的依據來自於《穀梁》，[4]「二伯」一詞在《穀梁傳·隱公八年》有明文：「誥誓不及五帝，盟詛不及三王，交質子不及二伯。」此處的「二伯」是齊桓公與晉文公，「二伯」身分需受命於天子，「未得王命未可以為伯」。[5]根據學者的研究指出，《春秋》三傳在「霸」、「伯」的理解上有其差異性，也就是「行霸」與「受伯」之分。大致上，《公羊》、《左傳》較傾向於「彊國」能被承認為「霸」，但《穀梁》特重禮制，本不承認有強國為「霸」的地位，以為天子既在，無以容「霸」，但是又不能否認史實上諸侯力政的局面，於是只有承認強國是受天子之命的「二

2　廖平，《大統春秋公羊補證》，卷1，頁3a。
3　廖平，《大統春秋公羊補證》，〈提要〉，頁1a。
4　廖平，《起起穀梁廢疾》，收入李耀仙主編，《廖平選集》下冊（成都：巴蜀書社，1998），頁103。
5　范寧集解，楊士勛疏，《春秋穀梁傳注疏》，收入《十三經注疏》第7冊（臺北：藝文印書館，1989），頁24，52。

伯」。由於「霸」、「伯」二字同音通假，且又因前人詮釋《春秋》，
在流傳過程中也早已混淆了兩者，以至於三傳中的「霸」或「伯」已
不易爲人所區分。但透過三傳文本的分析比較，仍可具體的感受到
《穀梁》的「二伯」與其他二傳不同之處，就在於它特別具有一種禮
或制度的精神。[6]廖平論「二伯」，主要也是寄託了禮與制度的精神在
其中。

　　廖平於經學一變時治《春秋》，以《穀梁》傳於孔子鄉國的魯
地，應最得孔子本意，這也是他當時重視《穀梁》的原因。他本著
《穀梁》以禮傳經的特點，進一步論證了《穀梁》所言禮制與〈王制〉
完全吻合，孔子作《春秋》的宗旨在於「存王制」，所以〈王制〉是
孔子爲後世制作的「王法」，《春秋》制度皆本於此。[7]到了經學二
變，廖平已轉而認爲《公羊》、《左傳》制度同屬純正今學，與《穀
梁》無分高下，並且主張合通三傳，以三傳的制度均嫡傳於孔子思
想，彼此互通。所以三變以後他論《春秋》三傳都以〈王制〉貫通，
即使是在闡發《公羊》或《左傳》，內容也多援引他早年對《穀梁》
禮制的詮釋，這對廖平來說並無矛盾，因爲孔子的制度是共存於三傳
的。他既然以〈王制〉爲《春秋》制，而〈王制〉也包含「二伯」，
居於〈王制〉封建制中的重要位置。在《何氏公羊解詁三十論》的
「諸侯四等論」中，廖平即以〈王制〉與《春秋》作結合，更能見出
〈王制〉、二伯之於《春秋》的意義所在：

　　　《春秋》制二伯之典，修方伯之法，詳卒正之事，錄微國

6　朱浩毅，〈《春秋》三傳對「霸／伯」的理解及其詮釋問題〉，《史學彙
　　刊》，20（臺北，2005），頁 17-40。
7　廖平，《何氏公羊解詁三十論·王制爲春秋舊禮傳論》，收入李耀仙主
　　編，《廖平選集》下冊，頁 135-136

> 之名。……曹、莒、邾、滕、薛、杞爲卒正大者，……
> 郳、繒、牟、介、葛爲屬國小者，所謂微國。蔡、陳、
> 衛、鄭同爲方伯，楚、秦、吳爲外方伯，與魯共八國。
> 齊、晉爲二伯，曰「天子之老」。每州二百十國，統於方
> 伯，八州八（方）伯，統於天子，二老分主東西，此《春
> 秋》制也。魯與蔡、陳、鄭、衛事齊、晉，以事大之禮
> 言，如與京師同行朝禮也。曹以下兗州之國，……統於方
> 伯，事之如君也。[8]

以上的引文，是廖平根據〈王制〉的封國制而說。〈王制〉曰：「千
里之外設方伯，五國以爲屬，屬有長；十國以爲連，連有帥；三十國
爲卒，卒有正；二百一十里爲州，州有伯；八伯以其屬屬於天子之老
二人，分天下爲左右，曰二伯。」[9]他依此將《春秋》各諸侯國按位階
分成二伯、方伯、卒正、微國四種不同的等級，魯與蔡、陳、鄭、衛
等方伯之國必需尊敬行禮於齊、晉二伯之國；曹國等卒正之國統於方
伯之國，需對待方伯之國如同國君；依此類推，微國亦應以禮節尊事
卒正之國。廖平論〈王制〉制定這套大、小國的禮制是爲了「明尊
卑、大小之分」，[10]這也是他視〈王制〉爲孔子微言極重要的原因之
一。因此《春秋》以〈王制〉爲制度，目的是要彰明各諸侯國應以禮
制相互維繫；又因爲周天子微弱，王道不行，於是孔子將這個秩序的
維繫者託給了「二伯」：

> 齊、晉，二伯也。《春秋》上無天子，下無方伯，故以二
> 伯主其事。二伯者，上輔天子，下統方伯，《春秋》見百

8　廖平，《何氏公羊解詁三十論・諸侯四等論》，頁137。

9　鄭玄注，孔穎達疏，《禮記正義》，收入《十三經注疏》第5冊，頁219。

10　廖平，《何氏公羊解詁三十論・託禮論》，頁139。

二十國，雖所書事甚多，然以齊、晉爲統宗。《孟子》宣
王問齊桓、晉文之事可得聞乎，亦《春秋》之教也。[11]

二伯職責在上輔天子、下統方伯，討伐內亂以維持封建禮制於不
墜，[12] 所以〈王制〉與「二伯」的制度在《春秋》裡具有深刻的天下
秩序關懷在其中。

(二)《春秋》隱託「二伯」統理今日世界

廖平主張通經致用，以經典是指向現世與未來的引導，他在甲午
戰後論〈王制〉與二伯，主要目標是針對晚清整個世界的國際關係而
發，有著淋漓盡致的表述。他曾數度將《春秋》的「二伯」與方伯之
國比擬爲西方的列強，例如先是以齊如英國，晉如美國，楚如德國，
後來又以晉爲俄國，楚爲南州新國，前後並不一致，[13] 但廖平的重點
不在於一一對應，而是要彰顯經典的現世價值性，思考如何以孔子之
道統理紛爭的國際現況。以下的一大段言論頗具代表性，畫龍點睛地
表達出他長久以來詮釋「二伯」及〈王制〉的經世關懷：

> 今日天下紛紛，三萬里中分裂，各地自相雄長，如春秋之
> 局，所謂亂世。攷現在各國等級，有帝、有王、有總統，
> 有獨立自主、有保護半權、有屬國、有殖民地，……然大
> 旨不出強凌弱、眾暴寡，弱肉強食，所謂權利世界而
> 已。……公法雖倡，爲息兵平禍，有名無實，徒爲強國魚

---

11 廖平，《大統春秋公羊補證》，卷9，昭公十二年，頁18a。
12 廖平，《大統春秋公羊補證》，卷2，桓公五年，頁14b；卷7，成公十七
　　年，頁32b。
13 廖平，《大統春秋公羊補證》，卷6，宣公九年，頁14a；宣公十年，頁
　　15a。

肉之助。按古今時勢相同，春秋之齊、晉、秦、楚、吳侵
滅諸國，橫暴寇虐，大抵與今時勢相同，初無所謂典禮道
德。孔子欲爲萬世圖長治久安之策，乃尊天扶王以立極，
託諸強國爲二伯，尊二伯以申王法。……其次等之國，因
其土地，立爲各州牧，再次則以爲辛正，再次則以爲連
帥、屬長，迄終之以附庸。變易弱肉強食之春秋，爲尊讓
禮樂之天下，……各小國之統屬強國，不曰畏其勢力，以
爲天子所立之二伯，例得專征，統屬列國，尊二伯即所以
尊天王。其會盟侵伐，不曰私利便己，以爲明天子之禁
戒，約諸侯有罪，二伯、方伯專征殺，得致天王典禮以討
之。諸侯之有功德者，奉天子命，得以間田襃進之。……
所謂撥亂世，反之正者，……非今日之時局，不足以爲世
界，非大一統之天下，不足以爲反之正。[14]

引文指出今日天下紛紛，地球上強國分立，如春秋時代的亂世。各國
的體制，有帝國、王國、總統制之國；就主權方面說，有獨立自主之
國，有受保護國、半權之國、屬國、殖民地等。但這些現況反映出的
都是強凌弱、眾暴寡、弱肉強食的權力世界，雖然有國際公法的提
倡，但有名無實，徒爲強國利用之以魚肉弱國。古今時勢相同，春秋
時期的齊、晉、秦、楚、吳等，橫暴侵滅諸國，同於當今的列強。孔
子欲爲萬世圖長治久安之策，乃建立一個法天的最高價值之王法，
「託諸強國爲二伯，尊二伯以申王法」。廖平又於《穀梁春秋經傳古
義疏》中說：「《春秋》尊二伯以代王治。朝二伯即所以尊天王，扶

14　廖平，《大統春秋公羊補證》，卷2，桓公十八年，頁42b-43b。

微抑強，振王道于不墜，《春秋》之功也。」[15] 以二伯來統理諸國，尊
有道，伐無道，這是要用〈王制〉的理想重構整個世界：

> 就大一統之義言之，以今之帝國爲二伯，……以王國爲方
> 伯，以保護國爲卒正，以半權國爲連帥，以屬國爲屬長，
> 再以諸小國比于百里、七十里、五十里，合天下而立二
> 伯，則二伯爲帝矣。崇天以爲皇，□德配天，未能一統，
> 以天代之。大二伯爲天子，大八伯爲天王，大十六牧爲天
> 牧，大三卿爲天吏。再以《春秋》之會盟禮樂征伐組織
> 之，易變勢利之世界，爲昇平文明之世界。小事大，大字
> 小，小大相維，各有經義□制，以道德仁義爲依歸，易變
> 權詐陰謀之陋習，方伯以下各據一《春秋》以爲典禮行事
> 之楷模，二伯奉天道，燮理陰陽，損益調和于其上，而皇
> 道平，帝功成。[16]

廖平很明顯的希望在世界造成一個「大〈王制〉」的局面，世界各國
依照國家土地大小、強弱，分成「大二伯」、「大方伯」、「大卒正」
等，由「大二伯」擔起專責，使大國保護小國，小國尊敬服事大國，
形成一個「小事大，大字小」的理想國際狀態。「事大」、「字小」的
出處來自《左傳》，講的是國際交往準則：「小所以事大，信也；大
所以保小，仁也。背大國不信，伐小國不仁。」[17] 小國事奉大國的道德
規範是「信」，大國保護小國的道德規範是「仁」。總之，廖平希望

15　廖平，《穀梁春秋經傳古義疏》（成都鴻寶書局刊本，1930），卷 2，桓公
　　元年，頁 3b。
16　廖平，《大統春秋公羊補證》，卷 2，桓公十八年，頁 43b。
17　《左傳》哀公七年。見杜預注，孔穎達疏，《左傳正義》，收入《十三經
　　注疏》第 6 冊，頁 1009-1010。

當前的國際，能夠依據孔子《春秋》的理想，改變弱肉強食的局勢，轉為禮樂尊讓的境界。

在討論二伯的職責與功能時，可能也會令人聯想到一個問題：《春秋》的齊桓、晉文之上有周天子的存在，但是廖平論「二伯」維繫世界秩序時，上面有一個更高的統治者存在嗎？首先回到《春秋》本身來看。《春秋》之中有周天子的存在，是沒有疑問的，二伯也是要夾輔周室。但是《公羊》又說春秋「上無天子，下無方伯」，因為周天子微弱，因此以經義來說，天子幾乎不存在，王法才需藉由二伯來執行。故廖平說：「未出皇王，先詳二佐。」[18]「二伯」的理想，就是要在還缺乏整個世界的「王法」時，透過禮的秩序安排達到大同太平的狀態，那時自然出現了一個表徵孔子之道的「皇王」居於世界的中心，也就是「皇道平，帝功成」的時候了。

然而是什麼樣的時代課題讓廖平反思要以經典重新架構一個不同於當世的國際關係圖景？下文將作更詳細的探討。

三、對西方國際法的反思：素王禮制下的理想新世界體系

從上文的論述可以理解到廖平抬出「二伯」以申王法，就是要對治當前的國際亂象。他在前引文中提到：「公法雖倡，為息兵平禍，有名無實，徒為強國魚肉之助」，[19]換句話說，西方主導下的公法不但不足以維繫世界秩序，反而助長了強國的氣燄，惟有《春秋》的制度與精神才能挽救這個局面。那麼西方公法的特質是什麼？《春秋》與

18　廖平，《大統春秋公羊補證》，〈凡例〉，頁4a。
19　廖平，《大統春秋公羊補證》，卷2，桓公十八年，頁43a。

之相較有何不同？所謂理想的世界體系又是什麼型態？這些都是接下來所要討論的問題。

（一）以《春秋》制度重構國際新秩序

　　19世紀末，西方用民族國家、條約體系衝撞中國的天下觀，欲用西方的標準將中國納入全球體系中。中國天下觀的圖景和禮儀系統原本建立在中央與邊緣、內與外的關係模式上，甲午戰後，這樣的秩序徹底動搖，朝貢體系及禮儀規範陷入崩潰的境地，這不但是國家的危機，而且是一種信仰的危機。這也激起了一些知識份子為了要應對西洋文明的衝擊，於是反過來要用另一套價值系統來統理全球，重構新的世界圖像。[20]例如康有為（1858-1927）曾力圖綜合儒學及西方各種知識為現世提供普遍的真理。[21]因此尋找一個放諸四海皆準的理論是時局的刺激有以致之，在廖平的觀點中，他所信仰的經學也唯有必須適應、符合全人類的需求，成為普世的真理，才有繼續存在下去的可能。他在成於光緒二十四年（1898）《地球新義》的〈提要〉中說：

> 使聖經囿於禹域，則祆教廣布，誠所謂以一服八者
> 矣。……苟畫疆自守，以海為限，則五大洲中僅留尼山片

20　汪暉，《現代中國思想的興起》（北京：三聯書店，2008），上卷，第二部，頁726。

21　康有為的《實理公法全書》也是這方面思想的代表。見蕭公權著，汪榮祖譯，《康有為思想研究》（臺北：聯經出版事業公司，1988），頁388-409；吉澤誠一郎，〈康有為的幾何公理：《實理公法全書》與追求普遍真理之夢想〉，收入黃寬重主編，《基調與變奏：七至二十世紀的中國》第2冊（臺北：國立政治大學歷史系，2008），頁325-337。

　　席，彼反得据彼此是非之言以相距，而侵奪之禍不能免
矣。[22]

廖平強烈的意識到，在中國的價值體系即將被西方消溶、覆蓋之際，
如果孔子學說僅僅止於為中國制法，那麼最終將喪失自己立足的依
據，屈從於西方的規則。這就是甲午戰後，為何廖平要把整個世界納
入到經學的視野中，並致力於以經學重構新世界圖像之主要原因。不
過安排世界秩序為什麼要用《春秋》，即是廖平所詮釋出來的「大
〈王制〉」或「素王之制」？回到當時來看，晚清類似廖平主張用《春
秋》作為國際大法的學人不少，他們的論說雖未必深入，但可以令人
感覺到多是針對《萬國公法》作回應；或許廖平以《春秋》作為世界
的制度法理，可置於此脈絡來探索，期望能更深入地梳理出它的時代
意義。

　　美國籍長老會傳教士丁韙良（W.A.P. Martin, 1820-1916）在同治
初年選定美國外交家享利‧惠頓（Henry Wheaton, 1785-1848）所著
的《國際法原理》（*Elements of International Law*），於同治二年
（1863）譯成中文，名之為《萬國公法》。同治三年（1864）年經由
總理衙門撥銀付梓刊印，四年（1865）進呈御覽，成為同文館生徒修
習的重要課目，可見頗受朝廷的重視與推廣。[23]丁氏此書的出發點在
介紹、幫助中國認識西方外交制度與慣例，提具一種國際公法教材，

22　廖平，〈地球新義提要〉，收於高承瀛等修，吳嘉謨等纂輯，《光緒井研
　　志》（臺北：臺灣學生書局，1971），卷13，頁827-828。
23　丁韙良翻譯《萬國公法》、以及晚清國際法輸入的相關研究已經不少，
　　往往都會敘述到總理衙門對丁氏《萬國公法》的資助過程之原委這段歷
　　史過往，故此處不再明細臚列各著作的名稱。

對無論朝野人士的外交新知無疑是重要的思想資源。[24]最初一些著名
學者如郭嵩燾（1818-1891）、鄭觀應（1842-1921）、陳熾（1855-
1900）等都對《萬國公法》抱持著讚賞的態度，寄望此法可以「平息
列國紛爭」，「安於輯睦」。[25]然而隨著清朝外交不斷地挫敗，並對國
際局面逐步認識，批評《公法》的言論也越來越多，漸漸認知到即使
有《公法》的存在，卻是只有強國能援據之以要求弱國遂行己意，弱
國僅能無奈地屈就於強國。對於《公法》的普遍性評價，章清曾根據
上海格致書院於光緒十五、六年（1899-1890）間的課藝，以及科舉
廢八股改試策論後，供士子應試「揣摩」之用的讀本《中外策問大
觀》（刊印於1903年）兩份資料做過詳實的研究，所顯示的是讀書人
雖已對《公法》有所瞭解，但對其能否真正落實，卻是疑慮重重。例
如格致書院學生王佐才曰：「小國援公法，未必能卻強鄰；大國藉公
法，足以挾制小國。則所謂《萬國公法》者，不過為大侵小、強陵
弱，藉手之資而已，豈有真公是公非之議論哉！」鍾天緯曰：「夫
《萬國公法》一書，原為各國應守之成規，並非各國必遵之令甲，強
者藉此而愈肆其強，弱者恃此而無救其弱，久矣垂為虛論矣。」《中
外策問大觀》所收文字亦不乏指出為國者必先能自強，否則《公法》

---

24 不過，現今學者也不乏從多元的視域，例如用後殖民主義史學的觀點來
重新解讀《萬國公法》在19世紀的傳譯，視之為歐洲中心主義下的文化
霸權之擴張。此一類論點，可參見劉禾著，陳燕谷譯，〈普遍性的歷史
建構：《萬國公法》與19世紀國際法的流通〉，《視界》第1輯（石家
莊：河北教育出版社，2000），頁64-84。
25 郭嵩燾，《郭嵩燾日記》第3卷（長沙：湖南人民出版社，1982），頁
136、809。鄭觀應，《易言‧論公法》，夏東元編，《鄭觀應集》上冊
（上海：上海人民出版社，1982），頁66-67。陳熾，《庸書》（上海書局
石印本，1897），外篇卷下，〈公法〉。

不足恃的言論；[26]對《公法》持負面評價者不勝枚舉，最主要的原因就在於《公法》無法主持公道，不能改變大侵小、強凌弱的國際局面。

由於飽受欺凌，對《公法》缺乏信心的局面下，也激起士人對《春秋》的注意與情感，認為《春秋》維繫列邦之法的大義高於《公法》，更有資格成為劑平之道。以《春秋》通國際法的思想在甲午戰前已經開始，更盛於於甲午戰後，因為此時士人日益明顯地感覺到《萬國公法》雖強調邦國自主、尊重他人主權，[27]且列強從來欲以這套原則改變中國傳統的天下秩序，納入西方觀念主導的世界體系中，但是卻又不平等地對待中國。而中國士大夫在無能違背《公法》，且承認世界各國也需有一套法理來維繫的同時，以儒家思想來評判《公法》，並試圖建立起文化自信心，抬出一部出自中國文化又可完全符合人類公理的國際法：《春秋》，以取代《公法》，這背後的心態就可以理解。1895年後這類的言論很多，包括維新派諸子梁啓超（1873-1929）、徐仁鑄（1863-1900）、宋育仁（1857-1931）、劉銘鼎等都曾說過孔子作《春秋》為「萬國公法」，甚至乃是「萬世公法」。[28]故晚

26　《己丑格致書院課藝》（上海圖書集成印書局，1898），頁2-3，〈王佐才答卷〉、〈鍾天緯答卷〉。雷瑨編輯，《中外策問大觀》（硯耕山莊石印，1903），卷4，頁21a-21b；卷14，頁4a。俱見章清，〈晚清中國認知「天下」的基調與變奏〉，收入黃寬重主編，《基調與變奏：七至二十世紀的中國》，第3冊，頁322-323，327-328

27　丁氏所譯的《萬國公法》第一卷第二章即明揭邦國自治、自主之權，不必聽命於他國。見惠頓著，丁韙良譯，《萬國公法》（上海：上海書店出版社，2002），頁12-13。

28　梁啓超，〈讀孟子界說〉，《飲冰室文集》之三，《飲冰室合集》1（北京：中華書局，1989），頁17-20。徐仁鑄，《輶軒今語》，收入唐才常、李鈞鼐等著，《湘學報》（長沙：湘學報社，1897-1898），第31冊，頁3。宋育仁編，《采風記》（光緒丁酉〔1897〕年刻本），卷5，頁3a。劉銘鼎之說，見于寶軒編，《皇朝蓄艾文編》（臺北：臺灣學生書局，1965

清學者主張以《春秋》作爲世界的公法，與時局的刺激及對《萬國公
法》的反思有密切關係，在此大環境下再來省視廖平的《春秋》學主
張，當更能體會他的理想所在。

　　廖平注意國際公法的言論不止一處，除了前文引述過的，他曾指
西方公法「有名無實，徒爲強國魚肉之助」外，他在〈公羊春秋補證
後序〉中也再次提到《春秋》的朝聘盟會如同今日各國條約會盟的
「國際公法」，且認爲《春秋》是立綱常以爲萬國法，[29]明顯將《春秋》
與國際法相提並論。又成於民國2年的《孔經哲學發微》中有「虎
哥」之名，[30]此名現今常譯爲胡果・格勞秀斯（Hugo Grotius, 1583-
1645），爲17世紀的荷蘭學者，西方公法學由其創生，被歐洲學者譽
爲國際法之父，丁韙良在《萬國公法》中譯其名爲「虎哥」。廖平在
著作中提到此譯名，應是見過《公法》一書的內容。另外，廖平曾與
寫過《公法導原》（作於1899年）的學者胡薇元（1849-？）有過接
觸，或許亦曾受過胡氏思想的啓悟也不無可能。[31]這些直接、間接的

　　年），卷13，頁34a，總頁1241。
29　廖平，《大統春秋公羊補證》，〈後序〉，頁3b-4a。
30　廖平，《孔經哲學發微》，收入李耀仙主編，《廖平選集》，上冊，頁
　　344。
31　胡薇元的《詩緯訓纂》成於1918年，爲廖平所激賞，並應胡氏之請，爲
　　之作序；見胡薇元，《詩緯訓纂》，收入《玉津閣叢書》甲集5（清光緒
　　至民國間刊本），廖平序。我們無法確定胡氏1899年作《公法導原》
　　時，廖平是否已經與之相識，或是見過此作，不過胡氏長年仕宦於四
　　川，具聲譽，又對漢學與今文學有所研究，與廖平早有接觸亦是有可能
　　的。關於胡薇元其人及《公法導原》一書的介紹與研究，見徐興無，
　　〈儒家思想與近代國際法的「格義」——讀丁韙良《中國古世公法論略》
　　與胡薇元《公法導源》〉，發佈日期2010/3/11，http://aiwk.sysu.edu.cn/
　　A/?C-1-65.Html（2011/6/30）。筆者案：《公法導原》的內文又有作「公
　　法導源」者。

線索,加上大環境的背景,我們有理由說,他是要從經學中找出一個勝於《萬國公法》的價值觀,重新安排世界,目的誠如他所強調的,要改變「強凌弱,眾暴寡」的國際現實。廖平與其他疑慮《公法》、移情《春秋》的學人相較之下,其特殊之處就在於他以〈王制〉作為《春秋》的制度基礎,「二伯」的領導為中心,詳細清晰地結構了一幅具大、小、尊、卑的「素王禮制」之世界秩序圖像。這種秩序之所以被如此地架構,一方面是基於對西方《萬國公法》的不信任,但更深邃的原因,是處在傳統天下觀以及西方概念下萬國並立的世界局面之間,於二者的矛盾激盪下,他要重新建立一套以中國倫理為世界道德秩序中心的新世界體系。

(二)為世界「立心」:以「素王之位」居中的道德共同體

惠頓的《國際法原理》於1836年出版後轟動一時,被世界各國高度重視,意味著當時以西歐為中心的民族國家新秩序已經開始形成,當它被譯為中文刊行後,目的也在於向中國的官方與精英人士介紹這個西方觀念下的全球意識,從而讓中國也加入以各民族國家為主體組成的世界體系。按照《萬國公法》的概念圖像,中國所處的位置和地位,是屬於「萬國之一」。若純粹就地理方位來說,甲午戰後的人們並不陌生這樣的知識,中西溝通以地理學科作為先行學科起著導向作用,已是方家之論。由認識世界地理開始,打破傳統中國與四夷天下秩序的信念,進而接受萬國並存的世界,確實構成了西學東漸的最初環節。[32] 不過耐人尋味的是,認識到天下是「萬國」:以「國家對

---

[32] 周振鶴,〈一度作為先行學科的地理學 —— 序《晚清西方地理學在中國》〉,載鄒振環,《晚清西方地理學在中國 —— 以1815年至1911年西方

國家」的政治實體之存在，並不等於把中國也當成萬國之一。依據金觀濤、劉青峰的研究，從傳統天下觀過渡到列國並立的世界觀的兩端之間，出現了一種「以中國爲中心的萬國觀」時期，時間大約在1860年後到甲午戰爭之前。它的特色是此時的士人多數依然承認中國在世界中的文化至上，與傳統天下觀的差別僅在於：萬國是中國必須認知和打交道的對象，更積極有爲地強調和國際接軌，但並沒有改變華夏中心意識的本質。[33] 廖平曾對《海國圖志》等世界地理著作有過回應，探索與突出中國在萬國中的定位，[34] 無疑的也可算是一個「以中國爲中心的萬國觀」之具代表性的學者。

　　針對整個時代的大思潮來說，中國中心的萬國觀解體於甲午戰敗後，危機感使得朝野士大夫對儒家倫理的優越性產生懷疑，視中國不再處於「萬國」或「世界」中心的至高無上地位，在這種情形下，西方（包括日本）的思想制度反成爲被學習的對象，中國許多知識分子甚至主動承認西方爲文明而自居世界的邊緣。[35] 然而有意思的是，廖平要讓中國的倫理秩序成爲萬國中心的努力，主要時間卻是在甲午戰

　　地理學譯著的傳播與影響爲中心》（上海：上海古籍出版社，2000），頁1-7。

33　金觀濤、劉青峰，〈從「天下」、「萬國」到「世界」──晚清民族主義形成的中間環節〉，《二十一世紀》，94（香港，2006），頁44；〈19世紀中日韓的天下觀及甲午戰爭的爆發〉，《思想》，3（臺北，2006），頁120-121。章清，〈晚清「天下萬國」與「普遍歷史」理念的浮現及其意義〉，《二十一世紀》，94（香港，2006），頁55-57。

34　魏怡昱（綵瑩），〈孔子、經典與諸子──廖平大統學說的世界圖像之建構〉，《經學研究集刊》，3（高雄，2007），頁111-138。

35　羅志田，〈學戰：傳教士與近代中西文化競爭〉，《民族主義與近代中國思想》（臺北：東大圖書公司，1988），頁119-147；〈理想與現實──清季民初世界主義與民族主義的關聯互動〉，收入王汎森等著，《中國近代思想史的轉型時代》（臺北：聯經出版事業公司，2007），頁271-314。

後，也就是說，正是在人們對傳統失去信心、把中國「去中心化」的大浪潮中，廖平反而更積極的要讓傳統的經教價值具有普世性。

　　對廖平來說，西方由國與國對等關係所組成的民族國家之世界並不是一個理想的秩序體系，筆者若用現代的語彙來替廖平發言，可以說西方的國際關係型態缺乏情感與人文關懷的精神；廖平有如此的感觸，與其受儒家倫理型態的天下觀影響也有深厚的關係。儒學把天下看作「家」的同構放大，從而使得兩者都是倫理的載體。周朝以封建宗族的方式作為治理天下的紐帶，與天子關係親近，或接受王化較深的諸侯國是為華夏，再以華夏文化為中心向外擴張。秦漢以後，雖然改封建為郡縣，但天下是倫理載體的本質沒有改變，因為宗族是社會組織的基本單元，只要某一地區接受儒家教化，鄉間的士紳就能將宗族與遙遠的皇權聯繫起來，納入大一統帝國的治理中，帝國疆域依此逐漸擴大，所以這個帝國也是沒有邊界的。「主權」一詞在中國與西方的意義不同，以中國來說是指皇帝的權力，皇權之所以崇高，是因為它處於倫常等級的頂端。中國人心目中的國家（天下）是一個「道德共同體」，主權是道德共同體之首行使的最高權力。而西方從中世紀開始，國家就是與立法權、契約緊密相聯的主權單位。近代西方「國際法」的合法性建立的基本前提是：世界各地的政治實體都是形式平等的主權單位。但是《春秋》封建制的禮儀範疇內，爵位高低不等的各諸侯國均臣屬於最高地位的周天子，從而並不是近代「國際法」所預設的作為相互平等的主權單位之國家含義。[36]中國與西方的「國家」概念既然有根本的區別，以廖平之於時代的敏銳，對此必定是清楚的，是故他將《春秋》各諸侯國比擬對應於當代列國，我們不

36　汪暉，《現代中國思想的興起》上卷，第二部，頁718。

能簡單的以爲他不懂得東西方兩種國際體系的差異而擅自以經典內容妄加比附，應該說他要打造更高一層次的理想。說得更清晰一些，他是要改變西方觀念下，形式平等、國家對國家的主權單位互動模式，改用中國的倫理秩序爲主體架構重新統合世界各國，成爲《春秋》中以尊卑禮儀互相維繫的、世界性的「道德共同體」。

　　這個具有中國倫理特色的共同體重要內容之一就是大國保護小國、小國尊事大國，這套秩序的主要維繫者是「二伯」，惟有靠孔子的這種禮制才能改變紛爭無公理的世界；而且如此的理想境界孔子早已預設，將會在遙遠的未來實現。在此順道補充說明，丁韙良雖然也曾將《春秋》與《萬國公法》互相格義，說明中國古代已有國際法的概念，[37] 不過出發點與廖平不同。丁韙良從《春秋》說明中國先秦已經有與國際法相通的慣例、言辭、觀念，爲的是更方便的把中國接引入歐洲國際法的體系中；但是廖平很清楚的知道《萬國公法》與《春秋》的秩序體系是有相當差異的，他提倡《春秋》正是要打造完全不同於西方的國際新秩序。最後，從廖平對列強與《春秋》各國的對應比擬，也可以隱然看出他最終的期望。《春秋》的完美秩序既然將實現於進化後的未來，那麼以當今的列強對應《春秋》各諸侯國，也代表未來歐洲列強皆「同化」成爲華夏諸國，都在一王大法的規範之下，不再是「蠻夷」。又《春秋》諸國之中，中國到底相當於哪一國或居於哪個位置呢？廖平在安排世界秩序的代表作《大統春秋公羊補證》一書中並沒有明說。《公羊》家長久以來都有《春秋》「王魯」的說法，因魯國縱然不夠強盛，但卻爲孔子鄉國且爲禮樂之邦，故寄託新王大法，以魯爲正朔所在；晚清學者也有將秉禮的魯國投射於中

37　丁韙良，《中國古世公法》（愼記書莊石印，1897）。

國者。[38]不過,廖平在早年已經否定了《春秋》有「王魯」之說,主張《春秋》只有素王之制,不曾託魯為王,魯國只是必須遵守素王禮制的諸侯國之一,[39]如果他將中國比魯國,就缺乏具體條件上的意義。我們根據廖平所主張的「用夏變夷」說法,以中國為「諸夏」作為世界的中心,化導世界或萬國;萬國最終也將會來朝於中國這個具有孔子之道的中央「皇極」之地,那也是禮樂文明、倫常教化的中樞。[40]如此一來,廖平的心意就很明顯了:世界未來會依循著進化程序成為大一統的道德共同體,不論它是如同周代的封建制或是秦漢以後的帝國型態,中國都是處在倫常等級的軸心;若是擺放到《春秋》中的位置上來,就如同禮興樂盛後的周天子京師之位,也即是廖平所說的「皇道平,帝功成」之後的「皇王」之位,[41]筆者又依據廖平的概念稱之為「素王(皇)之位」。

　　綜上所述,廖平《春秋》的理想是要改變當前世界以西方價值為主體的秩序模式,把《春秋》的封建禮制變成整個世界為範圍的「大封建/大〈王制〉」。又廖平既然點出了未來理想的世界是一個大封建的模式,這又牽涉到他對世界大一統下理想政制的看法,因為封建制的頂端即是倫常等級的頂端──皇權,這同時也關係到當下中國所應採行的政治體制為何的問題,並直接與立憲派及革命派所主張的民權或民主、平等之近代思潮產生交鋒,深具時代性,下文即以此為討

38　胡薇元,《公法導原》(出版者不詳:中央研究院郭廷以圖書館藏,1900),頁33。
39　廖平,《何氏公羊解詁三十論·主素王不王魯論》,頁140-142。
40　廖平,《皇帝疆域圖》(成都存古書局刊本,1915),卷40,頁94b-95b,99a-100b。
41　廖平,《大統春秋公羊補證》,卷2,桓公十八年,頁43b。

論的重點。

四、理想的政治體制與倫理觀

　　廖平所期待的未來大一統世界，是統合全球的「大封建」之政治結構，把世界納入經典的制度內容中。這一未來性的制度理想，其實也提示了我們，廖平對未來與當下政治體制的看法，因為他服膺傳統以來把王者當成處在天下或國家道德共同體倫常中心地位的思考，無論疆域從「中國」擴及「天下」或「世界」，以皇權為中心的政治架構都是他所堅持的。又廖平論經典改制，對現世、未來的期待，亦表現於對《公羊》三世說的發揮，所以此處要討論廖平對中國當下與世界未來的理想政制與倫理觀，也有必要對其三世說的觀點作探討，期望透過這樣的分析能彰顯出廖平的主張在時代中的特色。

　　三世說是《公羊》學中相當重要的議題，但是在《公羊》的傳文裡並未明言「三世」一辭，後世學者對「三世」意義的闡發，主要是根據《公羊》傳文中的「異辭」（記載文辭有異）而發揮的。在隱公元年、桓公二年，以及哀公十四年的傳文中均出現了「所見異辭，所聞異辭，所傳聞異辭」的說法。由《春秋》經文與《公羊》傳文來看，「異辭」的原因，主要是緣於經文所載之事距離孔子修《春秋》的時間遠近而言的。「所見」即孔子親身所見，記錄較詳細；「所聞」是孔子聽聞而來，記錄稍簡；「所傳聞」為傳聞之說，是年代更久遠前的事，記錄更簡略。到了董仲舒再加以發展，而有「三等」之說：所見一等是昭、定、哀三世，所聞一等是文、宣、成、襄四世，所傳聞一等是隱、桓、莊、閔、僖五世，共三等，這是將魯國十二公的歷史分成三個階段，並依據各階段與孔子關係的親疏遠近、恩情厚薄來

解釋書法不同的問題。

　　東漢的何休（129-182）著《春秋公羊經傳解詁》，繼承董仲舒據情感等差記事的三等說而深化之，並賦予另一樣貌。他指出孔子筆法以所傳聞世是衰亂之世，所聞世是升平之世，所見世是太平之世，《春秋》中歷史的發展，是由衰亂世，進而升平世，進而太平世。這種「三世遞進」的理論，是與「異內外」的觀念相結合的。《公羊傳》中有「內其國而外諸夏，內諸夏而外夷狄」之說，有內外、夷夏之分。何休認為，在衰亂世、升平世時，內外、夷夏的差別並未消失，到了太平世則不再有分別，「天下遠近大小若一」，天下是一個統一的天下，實際上就是表達了太平世即是「大一統」。[42] 故三世說從《公羊傳》、董仲舒到何休的說法，是有一個發展過程的。何休的三世遞進理論最深刻的意義，是寄託了文明以本國為中心，從華夏到周邊地區漸進的撥亂起治，直至王化大行的理想。何休的三世說與實際春秋的史實並不合，因為春秋時代的社會是時代愈後愈混亂，並非趨向太平的歷程，但在何休及其後的《公羊》學者眼中，這正是孔子以《春秋》撥亂起治、「文致太平」的操作。[43] 後世的《公羊》學者在論及孔子的「微言大義」時，往往以撥亂、漸進與三世的模式作為發揮一己理想的基礎，但是各人或因面對的時代不同，或因價值觀念的多元，因此詮釋的內容及偏向的重點也有很大的差異。

　　前文提到何休的理論中，「三世」與「內外」是聯繫在一起的，「內外」又是以夷夏來區分。而晚清中外交通，在學者的感知下，夷

42　何休，《春秋公羊經傳解詁》（北京：中華書局，1987，據北京圖書館藏宋朝刻本原大影印），卷1，隱公元年條，頁2a，6b-7a。

43　段熙仲，〈《公羊》春秋「三世」說探源〉，收入《中華文史論叢》第四輯（北京：中華書局，1963），頁67-76。

夏、內外的判分以及「華夏」文化能夠傳播的範圍都不再宥限於中國內部本身，因此近代《公羊》學者論述「三世」時開始結合上世界的視野。與廖平同時，也談《公羊》三世且同樣將世界視野納入經學最具代表性的人物可說是康有為。

　　康有為以政體的變化說明三世的遞嬗，這是他論孔子《春秋》改制最大的特色。在其理論下，世界各地歷史的發展由古代到未來是據亂世、升平世、太平世，三世分別連繫上三種不同的政治體制：「據亂世尚君主，升平世尚君民共主，太平世尚民主」，[44]而且由君主專制向君主立憲、民主制度進化更是必然的過程，也是放諸四海皆準的規律。[45]三世進程既不可躐等，也不可守舊不前，否則違時而有禍患，[46]以目前來說，改變政體的方向就是立憲法、開國會。[47]要在當下中國建立起君主立憲制度取代君主專制政體，可說是康有為大半生政治活動的目的。康氏將政體的進步與「文明」聯繫在一起，這是他的一家之言。他說：「蓋孔子之言夷狄、中國，即今野蠻、文明之謂。野蠻團體太散，當立君主專制以聚之，……文明世人權昌明，同受治于公法之下，但有公議民主，而無君主。」[48]康氏在奏議和文章中多次說到西方國家正把中國視為「野蠻之國」，也警告清朝統治當局，若不迅速更張改圖，就會淪為「夷狄」和「野蠻」的可悲境地。總之，文明

44　康有為，《孟子微‧同民第十》，《孟子微‧中庸注‧禮運注》（北京：中華書局，1987），頁 104。
45　康有為，《論語注》，收入蔣貴麟主編，《康南海先生遺著彙刊》第 6 冊（臺北：宏業書局，1987），卷 2，〈為政〉，頁 52。
46　康有為，《中庸注》，《孟子微‧中庸注‧禮運注》，頁 223。
47　康有為，〈請定立憲開國會摺〉，收入湯志鈞編，《康有為政論集》上冊（北京：中華書局，1981），頁 338。
48　康有為，《論語注》，卷 3，〈八佾〉，頁 61。

的發展與政體的進步均構成了康有為進化的「三世」說之重要內容。

　　康有為在論述劉歆（約BC50-23）偽造古文經的基礎上雖然曾受廖平經學二變以前的啟發，但是在具體的政治理想上彼此卻有很大的差異，這種差異也呈現於他們皆視為表徵孔子改制之《春秋》三世說的不同發揮上。此刻要析論廖平現世、未來的理想政體觀，也需先從其對《春秋》三世理想的終極願景探討起。

（一）廖平的三世觀與現實的政治意義

　　廖平的《公羊》三世說有前後期的不同發展與見解。成書於光緒十二年的《何氏公羊解詁三十論・三世論》中有他當時對三世的看法。他認為《春秋》雖然有三世之說，但表達的只是孔子本身聞見的詳略影響到書法的不同，與董仲舒所謂情感的厚薄無關。同時，他不承認來自董、何的以「隱桓莊閔僖」、「文宣成襄」、「昭定哀」各為一世的三世劃分方式，也不相信《公羊》有何休所說的三世遞進理論，主要原因是經、傳文中沒有董、何論點的依據。[49]這種解經特色與先前依循董、何三世說的多數清代《公羊》學者有很大的不同，表現了廖平有著欲擺脫既有經學注疏或成說，要返回經、傳文本身探求孔子本意的傾向。到了甲午戰後，他解經開始與現實世界結合，此時他受進化論影響，也轉而接受了何休《公羊》學世運日趨太平的說法，不過對於三世的劃分法，仍然沒有跟從董、何，而是依據己意對魯國十二公重新進行分配。光緒二十九年成書的《大統春秋公羊補證》中有言：

49　廖平，《何氏公羊解詁三十論・三世論》，《廖平選集》，下冊，頁147-148。

……宣公居中，上推隱、桓，如述古，下逮定、哀，如知
來。……宣公居二百四十二年之中，隱、桓如三皇，莊如
五帝，僖如三王，文如齊、晉二伯，此古之皇、帝、王、
伯，……此孔子述古也。成如秦、漢，伯、王雜用。襄如
唐、宋，盡闢中國。昭如明至今，中外交通。定、哀則數
千百年後，鳳鳴麟遊，爲皇之大一統。[50]

這是變形的三世說，《春秋》魯國十二公中，閔公在位短促，故未被
列入。隱公至文公是一世；宣公位居中間，承先啓後，自成一世；成
公至哀公是一世。根據廖平的敘述，將其三世說繪成一表如下：[51]

三世分期	《春秋》十二公	世運	歷史分期	二伯的有無
一世 （述古）	隱公、桓公	皇太平之世	三皇	無二伯
	莊公	帝世	五帝	有二伯
	僖公	王世	三王	
	文公	伯世	齊、晉	
一世	宣公			
一世 （知來）	成公	伯世	秦、漢，霸王雜用	
	襄公	王世	唐、宋，盡闢中國	
	昭公	帝世	明至今，中外交通	
	定公、哀公	皇太平之世	數千百年後	無二伯

50　廖平，《大統春秋公羊補證》，卷6，宣公十八年，頁34a。
51　此表的整理略參丁亞傑，《清末民初公羊學研究——皮錫瑞、廖平、康
　　有爲》（臺北：萬卷樓圖書公司，2002），頁291。

　　隱公至文公是往古，世運由皇太平之世依序降至帝世、王世、伯世，表示時代愈趨混亂。宣公位於中央，成公至哀公象徵世運由伯世、王世、帝世到皇太平之世，表示時代愈趨太平。述古與知來是一摺扇形的立面，這是變形的三世觀。然而我們不禁會有一個疑問：服膺進化的廖平，怎會矛盾地出現世運先沈淪、退化又逆轉而至太平的特殊說法？環顧當時的《公羊》學界，康有爲、譚嗣同（1865-1898）的著作也曾有先退化、後進化的類似現象，這是因爲上古太初時的和諧無爭讓《公羊》學者覺得與未來太平世境界有相似的樣貌。[52]姑不論廖平是否清楚地意識到這與其力主的進化互相衝突，從他所強調的重點來看，述古的目的是爲了知來，所以要強調的積極性也在於未來。我們從上表所看到的《春秋》魯國十二公世系已經不再是過往的歷史記錄，而爲經典符號。成、襄、昭、定、哀配上從秦、漢以下不斷向未來推進的歷史，說明孔子《春秋》早已預見、規劃了中國與世界的進程。王伯之世的終點是唐、宋，王化已盡關中國；明代以後至今（指晚清），中外開始交通，開啓了「帝」的世局。帝局的啓動這個說法之於廖平是別具意義的，代表王化從中國開始將逐漸向外傳播，數千百年之後，全球會大統於孔子之道下，是爲「皇太平之世」。所以地球即將邁入以孔子之道爲中心的新世運，恃有經典的昭示，中國遭遇外患不應再視爲困境，應積極實踐經典，用夏變夷，最終達到太平世的大一統境界。

　　由上所述，廖平的三世觀並沒有如同康有爲一樣導向中國當前政體的改變，他所講的《春秋》改「制」，是未來要實現「以天統王，

52　康有爲，《春秋筆削大義微言考》，收入蔣貴麟主編，《康南海先生遺著彙刊》第7-8冊，頁202，240，350，517。譚嗣同，《仁學》，收入《譚嗣同全集》（臺北：華世出版社，1977），頁87-88。

以王統二伯，以二伯統諸侯」的世界性之「大〈王制〉」。另外，這裡要附帶提及的是廖平變形三世觀中一個具有意義的概念：「隱、桓無伯，定、哀亦無伯。」[53]伯指二伯；隱、桓與定、哀對廖平而言，都是「皇太平之世」，是沒有二伯的狀態，代表上古純樸和諧或是未來禮興樂盛、王化大行之時，權歸天子或皇帝，都不再需要二伯來維護秩序、拱衛中央。總之，既然《春秋》的教化已經「洋溢中國」，現在是「施及蠻貊」的時候了，用夏變夷在制度層面就是要堅持現有的王權體制，並以中國為世界之「諸夏」、「王畿」、「小標本」，將中國已經成功實踐了的封建經制推向世界。不過這裡有一個明顯的問題是，廖平以《春秋》經制（或〈王制〉）非春秋時代之史實，乃孔子所託之經制，至於秦代以後中國所行的制度是郡縣非封建，那麼中國何曾實行過經制呢？廖平在《知聖篇》中有自圓其說的解釋：

> 郡縣一事，秦以後變易經說者也。似乎經學在可遵、不必遵之間。不知秦改郡縣，正合經義，為「大一統」之先聲。禮制：王畿不封建，惟八州乃封諸侯。中國於「大統」為王畿，故其地不封諸侯。……夫治經貴師其意，遺迹則在所輕。除井田、封建外，亦不能拘守舊文而行。[54]

引文指出，秦代以後實行郡縣制，似乎中國沒有實行過經典的封建制，當然也不曾有過「二伯」的存在，殊不知郡縣制正是符合經義的制度。經學禮制中，天下九州，中央的王畿不封建，惟有周邊的八州乃分封諸侯，中國正好是未來全球「大一統」疆域中央的王畿，王畿裡沒有封建諸侯正是經制，代表將開啟世界大統的先聲。

53　廖平，《春秋左氏古經說疏證》，收入李耀仙主編，《廖平選集》下冊，頁427。
54　廖平，《知聖篇》，收入李耀仙主編，《廖平選集》上冊，頁188-189。

或許有人會質疑，廖平沒有明言中國當前的政治體制如何變革，徒託一個遙遠的大統未來，意義何在？但筆者認爲，廖平對未來的最終想望，其實也表達了他如何看待眼前應致力或堅持的方向。對他來說，封建核心的王／皇權體制不但是當下中國所應堅持的，而且是進化到世界大統後的理想政制，因此尊君始終都是不變的信念。這些論點的對話與反駁對象，主要是被他視爲陵夷君權的立憲派，還有主張徹底剷除君權的革命派，以及這兩派均有涉及到的廢經、非聖、民權、平等諸說。下文即詳細探討廖平的倫理觀與理想的政治體制。

（二）論立憲與革命皆背離三綱故不足取

廖平於光緒二十九年時曾語氣強烈的批評道：「通經致用爲立學本根，近今文學愚人，害貽王國」[55]，提到近代的《公羊》學者愚弄人民，接著又對自己撰著的《大統春秋公羊補證》說明作書的重要動機之一：

> 孔子繙經創制，以空言垂教。自亂法者依託傳義，海內因噎廢食，群詬《公羊》作俑，甚至以爲教亂之書。……又撥亂世，反之正，於今日實務最爲深切，既以政治範圍中外，倫理、教宗（筆者案：疑爲「宗教」）、風俗、性情，凡足以引導外人、開通中智者，亦發皇帝學補救利益百問題，先得全書綱領，庶得迎刃而解。[56]

廖平明顯的將矛頭指向康有爲及其門人等「亂法者」依託《公羊》傳義，對經學入室操戈，曲解《春秋》爲立憲之說，致使海內學人群詬

55　廖平，《大統春秋公羊補證》，〈凡例〉，頁9b。
56　廖平，《大統春秋公羊補證》，〈凡例〉，頁11a。

《公羊》為造成紛爭的始作俑者，甚至視為教亂之書。他語重心長的指出，因不了解《公羊》而棄之不讀是因噎廢食，事實上，《公羊》發揚孔子《春秋》的撥亂反正之意，正是今日現實情況所最需要者，足以作為世界的政治、倫理、宗教風俗之引導。廖平言下之意，自己要為《公羊》正本清源，掃除人們來自康有為等的誤解，而康氏等維新派最大的謬誤，在於他們看待三綱倫理的觀點以及與之密切相關的政體觀。他說：

> 近年來學派，守舊者空疏支離，時文深入骨髓，尤難滌拔；維新者變本加厲，廢經、非聖、革命、平權，三綱、尊尊，不便其私，尤所切齒。不知禮失求野，專指生養而言，至於綱常名教，乃我專長，血氣尊親，文倫一致，舍長學短，不知孰甚。[57]

廖平以當時的論學、論政者有「守舊」與「維新」兩個極端。守舊指的是完全不理會西學，以及否認學習西方一切器物製造者；維新者主要是針對欲立憲的戊戌諸子，也包含了新興的革命論者。他認為守舊者故步自封不足取，而維新者變本加厲，廢棄經典、非毀聖人，主張革命、民權，一聽到「三綱」、「尊尊」便切齒憤恨。不知綱常名教乃是中國獨有而勝於外人者，若是丟棄了，也失去了立國的精神。所以廖平的政治主張是從維護三綱倫理的立場出發。

　　針對時人所提倡的議院之制，廖平從經典的內容指出，孔子學說中早有類似的內涵，並非是泰西獨有的創設。他說：

> 泰西議院通達民隱之善政，玫〈王制〉養老乞言，八十以上者有事問諸其家，蓋養老乞言即議院之制，養國老於上

57　廖平，《大統春秋公羊補證》，〈凡例〉，頁 10b。

庠，養庶老於下庠，即所謂上、下議院。〈洪範〉：「卿士
從、庶民從。」卿士爲二伯、貴官，庶民是鄉里所選。他
如「詢于芻蕘」、「不廢鄉校」、「周爰咨謀」，議院之
制，著明經傳，人所共知者也。[58]

西方議院通達民隱的善政，在古代經典中已經具備。例如《禮記》的
〈文王世子〉與〈內則〉都有「養老」、「乞言」，鄭玄注云：「養老人
之賢者，因從乞善言可行者也。」[59]〈王制〉中提到虞、夏、商、周四
代的養老禮，將老者依據身份、位階區分爲國老與庶老，分別被奉養
於不同的學宮，[60]虞舜時代稱爲「上庠」與「下庠」，這些都與西方
上、下議院的精神相符合。又《尚書・洪範》有言：「卿士從、庶民
從」，說明施政之時，人主與卿士、庶民皆同心相從，[61]廖平以「卿
士」、「庶民」亦分別類同於上、下議院的議員。其他如《詩・大
雅・板》的「詢於芻蕘」，謂即使如采薪樵夫之賤者身份，主政者猶
當與之謀議；《詩・小雅・皇皇者華》有「周爰咨謀」，指見忠信之
賢者應訪問之以求善道；[62]《左傳》襄公三十一年記載的鄭國子產「不
廢鄉校」，作爲議政的場所，這些都具有議院廣詢民意、通下情的善
政精神。廖平從傳統中找議院精神的依據，正與康有爲等人托古改
制，從群經中尋求議院思想的手法相似，都是流行於晚清學界之銜接
中西的方式。不過他話鋒一轉，認爲能夠達到善政如議院的精神者，

58　廖平，《大統春秋公羊補證》，卷10，定公十三年，頁34b。

59　鄭玄注，孔穎達疏，《禮記正義》，頁394。

60　鄭玄注，孔穎達疏，《禮記正義》，頁265。

61　孔安國注，孔穎達疏，《尚書正義》，收入《十三經注疏》第1冊，頁176。

62　毛亨傳，鄭玄箋，孔穎達正義，《詩經正義》，收入《十三經注疏》第2
　　冊，頁319-320，633-634。

經典本已具備，但是孔子之教有更勝於議院之諦者；也就是說，實行
經意可以獲得議院的優點，但是經典更崇高的理想，不在議院之制，
這個理想就在於禮制的秩序。

　　西方君民共主的立憲制對廖平而言終究不如經制之文明，議院制
度在他看來就如同春秋時期，周天子的權柄下落至各諸侯，如此則上
下顛倒易位、以下僭上，故主張君民共主的立憲制度使君權下移，並
未進於文明。《春秋》立王法、道名分，撥亂反正，重在循名責實，
「以貴治賤，以賢治不肖，以大夫治民，以諸侯治大夫，以二伯治諸
侯，以天王治二伯，以天治王，盡奪下權，以反歸於上。」而且要使
君臣上下「等威、儀物各不相同」，[63] 有尊卑、禮序才是真文明。必須
補充說明的是，廖平並沒有全盤否定議院的功能，但認為那僅適用於
西方「草昧初開」[64]的情況，他說：

> 今海外政治家競言平權、自由，中士亦艷稱之。考平權之
> 說，出于封建苛虐以後，民不聊生，迫□為此。蓋海邦開
> 闢甚晚，荒陬僻島，酋長苛虐，通達民隱，實為救時善
> 策，國勢少壯，因之富強，然此乃初離蠻野之陳迹，與經
> 說不可同年而語。[65]

廖平的認知中，西方開闢較晚，近代以前受封建的苛虐，未如中國早
進於王化之文明，人們不得已而必需與上爭權，平權、自由之說由之
產生，意在通達民隱的議院制不失為救時之善策，但非長久之道。[66]
今人徒豔羨西方的政治思想，不知其與孔子的經義相較，高下自是不

<hr>

63　廖平，《大統春秋公羊補證》，卷1，隱公三年，頁20a；隱公四年，32a。
64　廖平，《大統春秋公羊補證》，卷6，宣公十一年，頁19a。
65　廖平，《大統春秋公羊補證》，卷6，宣公十五年，頁27a。
66　廖平，《大統春秋公羊補證》，卷6，宣公十一年，頁19a。

可同日而語。回顧近代中國人開始閱讀盧梭（Jean-Jacques Rousseau, 1712-1778）、孟德斯鳩（Montesquieu, 1689-1755）等人提倡天賦人權、主權在民、社會契約論的著作在戊戌以前，但當時這類書籍仍在零星傳播之中；戊戌政變以及庚子重創後，因救亡的要求，西方民主學說便較戊戌變法時期更為人們矚目稱道，被大量譯介進來，無論是立憲或革命主張者均深受影響。[67] 前述廖平的政治觀點多見諸其著於光緒二十九年的《大統春秋公羊補證》，從中也可以看到他對時人逐漸接受西方政治思想的焦慮。事實上，廖平對西方政體並非一無所知，舉具體的例子來說，他於光緒二十八年以前曾讀過介紹世界上各種政治體制的《佐治芻言》，[68] 另外，他所熟稔的《海國圖志》、《瀛環志略》也有不少這方面的敘述，但在他看來，這些都比不上中國經典的核心：三綱、尊卑、禮序的精神。

　　廖平在光緒二十九年時一再提到他對「廢經」的憂心，以時局來看，雖然在光緒三十一年科舉正式廢止之前經學教育尚未完全失去憑依，但是自光緒二十七年清廷明令廢除八股取士後，清末教育界隨著國家富強的需求，多重在實用專門之學方面，無論是官立學堂或民立學堂，經學課程已經不多，或是徒具形式。[69] 廖平自來都是贊成廢八股與主張實學的提倡，但是對經學的存續甚感憂慮，尤其政治局面上，革命派明揭剷除君權，戊戌以來的立憲諸子或許仍以尊孔為旗

67　熊月之，《向專制主義告別》（香港：中華書局，1990），頁136-146；熊月之，《中國近代民主思想史》（上海：上海社會科學院出版社，2002），頁342-346。

68　廖平，《知聖續篇》，收入李耀仙主編，《廖平選集》上冊，頁265。

69　陳美錦，〈反孔廢經運動之興起（1894-1937）〉（臺北：國立臺灣大學歷史研究所碩士論文，1991），頁82-86。

幟，然而他們藉著孔子以言民權、君民共主的基調，在廖平看來都是
與上爭權、陵夷三綱，對經學入室操戈，與「廢經」無異了。行文至
此，我們已經可以說明廖平的政治立場與康有為的立憲觀點有著植根
於倫理觀上的根本不同，而我們以往較少意識到這層差異。

　　也因著君權不可受衝擊的倫理信念，廖平一併批評了革命論者的
思想，對革命派刊物如《新中國》、《浙江潮》中主張去君權、非革
命不足以存中國之說，援引《春秋》明王法，以貴治賤、以賢治不肖
的說法予以駁正之。[70]他尤其站在《公羊》的文化觀反對革命論者的
種族觀：

> 又《春秋》進夷狄為中國，以吳、楚為伯牧，《公羊》並
> 非袒中惡外，鄙夷狄不得等于人類，乃後儒之邪說。地球
> 大通，民胞物與，日本表彰同文同種之義，亟相親愛。諸
> 人或已入仕途，或身列科第，祖宗世守，已數百年，今小
> 不得志，即自命為皇帝（筆者案：應作「黃帝」）子
> 孫，……喪心狂病，設為迷局，蠱惑少年。不知《春秋》
> 之義，今之川、湘、江蘇皆為夷狄，文為東夷，禹為西
> 夷，皇帝（筆者案：應作「黃帝」）子孫，降居若水，泰
> 伯斷髮文身，堯舜以前，中國皆夷狄，今則亞州皆中國。
> 《春秋》入中國則中國之，將來大統，亦皆為中國。[71]

晚清革命派的種族國族主義，是一套以漢族為主體，建構黃帝為共同
的血緣先祖，刻意排除其他族群於「中國」之外的意識形態。然而
《公羊》學的宗旨是擯棄一切的界限，以文化判分夷夏，主張夷狄進

70　廖平，《大統春秋公羊補證》，卷8，襄公二十八年，頁65。
71　廖平，《大統春秋公羊補證》，卷8，襄公二十八年，頁64b。

中國則中國之，因此廖平指出今日的「中國」也是自上古以來從夷狄
的階段不斷地進化於文明而來。他以堯舜前的中國皆屬夷狄，文王、
大禹分別出自東夷、西夷，又引用「泰伯奔吳」的歷史傳說，說明今
日中國的東南等地也原是斷髮紋身的蠻族，接受了從周室奔吳的泰伯
教化，終成為後進於文明的華夏之域。雖然以今日族群建構的學理角
度觀之，這是自古以來緣於政治需要有意識地塑造而成，未必是事
實，[72] 不過這讓我們理解到廖平在定義何謂「中國」時，不是以特定
的血緣作為認同的基準。他提到將來大統時，整個世界「亦皆為中
國」，足見「中國」這個符號對他而言沒有固定的邊界，它代表地球
疆域視野中的「華夏」概念。廖平稱許日本當時政界與思想界欲團結
同文同種的大亞洲主義，[73] 雖然仔細說來大亞洲主義的最後目的是黃
白人種對決，與廖平的大同關懷並不相契，但在他看來，日本能視沾
染漢化的亞洲為一體，無異於發揚孔子與《春秋》天下一家的精神，
勝於狹隘的種族主義。不可否認的，廖平與康有為都是在一個擴大了
的世界重新放置「中國」，仍透過傳統的天下主義去理解當代國際局
勢，最高目標乃在於「平天下」。廖平也讚賞康有為欲將孔教普及世

72　王明珂，《華夏邊緣：歷史記憶與族群認同》（臺北：允晨文化出版公
　　司，1997），頁256-284。

73　1898年1月，日本貴族院議長、東亞同文會創立人近衛篤磨催促日本與
　　同種結成聯盟，致力研究中國問題，為黃白人種大對決作準備。見
　　Marius Jansen, "Konoe Atsumaro," in Akira Iriye, ed., *The Chinese and the
　　Japanese: Essays in Political and Cultural Interactions* (Princeton, NJ:
　　Princeton University Press, 1980), p.113. 又戊戌年間，日本首相大隈重信
　　發表「保支論」，謂日本為報答漢化之恩，有義務招架住西方，以便讓
　　「支那」有充分的時間自強。見 Marius Jansen, *Japan and China: From War
　　to Peace, 1894-1972* (Chicago: Rand McNally College Publishing Company,
　　1970), p.136.

界的豪情，並認同採用首發於康氏的孔子紀年，[74]奉孔子爲教主，假
此以爲重整中國政治、文化秩序之權輿；他們同樣視凝聚成爲「中
國」的主要質素在於一套以孔子爲代表的道德與文化秩序，有別於革
命派的抬出黃帝紀年且疾呼的漢族血緣共同體。然而即使如此，我們
仍不能忽略在兩人類似的文化視野下，因著倫理觀的差異所表現的政
治主張之離合事實，乃至於兩人在世界範圍裡終極世界觀具體內容的
不同，例如廖平嚮往普世皇權架構的大統／大同有別於康有爲要從立
憲到民主乃至消弭一切階級等差的大同，都可說是發端於倫理觀下對
民主、平等、三綱的不同認知所發展而來。

（三）為民立君的重要與經教三綱不違背平等的精神

　　廖平既不贊成立憲也反對革命，那麼面對中國的積弊有什麼解決
之方？回溯自鴉片戰後，有識之士多曾提出中國上下隔閡、民情不通
是失敗的一大原因，到19世紀70年代，稱讚議院制度可以使上下一
心的聲音隨處可聞。[75]康有爲把甲午戰敗的國恥直接歸咎於君主專制
所造成的民情不通，解決之道是逐步實施君主立憲。[76]廖平也承認當
前中國的君民關係不能盡如人意，但癥結點並非君主制度的問題，而
是沒有按照經典的教化實行。他以時人推崇西方的民權、君民平等之

74　廖平稱許康有爲欲行教泰西之語，見廖平，《經話（甲編）》，收入李耀
　　仙主編，《廖平選集》上冊，頁448。又廖平之後的著作亦有採用孔子紀
　　年者。
75　例如近代早期的魏源、洪仁玕、郭嵩燾、馮桂芬都有提到中國上下隔
　　閡，應通君民之情或是開議院的主張，見熊月之，《向專制主義告別》，
　　頁70-71。
76　康有爲，〈上清帝第四書〉，《七次上書彙編》，收入蔣貴麟主編，《康南
　　海先生遺著彙刊》第12冊，頁78。

說高於講究尊卑的經傳之上為本末倒置，認為上位者若能體察經教的「貴民詢庶」、「勤求民隱」，切實執行，便能上聞疾苦、下達德意，根本無需在制度上變更，與君主爭權。[77]他還結合進化思想，說明為民立君可行之久遠，且不必擔心人君酷虐的問題：

> 持平權之說，每以人君酷虐為辭，不知大同之世，民智較今更甚文明，天生聖賢以為君相，其德性道藝，遠出臣民之上，鳥獸草木，咸得其所，何況同類之黎庶。夫人之聖、賢、愚、不肖，萬有不齊，縱使民智極開，其中亦有優、劣、純、薄之分。元首聖□，迥非聾盲所可臆度。[78]

引文內容以時代愈進化，至大同之世，人民智力愈高，作為人民君相者的德性道藝更遠高出臣民之上，故能讓萬物咸得其所。這種看似「異議可怪」之論，其實是反映了晚清《公羊》家對於體質與人性、人種進化的觀點。康有為、梁啟超都曾受西方人所倡的「進種改良之學」（優生學）影響，[79]並結合上進化論，皆在著作裡提到從據亂世到太平世的過程中，體質、人種會愈來愈優良，智慧也會愈高，風俗愈淳善。[80]廖平此觀念與康、梁等人相類，但仍有不同者。例如梁啟超曾說太平之世「天下一切眾生智慧平等」，[81]然而廖平認為，即使大同

77　廖平，《大統春秋公羊補證》，卷6，宣公十五年，頁27。

78　廖平，《大統春秋公羊補證》，卷6，宣公十五年，頁27。

79　鍾月岑，〈科學、生物政治與社會網脈：近代中國優生學與比較研究取徑之反省〉，《古今論衡》，22（臺北，2011），頁67-81。

80　康有為，《禮運注》，收入蔣貴麟主編，《康南海先生遺著彙刊》第9冊，頁16；《論語注》，頁37，175；《日本書目志》，收入蔣貴麟主編，《康南海先生遺著彙刊》第12冊，卷1，〈生理門〉，頁35。梁啟超，〈讀孟子界說〉，頁19；〈史記貨殖列傳今義〉，《飲冰室文集》之三，收入《飲冰室合集》1，頁45。

81　梁啟超，〈史記貨殖列傳今義〉，頁45。

之世民智極開，人群仍會有聖、賢、愚、不肖的優劣純薄之分，在萬有不齊的現實下，階級等差是必然的，故爲民立君也是必需的。那麼他憑什麼認爲同在進化之下，未來的君主智力道德均能高人一等？這還是要回到傳統尊君的理路來看，若我們閱讀唐代韓愈（768-824）的〈原道〉一文，或許可以找到相關的聯繫。〈原道〉篇中極力宣揚君權的神聖性，將帝王與聖人視爲合一，同爲教化之源，這麼一來君王便具有一種彷彿命定的能力與價值。[82]受西方民主思想洗禮的嚴復（1854-1921）曾針對韓愈的論點作〈闢韓〉一文批判與駁斥，護衛君權的屠仁守（1829-1900）復作〈辨闢韓〉以申辯之。[83]足見韓愈〈原道〉在清末曾經是論爭的焦點，詳細過程不擬詳論，此處僅簡單說明廖平特別肯定並提高君王的能力價值是其來有自，源於傳統的尊君思想。總之，在面對西方傳入的政體與倫理新觀時，他所堅持不可變革者，不外是本有的倫理綱常。

儒家講求貴賤、尊卑的倫理秩序，又以「君臣」的關係被列爲三綱五常之首，不僅是倫常的綱領，更是絕對王權秩序下的理論依據。大約戊戌前後，民權思想形成一股沛然莫之能禦的思潮，但也造成甚激烈的爭議。主張民權、平等與否通常也是提倡新政者與當時比較「激進」的思想家之間主要的分野所在。當時倡導新政者以維護倫紀，批評民權思想最重要的代表作可算是蘇輿（1874-1914）所輯的

82　韓愈，〈原道〉，《韓昌黎集》（臺北：河洛圖書出版社，1975），卷1，頁8-10。
83　嚴復，〈闢韓〉，《嚴幾道詩文鈔》（臺北：文海出版社，1966），卷3，頁154-163。屠仁守，〈屠梅君侍御與時務報館辨闢韓書〉，收入蘇輿編，楊菁點校，《翼教叢編》（臺北：中央研究院中國文哲研究所，2005），頁130-139。

《翼教叢編》與張之洞（1837-1909）的《勸學篇》。《翼教叢編》一
書係因「康黨」而來，[84]張之洞成於光緒二十四年的《勸學篇》也是
針對康有為而作。張氏以變革是必須的，然而在可變與不可變之間，
自有一定的準則，可變者在於法制、器械、工藝，不可變者是倫紀、
聖道、心術，即其所謂的三綱四維之「道本」。蓋張之洞認為綱常名
教是中國社會的倫理基礎，不可與民變革，並批評民權思想與平權之
說違逆了自然的倫理秩序，[85]將造成社會秩序混亂，《翼教叢編》的持
論亦是如此。從廖平的道器觀來看，他認為軍事、外交、農林、礦業
等是形而下之「器」，可以變革，也必需取法西方，但是三綱的禮序
乃我所賴以立國的形而上之「道」，必需堅守之。由此看來，廖平與
張之洞的「中體西用」思想頗為接近。廖平一生與張之洞的深厚淵
源，以及張之洞對廖平學行的關注，當然是我們推測他受張氏影響的
原因之一；[86]另外，在廖平的年譜中，光緒二十四年條下記著：「三
月，張之洞《勸學篇》成書。『此書大意在正人心，開風氣。』」[87]這
應也表達了一己的認同之心。從這個方面來說，作為《公羊》家的廖
平，其現世的政治主張和倫理觀似乎較接近張之洞及《翼教叢編》中
的諸學人之思想，反而與同樣主張《公羊》的康有為一派以民權、平

84　《翼教叢編》的編輯源起、思想內容，可參蘇輿編，楊菁點校，《翼教叢
　　編》，〈導言〉，頁1-50。賴溫如，《晚清新舊學派思想之論爭：以《翼教
　　叢編》為中心的討論》（臺北：花木蘭出版社，2008）。

85　張之洞，《勸學篇》（臺北：文海出版社，1967），內篇，〈明綱第三〉，
　　頁12；外篇，〈變法第七〉，頁51。

86　張之洞對廖平的提攜之恩及對他學行之關注，可參見廖幼平編，《廖季
　　平年譜》（成都：巴蜀書社，1985），同治十三年、光緒元年、六年、九
　　年、十五年、宣統元年條，頁12、13、23、28、45、69。

87　廖幼平編，《廖季平年譜》，頁60。

等作爲改革政體依據的傾向有一段距離。這是值得一提與比較的現
象，因爲透過廖平《公羊》學與倫理觀的探討，可以體會到《公羊》
在晚清各個不同學者的詮釋下可以有完全不同的樣貌，表現在政治主
張上，並不必然導向變政、立憲，而是呈現著多元性的面相。附帶補
充說明的是，我們當然也不能把廖平的學理與思想籠統地等同歸屬於
張之洞與《翼教叢編》一派，因爲諸如孔子爲後世制法、詮釋《公
羊》泯除中外界限文化觀等都是張之洞、朱一新（1846-1894）、王先
謙（1842-1917）、葉德輝（1864-1927）等人所反對甚至厭惡者。

　　再者，廖平在同樣衛護三綱的意識下，觀其論述的方向與語彙，
其實仍隱隱然可見到與《翼教叢編》諸學人有所差異之處，特別在對
「平等」的認知上，以下先舉廖平的一些言論以探討其三綱思想：

> 《禮經》記曰：臣以君爲天，子以父爲天，妻以夫爲天，
> 《白虎通義》所謂三綱之學也。泰西宗教偏主一天，中人
> 煽其説，遂昌言廢三綱，以爲三綱之義有違公理，凡君、
> 父、夫可以任意苛刻，臣、子、妻皆求平等、自由以放肆
> 其酷虐。[88]

西方人曾抨擊中國受縛於三綱，亟勸中國尊天主，以天綱人則世法平
等，人人不失自主之權；[89] 人們受西人影響，遂認爲三綱之義有違公
理，昌言廢三綱，事實上經典所言的「臣以君爲天，子以父爲天，妻
以夫爲天」並非指國君、父親與丈夫可以任意地苛虐其臣下、兒子、
妻子。他又說：

88　廖平，《大統春秋公補證》，卷10，定公四年，頁13a。
89　譚嗣同亦曾提到「西人憫中國之愚于三綱也，亟勸中國稱天而治；以天
　　綱人，世法平等，則人人不失自主之權，可掃除三綱畸輕、畸重之弊
　　矣！」見譚嗣同著，《仁學》，收入《譚嗣同全集》，頁68。

> 經義之説三綱，爲人父止于慈，君使臣以禮，不敢失禮于
> 臣妾；小事大、大字小，初非使君、父、夫暴虐其臣、
> 子、妻，如俗説君父教臣子死，不敢不死者也。抑廢三綱
> 之説與放釋奴隸同攷，以奴隸待臣、子、妻，經傳絕無其
> 説。如《春秋》殺世子目君，甚之也；弒君稱人，爲君無
> 道；父不受誅，許子復仇；夫人與公同言薨、葬，就其大
> 端而論，實屬平等，並無偏重。于倫常中橫加以奴隸之
> 名，非宋以後之誤説，言西學者過甚之辭也。按經傳以尊
> 統卑，于平等、大同之中衡量輕重，君與臣平也，父與子
> 平也，夫與妻平也，而其中究不能無尊卑區別，乃文明以
> 後之區別，初非奴隸苛刻之比也。……蓋其平等之中，必
> 有智、愚、貴、賤，以智統愚，以賤下貴，天理人情之自
> 然，不惟中人如此，西人亦萬不能離也。[90]

廖平殷切説明經義中的三綱是互相以禮對待，並沒有如同俗語説的
「君要臣死，臣不得不死」之壓迫意識；又有人將廢三綱與西方的釋
放奴隸互相比擬也是不正確的，因爲經傳絕無以上虐下的説法。他並
舉出四種《春秋》中的書寫方式爲例，説明經傳中的倫常實屬「平
等」：

第一，國君若是殺了世子或自己同母所生之弟，《春秋》便把國
君的稱號寫出來，以彰顯國君的行爲不應該。

第二，《春秋》若是寫出被殺國君的名字而不寫弒君者的人名，
便是責君無道。

第三，《公羊傳》有言，若國君無理的殺害自己的父親，作兒子

的可以報復國君殺父之仇。

　　第四，國君夫人過世時，《春秋》比照國君過世書「薨」，下葬時同樣書「葬」，有夫妻齊平之意。

　　廖平從以上四例說明經典教化中，國君不能為所欲為，父子、夫妻關係也是對等的，總之三綱的精神平等，並不存在以上虐下的問題。至於在平等的精神中，不能沒有尊卑的差別，因人有智、愚、貴、賤，以智統愚、以賤下貴，乃天理人情之自然。細究廖平所申說的經教三綱之「平等」，其實只是一種互惠的觀念，它也許只表示不同社會地位的人所具有的不同道德職責，未必含有西方平等主義的涵義，但廖平卻將互惠的觀念視同為平等。姑且不論他是否刻意要聯繫經典與西方的價值，且沒有真正理解西方「平等」的義蘊，我們僅注意到他與《翼教叢編》一派學者有著隱微的差別。《翼教叢編》提到「平等」一詞時，使用的語彙常是「邪說」、「無父無君」、「滅絕倫常」、「悖謬」、「背叛聖教」等，這一類的尖銳批評觸目皆是，但廖平在護衛三綱時，卻也同時強調三綱具有平等的精神，說明他對「平等」的概念，相對的不是那麼地視如冰炭與排斥，甚至是重視而認為必要的，這也是可以注意的一個現象，表現時代思潮逐漸對他的影響。

　　以上討論了廖平心目中真正經教的三綱倫常，是在互惠的對待下而不失尊卑、上下之序，中國的君主制度正是可以體現與維繫「禮」的精神，這是西方所不可企及之處，也是中國可以成為世界的「華夏」，以及經教可以成為普世價值的原因。廖平在光緒二十九年之前不斷地強調要用《春秋》來撥正世界，在世界造成一個符合禮序的經制：「大〈王制〉」。然而這種「平天下」式的關懷與世界格局的眼光，隨著時間與外在環境的變化，也使廖平世界觀思想的細部內容逐

漸的產生變化，表現在經學詮釋上最值得注意的，是他對「二伯」的
發揮走了一個完全不同的方向：從平天下的期待到僅聚焦於中國本身
振興的強調。這個過程所透露的訊息是什麼？下文即針對這個議題續
作探討。

五、視野的轉變：從維繫世界的「二伯」到振興中國的「二伯／霸」

　　廖平在經學三變時雖然已說過《春秋》同時兼具有小、大統的兩
面性，要以中國小統爲立基點「驗小推大」，以撥正中國的方式撥正
世界。但是到了光緒三十二年的經學五變之後，觀其此時論《春
秋》，似乎不再談世界大統的一面，而更強調中國小統的實踐。以
《春秋》所託的齊桓、晉文「二伯」來說，光緒二十九年以前的表徵
是維繫整個世界的秩序，到了光緒三十二年五變後，卻成了指導中國
本身行「伯／霸」的經典法則。他稱《春秋》的性質是「王伯／霸」
之學，此時他也特別要闡發之前所不曾明白區分的「王」、「伯／霸」
之別，那麼王、伯／霸的精神意義爲何，即是下文要討論的重點。

　　廖平認爲當今的實用之學是性質屬於「王伯／霸」（王道與伯／
霸功）之學的《春秋》，但重點又在於「伯／霸」的精神：

　　大同之「皇帝」，小康之「王伯」，出於六藝，爲至聖原
　　始要終之全體。儒家以王自畫，不敢言大同，而專言小
　　康，是或一道也；乃又攻伯，或曰孔門五尺童子，羞稱五
　　伯；或曰仲尼之徒，無道桓文之事。《論語》盛推管仲之
　　功，《春秋》專言桓文之事。凡一己宗旨之外，皆欲屏絕
　　之，不唯與聖言相反對，《春秋》一經，亦皆在屏絕之

內。此等褊狹私心，流爲學術，吾國儒者，遂以孔子爲專
研王學之聖人，……於二伯之學術，亦以爲聖人所羞
稱。……變法維新，久不能進步者，其無形之現象，實在
於此。[91]

廖平批評儒家不敢言孔子所規劃的大同理想，只敢言小康時期的學
理，但是小康之學兼包「王」、「伯／霸」的理想，儒家又僅以王道
自我設限，攻擊伯／霸道。這些儒者，有的根據《荀子‧王伯》所言
「仲尼之門人，五尺之豎子，言羞稱呼五伯／霸」，有的徵引《孟
子‧梁惠王》中「仲尼之徒無道桓文之事者」的說法，相率鄙薄伯／
霸功，無視於《論語》盛推管仲的功業，以及《春秋》特別重視齊
桓、晉文二伯的事蹟。他認爲「全部《春秋》，大抵齊桓、晉文之事
也」，而齊桓、晉文「二伯」即是伯／霸功的表徵。[92] 既然《春秋》分
爲「王」、「伯／霸」，何以切要者又在於「伯／霸」？兩者的性質有
何根本差異？廖平在討論這個問題時，也牽涉到對前人王、伯／霸看
法的討論或回應。此處有必要對歷代學術史上的王、伯／霸思想作一
個介紹，不過此一議題的研究已有不少成果，本文僅擇要就與廖平思
想有關的部份，主要集中在孟子、荀子、朱熹（1130-1200）、陳亮
（1143-1194）的王、伯／霸觀點，作一簡單的回顧。

　　王、伯／霸之辨始於孟子，是學術史上的定論。《孟子‧公孫丑
上》指出王道與伯／霸道的分野在於「以德行仁」與「以力假仁」。
「以德行仁」能使人民「中心悅而誠服」；而使用「以力假仁」的伯／
霸道，雖能達到事功的目標，卻不能眞正得到人心。因此黜伯／霸

91　廖平，〈大同學說〉，《中國學報》，8（北京：1913），頁9。
92　廖平學，黃鎔箋述，《五變記箋述》，收入李耀仙主編，《廖平選集》上
　　冊，頁563。

道、行王道是孟子政治思想的中心主張之一。相較於孟子的尊王黜伯
／霸，荀子則是在推尊王道的同時，也承認現實施政中的伯／霸道仍
有其價值性。《荀子》〈王伯／霸〉、〈彊國〉中指出隆禮尊賢的國君
能夠成就王道，如果無法達到「王者之政」，那麼若能「重法愛民而
伯／霸」，也未嘗沒有可取之處。但荀子也不是沒有貶抑伯／霸道之
意，才有「仲尼之門人，言羞稱呼五伯／霸」一語，並認為五伯／霸
是「小人之傑也，何足稱乎大君子之門哉！」不過與孟子的「黜伯／
霸崇王」相較，荀子是傾向於「崇王而不賤伯／霸」，[93]這是可以肯定
的。

　　歷史上最重要的王伯／霸之辨，當屬朱熹與陳亮的論辯。朱熹修
養論的重要命題在於存天理、去人欲，若是為了某種目的而產生的行
仁義舉，就不是純粹的仁心之發，不論最後結果如何，都不能說是
「王道」，只能說是「伯／霸道」。[94]基於這樣的觀點，朱熹多次提及齊
桓、晉文的作為是「假仁義以濟私欲」的「伯／霸者」特質。[95]朱熹
也認為漢唐之主如劉邦、李世民雖具英雄之質美，但都是以人欲而行
伯／霸道，天理不行，故不足論。朱熹的立場可說是孟子思想的繼承
及發展，[96]亦很明顯的是從君主的心術上來論斷的。陳亮雖然也不否

93　洪巳軒，〈荀學要義──以「三辨之學」為主軸〉，《孔孟月刊》，42：10
　　（臺北，2004），頁46。
94　黎靖德編輯，《朱子語類》上冊（臺北：大化書局，1988），卷25，頁
　　412。
95　朱熹，《四書或問‧孟子或問》上冊（京都：中文出版社，2001），頁
　　11。
96　關於朱熹的王霸思想，可參見田浩（Hoyt C. Tillman）著，姜長蘇譯，
　　《功利主義儒家──陳亮對朱熹的挑戰》（南京：江蘇人民出版社，
　　1997），頁101-107。

認天下之大本在君心，但處於南宋頻遭外侮之世，他認爲只談性命而
不計功利不能眞正改變現實狀態，故欲從政治、兵略、經濟上要求改
革，希望能國富民安，以成復仇之志。[97]相較於朱熹曾以心術論管仲
相桓公「九合諸侯，不以兵車」，卻非「行仁」者，陳亮則以《論
語‧憲問》的「桓公九合諸侯，不以兵車，如其仁，如其仁！」及
「一匡天下，民到於今受其賜。微管仲，吾其被髮左袵矣。」二句爲
「稱其有仁之功用也」，[98]以孔子讚許管仲相桓公以成就「仁之功用」，
因此主張「伯／霸道」是爲成就「王道」的手段，就其「功用」而
言，正是「王道」的體現。

　　在簡單回顧了孟子、荀子、朱熹、陳亮的王伯／霸觀之後，再回
過頭來看廖平對這一議題的闡發，當更能見出其特色所在。

（一）「王」、「伯／霸」的重辨：對伯／霸功的推崇

　　廖平雖以《春秋》爲王伯之學，但他以「王學可緩，而切要者在
於伯」，[99]認爲當今的局勢應以伯／霸功的追求爲重：

> 《春秋》者，王伯之學，以仁義爲主。……即揭明王伯之
> 宗旨也。齊桓公存三亡國，仁也；伐楚責貢，義也。晉文
> 踐土盟諸侯，皆獎王室，義也；無相侵害，仁也。《孟
> 子》：「三代之得天下以仁」，王學也。葵丘申五命，伯者
> 之義也。（黃鎔注：伯者假仁，則偏於尚義。）孔孟淵

97　陳亮，〈中興論〉，鄧廣銘點校，《陳亮集》增訂本（北京：中華書局，
　　1987），卷2，頁22。

98　陳亮，〈又乙巳春書之二〉，鄧廣銘點校，《陳亮集》增訂本，卷28，頁
　　349。

99　廖平，〈大同學說〉，頁10。

源，學無異轍。乃宋儒據「仲尼之徒不道桓文」之語，
（黃鎔注：《荀子》亦曰「仲尼門人，五尺豎子，羞稱五
伯。」）遂謂孔孟皆黜伯崇王。斯言也，不但抹殺一部
《春秋》，且率天下之人而禍仁義者也。何也？使學者高
言王道，鄙棄伯圖，矜語德化，不尚武功，坐致南宋不
振，神州陸沉。……學說有差，國家受害，是不可以糾
正。[100]

廖平首先說明，齊桓、晉文「二伯／霸」的功業是符合仁義的。齊桓
公援救了被戎、狄入侵的燕、邢、衛三國，使不致於滅亡，這是仁的
表現；責楚國不入貢周王室而伐之，這是義的表現。[101] 又晉文公大會
諸侯於踐土，呼籲尊崇周天子，這是義的行為；約束各國勿相侵害，
這是仁的體現。如此強調二伯／霸的作為具有仁、義的特質，很大的
成分是為了回應宋儒的思想。廖平指出，宋儒根據孟、荀所謂的孔門
不道桓文、五伯／霸之語，遂以為孔孟都黜伯／霸道、崇王道，如此
一來不但抹殺了《春秋》的精神，不能理解孔子以《春秋》救亂世的
苦心，而且率天下之人傷害仁、義的真實內涵。因為假使學者高談王
道、德行，鄙棄武力、伯／霸功，將會致使國家積弱不振。既然廖平
不滿宋儒的崇王賤伯／霸思想，那麼對於這一思想的源頭——孟子的
王伯／霸之說如何看待呢？他以同情的角度理解孟子主張王道，認為
孟子所處的時代，戰國七雄彼此競相攻伐，需一有德之王者出而統

---

100 廖平學，黃鎔箋述，《五變記箋述》，頁562。
101 齊桓公援救燕、邢、衛三國的事跡始末，詳見《左傳》莊公三十年、三
十一年、閔公二年、僖公元年的記載；責楚不入貢之事，詳述於《左
傳》僖公四年。見杜預注，孔穎達疏，《左傳正義》，頁180，190-191，
194，197-198，201-203。

一，始能救民於水火。[102]他並未批評孟子的崇王黜伯／霸，相反的，
卻對持類似觀點的宋儒予以反駁，最重要的原因就在於行王、行伯／
霸非高下之別，重點在其「時」的問題。廖平一方面繼承清代漢學反
對宋學空談心性的傳統，另一方面也是將宋朝國力與近代中國的遭遇
作比擬，認為在弱勢的處境下，所學應「徵諸實用」，這與陳亮處在
南宋外侮之際，反對儒者「低頭拱手以談性命」的思想有異曲同工之
妙。不過廖平的特色是他將對治亂世的「伯／霸」學繫屬於孔子的
《春秋》，《春秋》的核心精神就是以孔子所託的二伯／霸功業昭示後
學，廖平認為這是過去注解《春秋》三傳的學者如何休、范寧（339-
401）、賈逵、杜預（222-284）都不曾真正體會的，所以他要「商榷
何、范，砭箴賈、杜」，[103]使學者瞭解孔子的《春秋》大義以徵諸實
用。廖平也注意到歷代以來的學術與世運的關係：

> 顧驗之往古，必先有學說發明於先，而後事蹟從而踐之。
> 「王伯之學」以內夏外夷為宗旨。故秦築長城，北却匈
> 奴。漢世繼踵，闢南越，降夜郎，通西域，征大宛。國威
> 遠播，號稱「天漢」。此博士明經之功也。新莽攝政，
> 「古學」初噪。無德用事，誤引周公之聖，謬法井田之
> 隆，……致使天下分裂。然中興以後，國勢不弱，猶縱橫
> 於蔥嶺東西，兵破安息，直抵波斯海灣，可謂盛矣！厥後
> 清談誤國，漸以不競；唐崇佛學，儒尚駢麗；宋宗道學，
> 黨派私爭；明始制藝；清代八股。皆於經學粉飾支葉，咸
> 非其本義。由是晉有五胡之亂，其卒也南北相持；唐有藩

---

102 廖平學，黃鎔箋述，《五變記箋述》，頁563。
103 廖平學，黃鎔箋述，《五變記箋述》，頁564。

鎮之禍，其終也五季傾軋；宋多內訌，而外患乘之，……
蒙古崛起；明阿同姓之私，頒《朱注》爲憲令，高談性
理，騖虛棄實；清承明敝，利用腐儒，安常守舊，傑出樸
學，字句瑣碎，……經術晦闇。迄於今日，邪說橫流。甚
謂「孔子畢生，海外未經遊歷，地球未嘗夢見。」將欲廢
孔毀經，別求宗主。此非孔經之咎，乃諸儒解經之咎
也。[104]

廖平推崇漢朝能夠向外開拓，國威遠播，這是西漢博士的「明經」之
功。到了王莽時代，推重古學，不能理解所謂「周公」之學，弄得天
下分裂。魏晉時期清談誤國，招來五胡之禍；唐朝崇尚佛學，也影響
國力，最後有藩鎮之亂，五代之間互相傾軋；宋朝宗奉理學，黨爭內
訌，外患入侵。明清實行八股，清朝又以樸學爲學術基調，使得經術
破碎晦暗，故於今國力衰弱，甚至出現廢經的「邪說」，這都是不了
解孔子經典的眞正意義。以上廖平推崇歷史上的霸功與陳亮的推崇漢
祖唐宗十分神似，不過廖平卻只有盛讚漢朝，不推唐朝，事實上盛唐
的武功並不亞於漢朝，何以他獨鍾於漢？其實廖平所鍾者在於西漢的
經術，認爲西漢能重視施行通經致用的今文經學，所以能使國力強
盛。

　　對於伯／霸業、事功的重視，晚清時期，在廖平之前的魏源
（1794-1856）亦曾注意到這個問題。魏源認爲後儒因爲孟子的「王、
伯／霸」、「義、利」之辨，遂以爲兵食之政、實業之事爲孔子門徒
所羞稱之事，不知古代聖人的理想皆欲以事功平治天下，否則空言心
性、恥言富強的「王道」將一無用處，所以他說自古「無不富強之王

---

104 廖平學，黃鎔箋述，《五變記箋述》，頁578-579。

道」。[105]不過魏源論「王」、「伯／霸」與廖平仍是有所不同，廖平是將「伯／霸道」、「王道」分成兩個階段，伯／霸道的階段先完成了，才能進入到王道的階段。但魏源是將「伯／霸道」併入「王道」的價值體系之內，有伯／霸功才能成就真正的王道。魏源、廖平兩人雖然對於王、伯／霸的詮釋方式有所差異，但對「伯／霸」的重新反省思考並從而推崇之的心念是相似的，這與晚清以來外患的刺激都有密切的關連。

中國傳統的政治思想，長期以來都以王道為追求目標，尚德而不以力治為然。近代以來，在西方列強的侵逼下，思想的一個重大轉向，是對富強的追求和對「力」的推崇，魏源是此一轉向的先鋒。自強運動時期，洋務派求「強」的指向則十分明顯。黃遵憲（1848-1905）在著於光緒十三年的《日本國志》中比較了中國傳統與西方對武力軍事的不同觀念，最後有了耐人尋味的看法。他雖然嘆息於西方的軍備對立，認同中國古聖人的深戒窮兵黷武，但卻話鋒一轉地說：「今日之事，苟欲禁暴戢兵，保大定功，安民和眾豐財，非講武不可矣。」[106]最終仍是無奈地體會到講武的必要。戊戌之後，康有為甚至明白的說「天道無知，惟佑強者」，只有兵強才能號稱文明，使人敬重。[107]光緒三十二年，學部頒佈了新式學堂的教育目標，提出「尚

105　魏源，〈默觚下‧治篇一〉，《魏源集》（臺北：鼎文書局，1978），頁 36。

106　黃遵憲著，吳振清等點校整理，《日本國志》（天津：天津人民出版社，2005），頁 533-534。

107　康有為，〈上海強學會後序〉，收入湯志鈞編，《康有為政論集》，頁 171。康有為，《物質救國論》，收入蔣貴麟主編，《康南海先生遺著彙刊》第 15 冊，頁 36。

公」、「尚武」、「尚實」、「尊孔」、「忠君」五項教育宗旨，[108]明白地揭示尚武精神，是儒家傳統以來所罕見的。這種現象還反映在當時教科書的內容上，根據沙培德（Peter Zarrow）的研究，清末民初一些歷史教科書的作者對於那些國勢強盛的朝代常給予很高的評價，甚至嚴酷的秦始皇，此時也被稱許其能夠保疆衛土。[109]廖平對霸功的重視，可以放在這樣的時代背景下來理解。

　　尚力的局面與心態也使傳統的道德觀念隨之轉變。當中國人漸漸地發現，在列強主導的國際秩序中，生存競爭原則是弱肉強食的刺激下，嚴復介紹的達爾文進化論在知識界很快地就產生了共鳴。其實嚴格說來，崇武尚霸並未背離原本儒家的道德理想，例如從儒家對商湯、周武王「弔民伐罪」的肯定觀念言之，儒家顯然並沒有絕對要放棄戰爭、純任道德的主張，只是使用「力」時，必須要以「德」為出發點。然而孟子的「尊王賤伯／霸」觀念經後世不斷的論述，特別是經過宋儒的發揚，已逐漸內化成為顛撲不破的傳統文化價值。[110]現在再回到廖平的語境來看，其實他所批評的，主要也是針對宋儒以來言心言性，不重武備、不切實際的侈談仁義。如果說廖平的崇武尚力並沒有脫離儒家本有的道德理想，那麼接下來要討論的是他如何主張以「譎而不正」的態度自處於國際社會，就是針對儒家的不足而思彌補或轉變的。

108　舒新城編，《中國近代教育史資料》上冊（北京：人民教育出版社，1961），頁220-226。

109　沙培德（Peter Zarrow），〈啟蒙「新史學」——轉型期中的中國歷史教科書〉，收入王汎森等著，《中國近代思想史的轉型時代》，頁72。

110　張啟雄，〈中華世界秩序原理的源起：近代中國外交紛爭中的古典文化價值〉，收入吳志攀、李玉主編，《東亞的價值》（北京：北京大學出版社，2010），頁110-111，140-142。

（二）伯／霸者應具備的特質：「譎而不正」更勝於「正而不譎」

　　廖平對於《春秋》二伯的齊桓公與晉文公，有一個很特殊的觀點。《論語‧憲問》載有孔子的兩句話：「晉文公譎而不正，齊桓公正而不譎。」廖平以此二句中，時代較後的晉文公置於句首，是嘉許晉文勝於齊桓之意。為何會以為孔子嘉許晉文，廖平認為從齊楚召陵之盟，以及晉楚城濮之戰二事來比較，就可以看出孰優孰劣。[111]「城濮」與「召陵」之事為何？又什麼是「譎」，什麼是「正」？從這兩句描述語所出的《論語》，以及《春秋》特別是《左傳》的齊桓、晉文史事及注解等資料中可以看到相關的論述，而廖平的觀點也多針對《左傳》的內容抒發己意，因此本文先呈現《左傳》、《論語》的說法，再進一步探討廖平所欲強調的重點所在。廖平始終以《左傳》為解經之書，致力於三傳會通，而且到晚年有更加重視《左傳》的傾向，視之為近代國際外交的參照，[112]故他對《左傳》的抉意，也是其以孔經面向世界的詮釋。

　　由於《論語》中，孔子沒有具體的指出齊桓、晉文的何種行為屬「正」或「譎」，因此後世的學者往往從記載二者事蹟最詳細的《左傳》作探討，去尋找孔子的本意。杜預注解《左傳》，兩次提到晉文公「譎而不正」，第一次是在敘述城濮之戰觸發的前因時。戰爭發生的原因，是本與楚國同盟的宋國叛楚，轉而與晉交好，楚國因而圍攻宋國，宋國遣使到晉國求援。晉的狐偃建議先攻擊楚新得的同盟國曹、衛，如此一來，楚必救之，就可以釋宋之圍。[113]於是晉文公伐曹

111　廖平學，黃鎔箋釋，《五變記箋述》，頁 563。

112　廖平，〈大同學說〉，頁 11-12。

113　參《左傳》僖公二十六年、二十七年傳文。見杜預注，孔穎達疏，《左

侵衛，拘執曹伯，卻不依例交給京師，而逕送至宋國，欲藉此激怒楚國，使其與己交戰。杜預稱晉文公此一行徑是孔子所謂的「譎而不正」。[114]杜預第二次提到晉文公「譎而不正」，是在城濮之戰剛結束時：

> 《春秋》：僖公二十八年，冬，公會晉侯、齊侯、宋公、蔡
> 　　　　　侯、鄭伯、陳子、莒子、邾人、秦人于溫。
> 　　　　　天王狩于河陽。
> 《左傳》：是會也，晉侯召王以諸侯見，且使王狩。仲尼
> 　　　　　曰，以臣召君，不可以訓。故書曰，天王狩于河
> 　　　　　陽，言非其地也。
> 杜預注：晉侯大合諸侯，而欲尊事天子以爲名義，自嫌強
> 　　　　大，不敢朝周，喻王出狩，因得盡群臣之禮，皆
> 　　　　譎而不正之事。[115]

城濮戰後，《春秋》經文於僖公二十八年條下記載：冬天，晉文公大會諸侯之師於溫，經文又繼續寫著：周天子到河陽狩獵。《左傳》解釋，這個盟會是晉文公召天子來溫，使諸侯朝見，且請天子狩獵；並引孔子之語說，以臣召君，不可以垂訓後世，所以《春秋》一改舊史的天子至溫受朝，故意書寫王到河陽狩獵。杜預注解以晉文公欲諸侯共尊事周天子，但當時周室已衰微，文公自嫌強大，若忽帥九國之師入京，恐啓人有篡奪之思，權宜之計，遂召眾諸侯共會於溫，諭令周天子出狩，其實是來此就會受朝。杜預以此等權謀之事皆爲「譎而不正」。

傳正義》，頁 264-267。
114　杜預注，孔穎達疏，《左傳正義》，頁 268。
115　杜預注，孔穎達疏，《左傳正義》，頁 269、276。

　　除了杜預以外，何晏（？-249）的《論語集解》也在出自《論
語‧憲問》的這兩句話下，引用鄭玄（127-200）的觀點，以「譎」
爲「詐」，認爲召天子來讓諸侯朝見，是使詐的方式，不值得稱許，
與杜預的看法類同。至於齊桓公的「正而不譎」，何晏引馬融（79-
166）的說法，認爲是表現在「責包茅之貢不入，問昭王南征不還」
的「公義」之上。[116]邢昺《疏》綜合申述道：

> 此章論二霸之事也。譎，詐也。謂晉文公召天子而使諸侯
> 朝之；是詐而不正也。齊桓公伐楚，實因侵蔡而遂伐楚，
> 乃以公義責包茅之貢不入，問昭王南征不還，是正而不詐
> 也。[117]

齊桓公伐楚發生在魯僖公四年，所持的原因是楚不向周天子進貢祭祀
所需的菁茅，以及周昭王巡守南方而不還的往事。邢昺（932-1010）
《疏》則點出了桓公最初源於私人恩怨侵蔡而遂伐楚的事實，卻仍然
認同馬融所說的「伐楚以公義」，出現了一種矛盾，而且齊桓公以久
遠前溺於漢水的周昭王不復作爲攻楚的口實，是否眞的心術純正而不
使詐，實令後人費解。然而不論齊桓公是正是譎的爭議爲何，總之，
前人均以孔子《論語》所說的「正」爲善，「譎」爲負面的評價；但
廖平的解讀則完全相反。

　　相較於前代學者的說法，廖平將晉文公的「譎」重點放在戰爭進
行的過程以及結果上，以此彰顯霸者所需具備的特質：

> 夫文譎桓正，孔子正據城濮、召陵之事比較優劣。晉用詭
> 謀以戰勝，（黃鎔注：《左氏》所載蒙馬曳柴等事，皆兵

116　何晏集解，邢昺疏，《論語注疏》，收入《十三經注疏》8，頁 126。
117　何晏集解，邢昺疏，《論語注疏》，頁 126。

家權謀用奇之術。臨事好謀，孔子所與。）齊僅責貢以蔽
事，（黃鎔注：《春秋》曰：「楚屈完來盟于師」。爲齊桓
諱。）聖意尊晉而抑齊，《春秋》書曰：「楚師敗績」，嘉
晉文也。故顚倒時代，先文後桓。宋儒主張「誠」
「正」，薄棄詭譎，既與聖評相反，又不識「九合」、「一
匡」褒獎霸功之意。[118]

晉楚城濮之戰，晉在戰爭過程中擅於權謀，諸如使用蒙馬、曳柴等詐
術，最後文公贏得一場全勝的戰役，聲勢威嚇，非華夏的楚難以敵
之。反觀齊、楚完成召陵之盟前的過程，是齊僅先以包茅不入貢的公
義責之，接著楚爲避齊鋒，遣使屈完請和；齊國見到楚的國力強盛，
不能用強力屈楚，只好在召陵與楚國結盟。廖平認爲這兩者相較之
下，優劣互見，《春秋》書晉楚城濮之戰曰：「楚師敗績」，足見嘉許
晉文公之武力聲威，但反觀《春秋》書齊楚召陵之盟曰：「楚屈完來
盟于師」，這是爲齊桓公的不夠強盛之屈辱而避諱。

　　「譎」勝於「正」的說法很特殊，儘管《韓非子・難一》曾有過
「戰陣之間，不厭詐僞」[119]的說法，卻從來不是儒家的主流思想，經
典更不曾主張操弄權謀式的爭鬥競強。但是廖平面臨的是一個兩難的
處境。若將廖平自身的經驗設成一個座標，那麼這個座標的此端是他
本有的學術與信仰背景，那是傳統以德化爲核心內涵的、「正而不
譎」的經典世界；然而座標的彼端卻是一個爾虞我詐、「譎而不正」
的國際局面，這兩端之間存在的是一個難以跨越的鴻溝。他在這兩端
之間尋求經典與現世的對話，找到的銜接橋樑就是《春秋》中的齊

118　廖平學，黃鎔箋釋，《五變記箋述》，頁563。
119　韓非，《韓非子》，收入《景印文淵閣四庫全書》第729冊（臺北：臺灣
　　商務印書館，1983-1986），頁737。

桓、晉文二伯／霸，何以選擇二伯／霸，這與《春秋》對二伯／霸的書法有關。孔子的政治理想雖是主張王道的以德服人，但春秋是一個亂世，諸侯相互爭戰，必須以強力維繫著國際秩序與國內和平。《春秋》中對於霸者的作爲常使用「實與而文不與」的書法，表達了在孔子看來，現實雖然並非合理，但這種局勢下，他對霸者的褒貶並不是善惡截然二分，也有肯定之處，這固不失爲中庸的理解現實態度，但是也有其模糊性。廖平緣於受晚清以來的刺激，相信孔子之道必能與時推移，他因著《春秋》之中孔子對於齊桓、晉文二伯／霸態度的模糊性，極力解釋爲孔子對霸道的推崇，把長期以來，特別是自宋儒以下，隱然被擯於儒家傳統主流之外的尚力思想用自己的方式重現到經典的眞理之下，賦予新義，再加入了傳統所未曾有過的質素：「譎」，說成是孔子對治亂世的大法，讓中國能立足於世界，這也不無重塑經典教義與儒學的意味。

從以上的論述，現在可以更清楚的比較出廖平思想的轉變之處。光緒二十九年以前，經學三、四變的時候，二伯的論述重視禮在國際秩序的重要性，中國爲諸夏，處在世界的中央，要以中國的經典用夏變夷。但是到了光緒三十二年的五變以後，本來是經學制度性的「二伯」轉變成了具霸者形象的「二霸」，由世界性的關懷轉成了對中國本身行霸的重視。再從《春秋》對世界與中國的教化方面來看，三變、四變時認爲中國已經完成了《春秋》的教化，而且到達美盛的狀況，《春秋》的功用只有對治西方，以中國爲榜樣撥正世界。但是五變後不再提《春秋》撥世界之亂，著重把重心放到中國之上，甚至不再認爲中國已經完成了《春秋》的教化，反而中國還需要《春秋》的霸道來引導，期能在世界中自強。

我們可以感受到廖平的思想從胸懷整個世界的秩序安排到悄悄地

轉變成以中國的強盛爲最重要的關注焦點，這種思想的發展是有跡可尋的。他稍早建構「大〈王制〉」期望取代《萬國公法》時，就已經認識到國際間是一個強凌弱、眾暴寡的現實，在這種體悟下，逐步走向強調振興中國的武力，就成爲一個必然的導向。其次，他的轉變也很可能受了外在政局與思潮的影響。光緒三十一年日俄戰爭爆發，日本打敗俄國，在中國士紳眼中這是立憲優於帝制的明證，於是中國士紳欲模仿日本建立君主立憲的民族國家勢不可擋。立憲派爲了有效抵制以「排滿」爲重要特徵的革命浪潮，強調中國各民族具有共同的利益關係、命運和責任，對無論是否認同立憲的漢族人民省思中國各民族一體化之「文化民族主義」或「國族」的歷史趨勢產生積極影響。光緒三十二年正是清廷預備立憲開始的第二個年頭，清廷和廣大士紳主張儒家文化是民族認同符號，民族國家通過立憲建立，主權爲立憲國家所擁有，表明中華帝國在「文化民族主義」支配下有迅速向現代民族國家轉化的傾向。[120]或許這種時代的氛圍正是促成廖平在光緒三十二年後，關切焦點從「天下」轉移至「中國」本身的重要契機。不過廖平還沒有使用到「民族主義」這樣的詞彙，也還沒有走到那一步，因爲他最終極的目標仍然是世界一統。必須要理解的是，廖平的思想雖然有變化，但是沒有斷裂，並觀他同時期（五變時期）的其他著作，例如從《孔經哲學發微》、《世界哲理箋釋》的內容來看，他從來沒有放棄過以孔經化導世界、「用夏變夷」的理想。對他來說，行霸是「小康」時期的實踐目標，但是引領世界進於未來的文明也是

---

120 黃興濤，〈現代「中華民族」觀念形成的歷史考察——兼論辛亥革命與中華民族認同之關係〉，收入劉鳳雲、劉文鵬編，《清朝的國家認同——「新清史」研究與爭鳴》（北京：中國人民大學出版社，2010），頁277，279-281。

要同時並進的，[121] 最終不止是要中國的強盛，而且要追求世界大同，所以他同時強調：「以大同爲精神，以小康爲實用，因時制而爲，此議切要，尤在化其自私自利之舊習，而以聖學大同爲歸宿云。」[122] 這是傳統知識分子關懷整個天下的精神。[123] 儘管如此，我們仍必須強調，這個「平天下」的目標在光緒三十二年以後被他挪到更遙遠的未來是一個事實，以中國行「伯／霸」爲當務之急，當下就必須要實行從前儒者所罕言的「霸」，要讓中國即刻就能立足於世界。相較於廖平思想前期，這是一個很大的轉變與特色，當下的重點是本國的強盛，而非平治天下（世界），他透過經典的語言呈現出此一意向。

　　本文也觸及了一個歷史問題，即經學在近代中國轉型過渡時期的蛻變情況。經學在近代的衰退爲勢之必然，已是一個公認的事實。原本儒家的眞精神、儒學的生命力，體現在以經典經世的一面，包括經學對世道人心的規範，也包括其對實際政治的指導。近代以降，西學東漸，種種的原因造成經學的致用功能急遽地弱化，目前學界的相關研究，偏重於從「由經化史」的角度探詢此一經學蛻變的內容。不過從本文的析論來看，由經入史並不必然就是經學嬗變過程中的唯一路

---

121 詳見廖平學，黃鎔箋釋，《世界哲理箋釋》（四川存古書局鐫，1921）。
122 廖平，〈大同學說〉，頁13。
123 近代學人一方面主張切近現實、尚武敵愾的國家主義（或民族主義），一方面又擺盪於崇尚未來理想的世界主義，是一個時代的特色。見羅志田，〈理想與現實——清季民初世界主義與民族主義的關聯互動〉，收入王汎森等著，《中國近代思想史的轉型時代》，頁279-283。廖平未曾使用「世界主義」與「國家主義」的辭彙，也不能確定他在清末民初是否已經接受了這樣的新概念，但是他追求地球「大統」或世界「大同」，則與「世界主義」的理想若合符契；主張中國行霸，又略帶有「國家主義」的意味。廖平的思想體現了這樣的時代思潮特色，但也有自己的獨特性。

線，廖平與康有爲都是在經學權威遭遇時勢的逼迫挑戰之後，努力的要回復、強化過往經學治國、平天下的致用功能，以此重建經學的信仰，顯示了欲維繫經學命脈的用心。然而如此的挽留經學，仍難以讓經學的頹勢命運得到重生，因世局的遽變已經不是傳統經典的觀念所能回應。廖平、康有爲各自要將吸取自當代的價值觀與政治主張注入孔經之中，孔經信息的增殖變得無所不能，經典的意義已經遠超出了一定的範圍，難以達成共識，也無法爲多數的學者所接受。例如《公羊》的三世說，廖、康的詮釋可以導出全然不同的政治理念；就廖平本身的解經過程來看，面對世局與一己想法的轉變，他對「二伯」的理解也可以有全然不同的面貌。因此經學若要在近代脈絡下重新讓它成爲致用之學實屬窒礙難行，但從學術變遷的角度來說，廖平固守經學的困境也是經學的近代轉化過程所呈現的重要特色之一。

六、結論

　　近代中國思想史上有一個從「天下」到「世界」的進程。「世界」這個新詞彙的認知既是地理的，也蘊入了來自西方政治的和文化的價值觀念，它逐漸取代了過往以中國居於中心的「朝貢體系」爲基本框架下的「天下」觀念。然而對晚清人而言，該如何爲中國在世界中尋求定位，卻是一個焦慮徬徨的過程。特別是在甲午戰後，中國處於被歐美欺凌歧視之列，被世界邊緣化甚至不曾「進入」世界的感受也日漸深刻。以晚清《公羊》家的代表性人物康有爲爲例，他內心的版圖中，屬「文明」的「諸夏」已成了歐美，而中國則大致落於「夷狄」的一邊，因此如何進入世界以成新「諸夏」的一員是迫切的渴望，對康氏而言，政體的改變正是扭轉中國在世界中的位置相當重要

的一個關鍵。然而廖平的思想所展現的，卻是另一種如何為中國重新定位的典型。

　　美國學者約瑟夫・列文森（Joseph R. Levenson, 1920-1969）在《儒教中國及其現代命運》中提到廖平的學術時指出，從事公共活動的儒家，例如薛福成（1838-1894），經常到書中去尋找「我們要做什麼」這樣的問題，而像廖平這樣「脫離實際」的儒家則問「我們是什麼」，或「我們在哪裡」。因此列文森視廖平的儒學與現實分離，是一個空談、缺乏積極性的表徵。不過筆者認為，廖平要說的「我們是什麼」或「我們在哪裡」，正是值得我們探討之處，因為它透露了一個傳統的知識分子於世變之際，怎麼看待自身的價值，以及所要堅持的是什麼，透過廖平的研究，可以更細緻地思考這個問題。

　　廖平在詮經的過程中不斷地吸納時代新知，進化論、《萬國公法》、《佐治芻言》、盧梭與孟德斯鳩的西方民主學說、革命派刊物（如《新中國》、《浙江潮》）、甚至世界主義、民族主義都是他閱讀世界的一部分與關注的時代議題。但是他最重視的仍然是傳統文化的關懷，「三綱」倫常及以此倫常為基礎的皇權體制是廖平的堅持與信仰，認為西方沒有經典以倫常為基礎的禮意和禮制引導，因此公法也不能改變弱肉強食的國際現實。說得更仔細些，中國在政治制度方面本身沒有什麼問題，是西方缺乏經典的沾被，故心術質野造成諸多的侵略與紛爭。現在改革者無論是立憲或革命派反而要去掉足以作為普世價值的本有文化根荄以跟從西方，這才是他所痛心，視為本末倒置的事，他真正憂懼的是文化、三綱的陵夷。這也可說是近代《公羊》學者思想內部另一種方向的關懷，而以往較為人們所忽略者。

　　長久以來，我們容易有一種觀念，以為晚清《公羊》學者的政治立場往往是變政的主張。廖平的確在「新學偽經」、「孔子改制」的

層面上啓發過康有爲，但是孔子所改之「制」是什麼，以及如何爲中國與世界提出一個理想的未來，廖、康兩人的觀點卻有很大的差異。廖、康同樣託於孔子的《春秋》以作爲世界性的普遍眞理，但價值觀上康有爲可說是傾向於「變中國以從西方」，引西方民權的理念，先主張君民共主的立憲，認爲惟有改變政體才不致於落入世界的邊緣與「夷狄」的命運，接著要過渡到民主，終極理想是無階級的大同。廖平可說是較接近於「變西方以就中國」，要將以三綱爲精神、〈王制〉爲架構的天子、諸侯體制普及於世，安排有禮有序的理想國際秩序，改變當今西方的國際體系，讓世界成爲一個具尊卑禮讓的倫理共同體。也因著中國有三綱倫理爲主體的經教，故能成爲世界的「諸夏」，立足於中心的地位，從來不曾被邊緣化。因此廖、康兩人的孔子改制內容並不同調，這是植根於倫理觀的差異有以致之，故本文的研究也點出了近代《公羊》學者內部思想、政治理念的多元面相。

　　傳統經學重三綱，導向以王權爲尊的價值觀，因此廖平要「挽救」三綱倫常，推尊王權，對於西方不同價值系統的制度，自是不易接納。因此廖平很少提出一套具體因應中國當前的制度，與他憂懼文化、三綱的陵夷正是他思想的一體兩面。因此要以經學作爲致用之學來轉化近代中國的危機有其根本上的難行之處。而另一方面，康有爲以西方的制度精神套入經學，又改變了傳統經學本有意涵，有「變中國以從西方」之嫌，因此廖、康詮釋經學的不同模式都同樣可以說明經學作爲治國、平天下之學在近代的歷史下有其困境。

　　最後，透過廖平經學的研究，可以看到在世變的大環境下，經義的詮釋也在不穩定的狀態之中，可以有完全不同方向的解釋。本文所敘述的廖平從平天下式的制度性「二伯」之世界關懷到聚焦中國之「二伯／霸」的轉變，或是從傳統崇尚「正」到推崇「譎」的思想轉

變，不無轉化或改造經學原有價值觀的意味，都有深刻的時代烙印在其中。時代在變動，關懷時代的經學家廖平的思想也在變動中，經學詮釋也跟著隨時轉變，「變」的過程無非是要讓孔子的教化能夠適應新的時代，把新的價值觀不斷的揉進「孔經」之中。因此廖平的經學，思想史的意味重於學術上求眞的價值，本應具有恆常性的「經義」在他的生命歷程中所展現的從來都不是鐵板一塊。由於孔經信息的增殖變得無所不能，經典的意義已經遠超出了一定的範圍，難以達成共識，也無法爲多數的學者所接受。因此經學若要在近代脈絡下重新讓它成爲致用之學實屬窒礙難行，但從學術變遷的角度來說，廖平固守經學的困境也是經學在近代轉化過程所呈現的重要一環。

Liao Ping's View of China's role in the World Order——The Ideal of *Erbo* (The Two Ministers) in the *Spring and Autumn Annals*

Tsai-ying Wei

Abstract

Living in what he regarded as the age of disorder and confusion, Liao Ping criticized the existing international order based on the western values and the principle of force. Liao drew on the Confucian classics and attempted to map out a new scheme derived from the concept of *Erbo* (the two ministers) in *Chunchiu* (Spring and Autumn Annals), trying to redefine the role of China in the world. In Liao's thought, the world will achieve actual unity, and China has to respond this possible future by adapting the proper form of government. Liao's proposal reflected his own view of ethics, distinct from both the constitutional monarchy advocated by Kang Youwei and the revolutionist theories popular at the time. Responding to changes in world politics, Liao's interpretation of *Erbo* was flexible, giving the concept a new interpretation.

The thought of Liao epitomizes the transformation of the classical studies in the late Qing. At the turn of the century, the governing function of Confucian study was being challenged; Liao's effort to adapt classics to the new political environment and restoring the classic idea of rightly governing the state and making the world at peace was inadequate for the task. However, Liao's thought played an important role in the transformation of modern intellectual life and learning in China.

Key words: Liao Ping, Modern classical studies, Modern thought, Chinese conception of world, World view, International law

徵引文獻

丁亞傑，《清末民初公羊學研究——皮錫瑞、廖平、康有爲》，臺北：萬卷樓
　　圖書公司，2002。

丁韙良，《中國古世公法》，愼記書莊石印，1897。

于寶軒編，《皇朝蓄艾文編》，臺北：臺灣學生書局，1965。

孔安國注，孔穎達疏，《尚書正義》，收入《十三經注疏》第 1 冊，臺北：藝
　　文印書館，1989。

毛亨傳，鄭玄箋，孔穎達正義，《詩經正義》，收入《十三經注疏》第 2 冊。

王汎森等著，《中國近代思想史的轉型時代》，臺北：聯經出版事業公司，
　　2007。

王明珂，《華夏邊緣：歷史記憶與族群認同》，臺北：允晨文化出版公司，
　　1997 年。

田　浩（Hoyt C. Tillman）著，姜長蘇譯，《功利主義儒家——陳亮對朱熹的
　　挑戰》，江蘇：江蘇人民出版社，1997。

朱　熹，《四書或問・孟子或問》，京都：中文出版社，2001。

朱浩毅，〈《春秋》三傳對「霸／伯」的理解及其詮釋問題〉，《史學彙刊》，
　　20（臺北，2005），頁 17-40。

吉澤誠一郎，〈康有爲的幾何公理：《實理公法全書》與追求普遍眞理之夢
　　想〉，收入黃寬重主編，《基調與變奏：七至二十世紀的中國》，第 2
　　冊，臺北：國立政治大學歷史系，2008，頁 325-337。

何　休，《春秋公羊經傳解詁》，北京：中華書局，1987。

何晏注，邢昺疏，《論語注疏》，收入《十三經注疏》第 8 冊。

宋育仁編，《采風記》，光緒二十三年刻本。

杜預注，孔穎達疏，《左傳正義》，收入《十三經注疏》第 6 冊。

沙培德（Peter Zarrow），〈啓蒙「新史學」——轉型期中的中國歷史教科
　　書〉，收入王汎森等著，《中國近代思想史的轉型時代》，頁 51-80。

汪　暉，《現代中國思想的興起》，北京：三聯書店，2008。

周振鶴，〈一度作爲先行學科的地理學——序《晚清西方地理學在中國》〉，
　　收入鄒振環，《晚清西方地理學在中國——以 1815 年至 1911 年西方地理
　　學譯著的傳播與影響爲中心》，上海：上海古籍出版社，2000，頁 1-7。

金觀濤、劉青峰，〈19 世紀中日韓的天下觀及甲午戰爭的爆發〉，《思想》，3
　　（臺北，2006），頁 107-128。

＿＿＿＿＿＿＿＿，〈從「天下」、「萬國」到「世界」——晚清民族主義形成

的中間環節〉,《二十一世紀》,94(香港,2006),頁40-53。

段熙仲,〈《公羊》春秋「三世」說探源〉,收入《中華文史論叢》第四輯,北京:中華書局,1963,頁67-76。

洪巳軒,〈荀學要義——以「三辨之學」爲主軸〉,《孔孟月刊》,42：10(臺北,2004),頁39-47。

胡薇元,《公法導原》,光緒二十六年刻本。

———,《詩緯訓纂》,收入《玉津閣叢書》甲集5,清光緒至民國間刊本。

范寧集解,楊士勛疏,《春秋穀梁傳注疏》,收入《十三經注疏》第7冊。

徐仁鑄,《輶軒今語》,收入唐才常、李鈞鼐等著,《湘學報》第31冊,長沙:湘學報社,光緒23-24年。

徐興無,〈儒家思想與近代國際法的「格義」——讀丁韙良《中國古世公法論略》與胡薇元《公法導源》〉,發行日期2010/3/11,http://aiwk.sysu.edu.cn/A/?C-1-65.Html(2011/6/30)。

格致書院編,《格致書院課藝》,上海圖書集成印書局印,1898。

高承瀛等修,吳嘉謨等纂輯,《光緒井研志》,臺北:臺灣學生書局,1971。

屠仁守,〈屠梅君侍御與時務報館辨闢韓書〉,收入蘇輿撰,楊菁點校,《翼教叢編》,臺北:中央研究中國文哲研究所,2005,頁130-139。

康有爲,《七次上書彙編》,收入蔣貴麟主編,《康南海先生遺著彙刊》第12冊,臺北:宏業書局,1976。

———,《日本書目志》,收入蔣貴麟主編,《康南海先生遺著彙刊》第12冊。

———,《物質救國論》,收入蔣貴麟主編,《康南海先生遺著彙刊》第15冊。

———,《孟子微·中庸注·禮運注》,北京:中華書局,1987。

———,《春秋筆削大義微言考》,收入蔣貴麟主編,《康南海先生遺著彙刊》第7-8冊。

———,《論語注》,收入蔣貴麟主編,《康南海先生遺著彙刊》第6冊。

張之洞,《勸學篇》,臺北:文海出版社,1967。

張啓雄,〈中華世界秩序原理的源起:近代中國外交紛爭中的古典文化價值〉,收入吳志攀、李玉主編,《東亞的價值》,北京:北京大學出版社,2010,頁105-146。

梁啓超,《飲冰室文集》之三,《飲冰室合集》1,北京:中華書局,1989。

章清,〈晚清「天下萬國」與「普遍歷史」理念的浮現及其意義〉,《二十一世紀》,94(香港:2006),頁54-62。

———,〈晚清中國認知「天下」的基調與變奏〉,收入黃寬重主編,《基調與變奏:七至二十世紀的中國》,第3冊,頁311-331。

郭嵩燾,《郭嵩燾日記》,長沙:湖南人民出版社,1982。

陳熾,《庸書》,上海書局石印本,1897。

陳亮撰，鄧廣銘點校，《陳亮集》增訂本，北京：中華書局，1987。

陳美錦，〈反孔廢經運動之興起（1894-1937）〉，臺北：國立臺灣大學歷史研所碩士論文，1991。

惠頓著，丁韙良譯，《萬國公法》，上海：上海書店出版社，2002。

湯志鈞編，《康有為政論集》，北京：中華書局，1981。

舒新城編，《中國近代教育史資料》上冊，北京：人民教育出版社，1961。

黃興濤，〈現代「中華民族」觀念形成的歷史考察——兼論辛亥革命與中華民族認同之關係〉，收入劉鳳雲、劉文鵬編，《清朝的國家認同——「新清史」研究與爭鳴》，北京：中國人民大學出版社，2010，頁267-293。

黃遵憲著，吳振清等點校整理，《日本國志》，天津：天津人民出版社，2005。

楊　菁，〈導言〉，蘇輿撰，楊菁點校，《翼教叢編》，臺北：中央研究中國文哲研究所，2005。

雷瑨編輯，《中外策問大觀》，硯耕山莊石印，1903。

廖　平，〈大同學說〉，《中國學報》，8（北京：1913），頁1-14。

＿＿＿＿，《大統春秋公羊補證》，則柯軒再版，1906。

＿＿＿＿，《孔經哲學發微》，收入李耀仙主編，《廖平選集》上冊，成都：巴蜀書社，1998。

＿＿＿＿，《何氏公羊解詁三十論》，收入李耀仙主編，《廖平選集》下冊。

＿＿＿＿，《知聖篇》，收入李耀仙主編，《廖平選集》上冊。

＿＿＿＿，《知聖續篇》，收入李耀仙主編，《廖平選集》上冊。

＿＿＿＿，《春秋左氏古經說疏證》，收入李耀仙主編，《廖平選集》下冊。

＿＿＿＿，《皇帝疆域圖》，成都存古書局刊本，1915。

＿＿＿＿，《起起穀梁廢疾》，收入李耀仙主編，《廖平選集》下冊。

＿＿＿＿，《經話（甲編）》，收入李耀仙主編，《廖平選集》上冊。

＿＿＿＿，《穀梁春秋經傳古義疏》，成都鴻寶書局刊本，1930。

＿＿＿＿學，黃鎔箋述，《五變記箋述》，收入李耀仙主編，《廖平選集》上冊。

＿＿＿＿學，黃鎔箋釋，《世界哲理箋釋》，四川存古書局鐫，1921。

廖幼平編，《廖季平年譜》，成都：巴蜀書社，1985。

熊月之，《中國近代民主思想史》，上海：上海社會科學院出版社，2002。

＿＿＿＿，《向專制主義告別》，香港：中華書局，1990。

劉禾著，陳燕谷譯，〈普遍性的歷史建構：《萬國公法》與19世紀國際法的流通〉，《視界》第1輯，石家莊市：河北教育出版社，2000，頁64-84。

鄭玄注，孔穎達疏，《禮記正義》，收入《十三經注疏》第5冊。

鄭觀應，《易言》，收入夏東元編，《鄭觀應集》上冊，上海：上海人民出版社，1982。

黎靖德編輯，《朱子語類》，臺北：大化書局，1988。

蕭公權著，汪榮祖譯，《康有為思想研究》，臺北：聯經出版事業公司，1988。

賴溫如，《晚清新舊學派思想之論爭：以《翼教叢編》為中心的討論》，臺北：花木蘭出版社，2008。

鍾月岑，〈科學、生物政治與社會網脈：近代中國優生學與比較研究取徑之反省〉，《古今論衡》，22（臺北，2011），頁 67-81。

韓　非，《韓非子》，收入《景印文淵閣四庫全書》第 729 冊，臺北：臺灣商務印書館，1983-1986。

韓　愈，《韓昌黎集》，臺北：河洛圖書出版社，1975。

魏　源，《魏源集》，臺北：鼎文書局，1978 年。

魏怡昱（綵瑩），《孔子、經典與諸子──廖平大統學說的世界圖像之建構》，《經學研究集刊》，3（高雄，2007），頁 111-138。

羅志田，〈理想與現實──清季民初世界主義與民族主義的關聯互動〉，收入王汎森等著，《中國近代思想史的轉型時代》，頁 271-314。

＿＿＿＿＿，〈學戰：傳教士與近代中西文化競爭〉，《民族主義與近代中國思想》，臺北：東大圖書公司，1988，頁 119-147。

譚嗣同，《仁學》，收入《譚嗣同全集》，臺北：華世出版社，1977。

嚴　復，《嚴幾道詩文鈔》，臺北：文海出版社，1966。

Jansen, Marius. "Konoe Atsumaro," in Akira Iriye ed., *The Chinese and the Japanese: Essays in Political and Cultural Interactions*. Princeton, NJ: Princeton University Press, 1980.

＿＿＿＿＿＿. *Japan and China: From War to Peace, 1894-1972*. Chicago: Rand McNally College Publishing Company, 1970.

【論著】

靈學與近代中國的知識轉型——民初知識分子對科學、宗教與迷信的再思考[*]

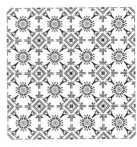

黃克武

美國史坦福（Stanford）大學歷史系博士，現任中央研究院近代史研究所研究員兼所長、臺灣大學與臺灣師範大學歷史系兼任教授。主要研究領域爲中國近代史。主要著作：《一個被放棄的選擇：梁啓超調適思想之研究》、《自由的所以然：嚴復對約翰彌爾自由思想的認識與批判》、*The Meaning of Freedom: Yan Fu and the Origins of Chinese Liberalism*、《惟適之安：嚴復與近代中國的文化轉型》、《近代中國的思潮與人物》；並編有《公與私：近代中國個體與群體的重建》（與張哲嘉）、《畫中有話：近代中國的視覺表述與文化構圖》、《遷臺初期的蔣中正》、《海外蔣中正典藏資料研析》與《重起爐灶：蔣中正與1950年代的臺灣》等書。

* 本文爲中央研究院主題計畫：近代中國知識轉型與知識傳播，1600-1949之分支計畫：「近代中國的靈學研究」之部分研究成果。作者感謝張壽安教授所領導之主題計畫團隊成員之多方協助，同時也感謝兩位匿名審查人細心審閱與指正。

靈學與近代中國的知識轉型——
民初知識分子對科學、宗教與迷信的
再思考

摘要

　　清末民初中國的知識界是一個從傳統到現代的過渡階段，可謂經學沒
落與科學興起，或所謂「世俗化」（secularization）的發展；然而近代中
國世俗化的過程頗爲曲折，如果僅從線性、目的論式的進程，亦即重視物
質之實證科學逐漸成爲研究典範之角度來觀察，往往會忽略一些複雜的面
向。本文之主旨在藉著對民初靈學的討論，來反思近代中國知識轉型與世
俗化等議題。文中所謂的「靈學」是指探討靈魂、心靈溝通、特異功能、
死後世界等議題的學問。二十世紀初年，中國知識分子有關「靈學」的辯
論大致上源於1917年成立的「上海靈學會」及其出版的《靈學叢誌》
（1918-21），此後如陸費逵、俞復、嚴復、梁啓超、林宰平、胡適、陳大
齊等人，各自對科學、哲學、宗教、迷信等觀念之界定與靈學是否爲科學
等議題進行了激烈的討論，而提出不同的看法。靈學的支持者認爲它是最
先進的科學；反對者則認爲它具有宗教色彩，甚至是屬於「迷信」或魔
術。靈學與催眠術緊密關連，文中亦分析兩者之關系，和催眠術的「科
學」宣稱。最後則略述1923-24年「科學與人生觀論戰」（亦稱「科玄論
戰」）中雙方使用之語彙和概念，如何受到靈學議題的影響，因而形成了
思想上持續性的發展。靈學所引發的辯論一方面深化人們對科學、宗教、
迷信等議題之認識，另一方面也顯示在近代中國，科學作爲一種知識範
疇，一直是多元、模糊且游移的，並與宗教、迷信等概念相互界定。中國
近代知識轉型是一幅複雜紛陳、充滿矛盾的歷史圖像。

關鍵字：上海靈學會、宗教、迷信、科學、催眠術、科玄論戰

一、前言

　　清末民初中國的知識界是一個從傳統到現代的過渡階段，簡單地說，可謂經學的沒落與科學的興起，或說是「世俗化」（secularization）的發展。然而近代中國世俗化的過程頗為曲折迂迴，如果僅從線性、目的論式的進程，亦即重視物質的實證科學逐漸成為研究典範之角度來觀察，往往會忽略一些複雜的面向。[1]同時，在「啟蒙」論述的籠罩下，一些與啟蒙作用不直接相關的西學，往往甚少受到學者之關注。其實，清末民初打著「科學」的名號傳入中國的西方「先進」學問，不但有大家所熟知的正規學科，如數學、物理、化學、生物、醫學等，也有各式各樣具有神奇色彩的新知，其中以目前學科分類中屬於心理學與宗教研究的靈學、妖怪學、仙佛與鬼影照相、催眠術、轉桌術、靈魂製造機、返老還童術等，尤其膾炙人口，曾吸引了許多人的注意。隨著這些西方奇技之引入，引發了人們對科學、宗教、迷信等議題的爭論。何謂科學？何謂宗教？何謂迷信？這些議題是清末之前

1　世俗化即是馬克斯・韋伯（Max Weber）所謂的「理性化」與「除魅」（disenchantment）的過程，意指在科學理性的引導之下，人類逐漸消除宗教迷信，進入一個理性的科學時代。近代中國的世俗化意指傳統之中以「天地人」之觀點來看的具有超越、宗教意義的「人」（Man），被科學所定義的人所取代，而且此一定義中運用了大量新的詞彙，如「歷史」、「社會」、「文化」等。Charles Taylor 與 Talal Asad 有關西方世俗化過程的研究即顯示此一過程頗為複雜。Charles Taylor, *A Secular Age* (Cambridge Mass.: The Belknap of Harvard University Press, 2007). 他強調在現代社會之中，隨著科學、民主的進展，宗教信仰並未退居生活的邊緣。此外 Talal Asad, *Formations of the Secular: Christianity, Islam, Modernity* (Stanford: Stanford University Press, 2003) 也指出世俗並不是一個與宗教與理性相對的一個概念，它具有多重的歷史背景，並與現代性、民主、人權等議題密切相關。

的中國知識界所不曾出現的。

　　本文以靈學爲中心來探討近代中國的知識轉型，並以此反思「世俗化」的曲折過程。本文所謂的「知識」並非實證性、物質性的科學，而是有更廣的意涵。「知識」（knowledge）與「信仰」（faith）或個人的「意見」（opinion）不同，意指「合理的觀念」或是柏拉圖（Plato）所謂「有道理而能配合眞理的信念」（justified true belief），而合理與不合理的區別，往往因學派、時代與文化而異。知識也包括「智慧」，亦即針對人生終極問題所提出的看法。這樣一來，科學知識或實證性的知識，只是知識範圍中的一部份。這一種對知識的定義與孔恩（Thomas Kuhn, 1922-1996）所謂的「典範論」，以及知識社會學（sociology of knowledge）所主張知識是社會的「建構」也是一致的。[2]

　　「靈學」（spiritualism or psychical research）即「心靈學」或「靈魂之學」，是指探討靈魂、心靈溝通、特異功能、死後世界等議題的學問。[3]在上述的定義之下，靈學因同時具有信仰與科學雙重色彩，它

2　Thomas S. Kuhn, *The Structure of Scientific Revolutions*（Chicago: University of Chicago Press, 1962）. 知識社會學的興起、發展與知識史的研究取向，請參考 Peter Burke, *A Social History of Knowledge: From Gutenberg to Diderot*（Cambridge Mass.: Polity Press, 2002）.

3　「靈魂」一詞爲傳統詞彙，不過在古籍之中並不多見，中央研究院的「漢籍電子文獻資料庫」中有五個例子：分別見《漢書》、《三國志》、《三遂平妖傳》（馮夢龍著）、《元刊雜劇三十種》（寧希元校點）、《鏡花緣》。後來西方 soul 的觀念傳入中國，在傳教士編字典之中該字被翻譯爲「魂」、「靈」或「靈魂」。例如羅存德（Wilhelm Lobscheid）的 *An English and Chinese Dictionary*《英華字典》（Hong Kong: Daily Press, 1866-1869）即將 soul 翻譯爲「靈魂」，見頁1637。有關中國早期的靈魂觀念見余英時，〈魂歸來兮——論佛教傳入以前中國靈魂與來世觀念的轉變〉，收入氏著，侯旭東譯，《東漢生死觀》（上海：上海古籍出版社，2005），頁127-153。

是否能納入「知識」（如心理學）的範疇就成為許多人討論的議題。這也顯示如果我們不以實證科學作為知識之定義，知識就成為一個範疇開放與邊界模糊的概念，知識史所處理的課題其重點就不在於判定何者為「真知識」、何者為「偽知識」（如「偽科學」是中國大陸許多馬克思主義者所採用的概念），而是更關注於「知識」宣稱與相互辯論的歷史過程。[4]

有關「靈學」與近代中國的知識轉型一課題，2007年時筆者曾以「上海靈學會」為例，探討1917-1920年間靈學在中國社會的起源，以及五四新知識分子在《新青年》等雜誌上對靈學之批判，然而對於上海靈學會之思想面向、後期的發展，以及靈學對中國知識界的衝擊等議題，該文則較少著墨。[5]本文將參酌一、二手史料（尤其是利用近年之數位資料庫），一方面描寫與分析上海靈學會與相關的一些現象（催眠術、扶乩等）之歷史發展及其思想立場，另一方面則以二十世紀初年，中國思想界有關「靈學」議題的討論為中心，環繞著嚴復（1854-1921）、梁啟超（1873-1929）、胡適（1891-1962）、陳大齊（1886-1983）、林宰平（1879-1960）等人之觀念，探究知識轉型的過程。拙文的焦點為：近代中國靈學之源起、發展及其對於知識轉型的影響，尤其探討在靈學的衝擊之下，人們對科學、哲學、宗教、迷信

4　「偽科學」的背後有科學主義（scientism）的預設。許多大陸學者採用此一概念來討論靈學，見涂建華，《中國偽科學史》（貴陽：貴州教育出版社，2003）。

5　黃克武，〈民國初年上海的靈學研究：以「上海靈學會」為例〉，《中央研究院近代史研究所集刊》，55（臺北，2007），頁99-136。近年來有關近代中國靈學的歷史已有一些研究，參見鄭國、泮君玲，〈關於民初中國靈學問題研究的綜述與展望〉，《科學與無神論》，6（北京，2008），頁48-52。

等觀念之界定所形成的思想光譜，以及如何爭取對「科學」之詮釋
權，並將自己所反對的觀點界定為「迷信」或魔術。清末民初靈學之
議題對1923-24年「科學與人生觀論戰」（或稱「科玄論戰」）產生了
重要的影響。過去許多學者都曾研究過科玄論戰，[6]但少有人注意到無
論是科學派，或這些人所批評的「玄學鬼」，在語彙與觀念上都受到
靈學議題的衝擊，因而形成了從靈學辯論到科玄論戰的持續性發展。
五四之後，此一爭端並未止息，科學與靈學之間的張力一直延續到今
日，成為我們認識近代中國歷史文化變遷的一條重要線索。

二、中西文化交流與近代中國靈學研究的興起

近代中國的靈學研究雖有本土的淵源，然其源起則直接受到西方
的影響。在18世紀末年，奧地利人美士馬（Franz Anton Mesmer,
1734-1815）發明「動物磁性說」（animal magnetism），相信動物之間
的磁氣可以相互影響，藉此引發出一種睡眠狀態，並依此術來治病，
這種方法後來成為現代催眠術的一個源頭。他的主要理論是人類由肉
體、精神、靈魂三者所組成，肉體與靈魂不相屬，要靠精神來做媒
介，而精神與靈魂可與肉體分開。[7]其後英國、法國與美國等地都有人

6　如林毓生，〈民初「科學主義」的興起與含義：對民國十二年「科學與
　　玄學」論爭的省察〉，收入氏著，穆善培譯，《中國意識的危機：「五四
　　時期」激烈的反傳統主義》（貴陽：貴州人民出版社，1988），頁301-
　　333。葉其忠，〈從張君勱和丁文江兩人和〈人生觀〉一文看1923年「科
　　玄論戰」的爆發與擴展〉，《中央研究院近代史研究所集刊》，25（臺
　　北，1996），頁211-267；〈1923年「科玄論戰」：評價之評價〉，《中央
　　研究院近代史研究所集刊》，26（臺北，1996），頁179-234。
7　有關Mesmer在18-19世紀法國史上的地位，請見Robert Darnton, *Mesmerism
　　and the End of the Enlightenment in France*（Cambridge Mass.: Harvard

研究催眠術，並將催眠術與心靈、精神、靈魂之研究逐漸結合在一起。至1850、1860年代，英國學者開始從事所謂「靈學研究」（psychical research），1882年2月20日，「靈學研究會」（Society for Psychical Research）在英國倫敦正式成立，這一派的學者研究心理感通或靈魂之間的溝通，認為人在死後靈魂繼續存在，而且可以透過各種方式降臨人世。這樣一來，靈學被認為是研究靈魂之間的溝通，以及探索死後世界、鬼神等現象的一門學問。英國靈學研究會的組織十分完善，存在時間也很長（直至今日）。[8]尤其重要的是，它由許多知名的學者參與、領導，因而造成廣泛的影響。1930年代曾擔任英國靈學會會長的美國學者萊因（J. B. Rhine, 1895-1980）繼續此一傳承，使用實驗的方法來進行超常現象的研究，並將之稱為「超心理學」（parapsychology），該詞彙甚至有取代靈學之趨勢。由於他的推廣，超心理學一詞遂在英語世界中逐漸普及。一直到現在，仍有不少學者從事這方面的研究，企圖突破現有科學之範疇。[9]

　　1880年代以後，歐美的靈學研究傳入日本，[10]日人將psychical

University Press, 1968）.

8　十九世紀英國靈學研究之起源、興盛與影響，可以參見：Peter Gay, *Schnitzler's Century: The Making of Middle-Class Culture, 1815-1914*（New York: Norton, 2002）.

9　「超心理學」意指研究超自然的現象的學問，主要包括瀕死體驗，輪迴，脫體經驗，傳心術，預言，遙視和意念力等。台灣有關特異功能、氣功、生物能場之研究甚多，如台灣大學校長、電機系李嗣涔教授長期研究的「心電感應」和「手指識字」等，即是此一類型的研究。

10　根據井上圓了的說法是：1884年從美國航行至伊豆半島下田的一位船員將美國當時相當流行的Turning Table表演給當地住民看，其後便傳入日本，並在明治20年間造成風行。日本稱Turning Table為こっくりさん。一柳廣孝，《こっくりさんと千里眼：日本近代と心靈學》（東京：講談社，1994），頁20-21。

research譯爲「靈學」、「靈魂之學」或「心靈研究」。[11] 靈學（包括催眠術、千里眼等）在日本也有很蓬勃的發展，並引起許多辯論。中國的留日學生與旅日華僑對此也深感興趣，曾在橫濱組織「中國心靈俱樂部」（1908）、在神戶成立「中國精神研究會」（1911），研究催眠術。在日本的靈學研究，以及批判靈學的想法，也從不同管道傳入中國。當時傳入中國的靈學，其內容非常複雜，難以全面歸納，大致約有以下五類：一、「心靈感通」，認爲人與人可以透過心靈感應，交流思想；二、催眠術；三、特異功能，宣揚有些人具有遙視、透視的能力，如千里眼、天眼通；四、妖怪學：研究妖怪與鬼物；五、「降神術」，宣傳人的靈魂可與鬼神溝通，代鬼神宣言。這幾項又與中國傳統中的降仙童、迎紫姑、扶乩、討亡術、祝由科等結合在一起，而深深吸引國人之注意。不過，無論是在中國、日本或西方，靈學雖有一些共同認可的核心觀念，然而並非一界定十分清楚的學問範疇，不同立場者對於靈學之內涵亦有不同的認定。同時，即使是研究上述如心靈感通、妖怪學與催眠術的人之中，也有人認爲他們的研究乃正宗的「科學」，或較爲狹義的「心理學」，而非靈學、宗教或魔術。

民國初年以來，在中國各地成立的一些有關催眠術、靈學研究的團體有：「上海靈學會」、「靈學研究社」、「預知研究會」、「中國心靈研究會」、「催眠協會」、「變態心理學會」、「催眠養成所」、「中國精神研究會」等，這些新興的學會或研究會，不但透過報紙廣告吸引城鄉居民加入會員、購買書籍，而且透過「函授」的方式，深入偏遠地區。1921年4月21日時在上海的外國人也曾成立了 The Shanghai

11　羅布存德原著、井上哲次郎增訂，《增訂英華字典》（東京：藤本氏，1884），書中將psychology譯爲「靈魂之學」，頁805。

Society for Psychical Research，每週三聚會，常常舉辦演講、讀書會等活動。[12] 當時翻譯和出版的靈學書籍與雜誌包括《靈學叢誌》、《靈學要誌》、《心靈學講義》、《神通入門》、《靈力發顯術》、《靈力拒病論》、《靈魂體總論》、《靈力實驗法》、《新靈子術》、《心靈現象》、《靈明法》、《太靈道》、《心靈光》、《扶乩原理》等。此外，在民國初年的《東方雜誌》、《科學》、《學生雜誌》、《公餘季刊》、《新青年》、《新潮》、《道德雜誌》、《時兆月報》（基督教之雜誌）等雜誌上，也刊載了譯介、討論靈學、催眠術、千里眼、心理溝通等主題的文章，一時之間靈學議題之探討盛況空前。

　　民初的靈學研究，除了上述靈學從西方到日本再到中國的文化傳播之背景外，還涉及第一次世界大戰之後中國思想界、宗教界的重要發展。很多人都指出歐戰之後引起國人高度的文化自覺，如梁啓超的《歐遊心影錄》（1920）、梁漱溟（1893-1988）的《東西文化及其哲學》（1920），一方面看到西方物質文明的過度發展，導致毀滅性的戰爭，另一方面則引起對自身文化的信心，希望在東方的精神文明之中尋找出路，印度的泰戈爾（Rabindranath Tagore, 1861-1941）即在此背景下受邀來華訪問。然而抱持此一觀點者，不但有梁啓超、梁漱溟等知識分子，也包括宗教界的人士。宗教界出於對西方物質文明的絕望，標榜「救世」和超越墮落的物質文明，以拯救人心大壞、道德衰微，紛紛組織新的宗教與慈善團體（有些團體可以追溯到明清時代甚至更早），如同善社、悟善社、道院紅卍字會、救世新教、萬國道德會、中國濟生會等等。這些在民初社會中流行的傳統與新興的民間教團大部份以扶乩與慈善事業做為其活動的主體，亦宣稱從事「靈

12　*North China Herald*, 1921.4.30, pp. 317, 319.

學」研究。[13]其中1917年，姚濟蒼等人在北京立案的「同善社」（四川人彭汝尊於1912年成立，爲「先天道」的支派），以無生老母爲宗主，會通三教原理，用氣功、靜坐方式，導引信徒冥想，還大力推行扶乩、通靈等活動。同善社一度分布全國，1920年代該社成員可能多達三百萬人。其會員又在上海成立了「國學專修館」，推動儒教與尊孔，[14]1920年唐文治（1865-1954）即在該會會員施肇曾（1867-1945，施肇基之弟，爲中國濟生會會員）與朋友陸勤之的鼓勵下，成立無錫國學專修館。同善社甚至推展到香港、新加坡、澳洲等地，該社至1949年被禁之後還在中國大陸存在了一段時間。[15]1921年時《新青年》編者看到同善社之勢力迅速擴張，認爲該會是「靈學會的化身」，要拿出先前批判上海靈學會的精神來加以圍剿，因而在《新青年》之上轉載了《湘潭日報》黎明所撰的〈關同善社〉一文，大力批駁。[16]該文顯然發揮的一定的影響力，幾個月以後，《民國日報》也刊

---

13 酒井忠夫，《近‧現代中國における宗教結社の研究》（東京：國書刊行會，2002）。

14 曹聚仁曾談到當時各種的研究國學之機構：「即以『整理國故』一事而論：北京大學之國學研究所，以『國學』爲幟；無錫之國學專修館，亦以『國學』爲幟；上海同善社之國學專修館，亦以『國學』爲幟；三者雖同標一幟，其實三者必不能並立。……北京國學研究所之『國學』，賽先生之『國學』也；無錫之國學專修館，冬烘先生之『國學』也；上海之國學專修館，神怪先生之『國學』也。」見曹聚仁，〈春雷初動中之國故學〉，收入許嘯天編，《國故學討論集》上冊（北京：國家圖書館出版社，2010），頁84-85。其實，無錫唐文治之國學與同善社亦有關連。

15 有關同善社成立的情況，見王見川，〈同善社早期的特點及在雲南的發展（1912-1937）：兼談其與「鸞壇」、「儒教」的關係〉，《民俗曲藝》，172（臺北，2011），頁127-159。亦參考網路資源：http://en.wikipedia.org/wiki/T'ung-shan_She（2013.2.17）。

16 有關同善社的傳布，請參見《新青年》9卷4號（1921）的報導。記者在文中表示：「近來的同善社，幾乎遍國皆是了。」陳獨秀則説：包括北

登一篇周志瀛寫的〈關同善社〉，呼應上述的觀點，並呼籲江蘇省各縣教育會應設法禁止其傳播。[17]

中國濟生會成立於1916年，是一個源於清末濟公鸞堂的佛教慈善機構，陳潤夫（1841-1919）與王一亭（1867-1938）曾任該會會長。該會所從事之慈善工作包括成立學校、醫院、銀行，並從事各種賑災活動。同時與濟生會有相互依存關係者為「集雲軒」，可謂濟生會的內修組織，負責信仰方面的工作。集雲軒設有乩壇，供信徒扶乩。事實上，濟生會無論是總會還是分會，都設有乩壇。論者以為將此類以扶乩作為主體的宗教行為與慈善活動相結合的組織方式，在民初頗為流行。[18] 1920年代，上海寧波路中旺弄濟生會的樓中即設有一乩壇，當時住在上海的陳伯熙曾與友人前往，陳氏紀錄了該壇的情況：「該壇為滬上商界巨子王一亭、黃楚九、朱葆三、俞仲還等捐資所設，巨商富賈、大家婦女之往虔叩者絡繹不絕」，且前往扶乩者以單雙日分男女賓，界線分明，又不需納會費。[19]

道德會則成立於1921年，主旨是弘揚孔孟學說、研究「三界五行」，並宣傳天命與感應，以挽救道德淪喪。紅卍字會則是宗教團體「道院」所設的一個慈善機關。[20] 道院於1916年成立於山東省濟南東北

京、長江流域一帶與廣東都有同善社，「大有一日千里之勢。」見通信頁1-4。至於國民政府對於同善社的禁止，見Rebecca Nedostup, *Superstitious Regimes: Religion and the Politics of Chinese Modernity*（Cambridge Mass.: Harvard University Asia Center, 2010）, pp. 28-34.

17　周志瀛，〈關同善社〉，《民國日報》（上海），1921年12月11日。

18　王見川，〈清末民初中國的濟公信仰與扶乩團體：兼談中國濟生會的由來〉，《民俗曲藝》，162（臺北，2008），頁139-169。

19　陳伯熙編著，〈濟生會之乩壇〉，《上海軼事大觀》（上海：上海書店出版社，2000），頁371。

20　有關「道院」與紅卍字會的關係，據該會的說法：「道院之內。附設世

的濱縣，是以扶乩來占卜吉凶、請神降臨的一個民間結社。[21] 1922
年，組織鬆散的道院已經擁有六十多個分院，並成爲北京政府所認可
的一個民間社團。道院的宗旨有二：一是提倡道德，實行慈善；一是
消解種族、宗教之分。該會出版的刊物計有：《哲報》（英文名
Spiritual Record），其宗旨爲：「提倡大道，泯除宗教界線……凡關於
道德、宗教、哲學、靈學、慈善、格言等性質之文字，皆登載
之」；[22]《道德雜誌》（1921-1924）則以「提倡道德，研究哲靈學理爲
宗旨」，刊載乩壇書繪與靈驗事蹟，「以供研究靈學者之津梁」。[23]

　　總之，這些宗教社團和靈學研究團體結合在一起，形成了民初靈
學研究之盛況，也引發了知識界的論戰，造成有關科學、哲學、宗
教、迷信等概念如何重新分疆劃界的討論。

　　民初靈學出現所造成「科學」、「迷信」等範疇重新界定之議題
顯示近代中國知識轉型之複雜多元的面貌。靈學的支持者認爲靈學
（如催眠術、千里眼等）不但配合傳統中一些觀念與行爲，而且得到
科學性的證據與解釋，因此靈學不是「迷信」，而是最先進的「科
學」，是超越現有科學的新興領域。近代以來支持靈學的著名人物包
括西學大師嚴復、精研佛道思想與西方醫學的丁福保（1874-1952）、

界紅卍字會。專以救濟災患爲職志。卍會命名。以卍字表示慈濟所及應
上下四方周圍無所不包。無所不至。以普及世界。更期、無人、無我、
無界、無域、無一切歧視之意。集中社會一部份人力。物力。以救人群
物類之痛苦。」參見：〈道院與紅卍字會的關係〉，http://www.twrss.org/
ch3_temple/ch3_1/ch3_11.html（2012.11.25）。

21　陳明華，〈扶乩的制度化與民國新興宗教的成長——以世界紅卍字會道
　　院爲例（1921－1932）〉，《歷史研究》，6（北京，2009），頁63-78。

22　〈本報宗旨〉，《哲報》，1（濟南，1922）各刊卷首。

23　〈道德社編輯部啓事〉，《道德雜誌》，1：1（濟南，1921），卷首。

律師與外交官伍廷芳（1842-1922），以及政治家、外交官與法學家王
寵惠（1881-1958）、德國海德堡大學博士與台灣大學歷史系教授徐子
明（1888-1973），以及蔣介石（1887-1975）的侍從祕書且曾負責籌
組復興社的鄧文儀（1905-1998）等人。[24] 這顯示近代西方的「科學」
概念，以及近代中國所引進的西方「科學」，並非單純地屬於實證科
學，而是具有更複雜、多元的內涵。近代中國最早公開宣稱靈學爲一
種科學、甚至可以包含科學的一群人，爲上海靈學會的支持者。

三、上海靈學會的「科學」宣稱：科學、靈學相得益彰

近代中國靈學研究的肇始要屬上海靈學會。該會成立於1917年
的秋天，1918年發行《靈學叢誌》，以宣揚靈學研究爲其宗旨。《靈
學叢誌》於1918年出版了10期，1919、1920年各出版了4期，至
1921年改爲季刊，出版了一期。[25] 因此從1917至1920年可謂上海靈學
會的全盛時期；1921年之後該會性質有所轉變，學術研究之性格轉

24　這幾位人物的靈學思想都值得作進一步研究。其中鄧文儀十分有趣。他
爲台灣弘化院的名譽院長、《中華大道》雜誌的創辦人。弘化院創立於
1969年，流行於中國大陸來台上階層的外省人之間。該院提倡儒、釋、
道、耶、回五教合一，並以扶鸞爲傳教方法。此一組織具有濃厚的反共
意識，認定孫中山和蔣介石死後都已昇天成神，分別名爲「復漢尊者」
和「興漢尊者」。見楊惠南，〈台灣民間宗教的中國意識〉，http://taup.
yam.org.tw/announce/9911/docs/11.html（2013.12.17）。

25　這是上海圖書館目前所收藏的《靈學叢誌》之卷期，以往的學者（如吳
光與志賀市子）都認爲該雜誌出版了兩卷十八期（見黃克武，《惟適之
安：嚴復與近代中國的文化轉型》〔臺北：聯經出版事業公司，2010〕，
頁176），而沒有注意到1921年該刊改爲季刊，又出了一期。

弱，再度回復到一個以扶乩、施藥與慈善工作爲主的團體，一直延續
到1940年代的中、後期方才結束。

　　有關該會早期的歷史（1918-1920），筆者在2007年所發表之文
章曾做過初步的探討。該文指出：清末在中國知識界所開始從事的靈
學研究同時具有中國與西方的淵源，是以傳統扶乩爲主要的活動形
式，再融入西方心靈、精神研究的觀念與作法，如靈魂攝影等，而形
成的一個民間團體。[26]

　　因此要了解靈學會出現的背景，需要先略爲釐清扶乩的歷史。扶
乩在中國傳統社會十分普遍，是一種涉及宗教、占卜與醫療等因素之
活動。[27]紀曉嵐（1724-1805）的《閱微草堂筆記》曾記載不少扶乩之
事跡，其「宣示之預言事後頗多巧驗，且文法詩詞格律謹嚴，似非當
時乩手所可摹擬」，[28]徐珂的《清稗類鈔》（1917）也對清代扶乩的情
況有所介紹，其方法如下：「術士以硃盤承沙，上置形如丁字之架，
懸錐其端，左右以兩人扶之，焚符，神降，以決休咎，即書字於沙
中，曰扶乩，與古俗卜紫姑相類。一曰扶箕，則以箕代盤也。」[29]扶乩
的參與者不但是一般民眾，也包括士大夫。例如很多士人喜歡問科舉

26　黃克武，〈民國初年上海的靈學研究：以「上海靈學會」爲例〉，頁99-
　　136。
27　許地山，《扶箕迷信底研究》（臺北：臺灣商務印書館，1966），該書初
　　版於1941年，主要利用《古今圖書集成》神異典降筆部，以及筆記、小
　　說等史料，將扶箕視爲「迷信」。有關佛教與扶乩之關係，請參考范純
　　武，〈近現代中國佛教與扶乩〉，《圓光佛學學報》，3（桃園，1999），頁
　　261-291。
28　陳伯熙編著，〈靈學會〉，《上海軼事大觀》，頁370。魏曉虹，〈論《閱
　　微草堂筆記》中扶乩與文人士大夫生活〉，《太原師範學院學報（社會科
　　學版）》，3（太原，2010），頁69-74。
29　徐珂編撰，《清稗類鈔》（北京：中華書局，1996），頁4547。

考試的試題與科考是否中榜。[30] 又如曾任兩廣總督葉名琛（1809-1859）的父親葉志詵（1779-1863）亦十分熱中扶乩活動。因其父篤信道教、愛好扶乩，葉名琛特建「長春仙館」，供奉呂洞賓、李太白二仙，作為扶乩之場所。葉志詵的扶乩活動同時與他對傳統中醫的愛好，以及對於傳教士如合信（Benjamin Hobson, 1816-1873）等人所譯介之西方人體知識並行不悖。[31]

　　清末民初時隨著西方靈學、精神研究與催眠術的傳入，許多人發現扶乩與此密切相關。徐珂就說，「新學家往往斥扶乩之術為迷信，其實精神作用，神與會合，自爾通靈，無足奇也。」[32] 上海靈學會之參與者即秉持著此一觀點，企圖將扶乩與西方的精神、靈魂之說結合在一起。該會源於江蘇無錫楊姓家族的乩壇。根據靈學會發起人之一的楊璿表示：在光緒末年，他的祖、父輩就在楊氏家族「義莊內花廳後軒」設立乩壇。楊璿開始參與扶乩之時，「（先祖）命璿執乩務，先祖立其旁，囑視沙盤，筆錄乩字」。宣統三年（1911），其祖父過世，楊璿又教導其弟（楊真如）扶乩。[33]

　　幾年後楊璿出任無錫市立學校的校長，無暇從事扶乩，「壇遂告終」。至1916年，他接觸到西方精神現象的研究之後，才有轉機。他

30　參見徐珂編撰，《清稗類鈔》，「方伎類」。例如：「康熙戊辰會試，舉子某求乩仙示題，乩書『不知』二字。舉子再拜而言曰：『神仙豈有不知之理。』乃大書曰：『不知不知又不知。』眾大笑，以仙為無知也。而是科題乃『不知命無以為君子也』三節。」見該書頁4549。

31　張寧，〈合信《醫書五種》與新教傳教士醫書翻譯傳統的建立〉，2011.10.13，中研院近史所研討會論文。

32　徐珂編撰，《清稗類鈔》，頁4547。

33　楊真如一直參與上海靈學會之活動，1926年曾由該會出版他所著的《精神祈禱》一書，「以養性明道，啟發良知良能」。該書免費供人索取，函索即寄。《申報》（上海），1926年5月12日，2版。

說「丙辰秋，余因研究精神哲學，靈魂原理，而旁及催眠、通腦諸
術，見有所謂奇妙之神祕作用，不可思議之現象者」。同時，他和他
的弟弟因協助擅長催眠術之鮑芳洲從事「中國精神研究會」無錫分部
的組織工作，常往來於無錫與上海之間。[34]楊璿在學習西方的精神科
學、靈魂研究之後，覺得西方這一套學問，其實並非「上乘之義」，
不如中國固有的道術來得精妙，[35]於是楊璿重新燃起了對扶乩的興
趣，再度開壇，將扶乩與新傳入的精神研究結合在一起。此一構想得
到他的父親的支持。

　　楊璿的父親楊光熙（宇青）當時在上海中華書局工作，與俞復
（仲還，1856-1943）、陸費逵（伯鴻，1886-1941）、陳寅（協恭，
1882-1934）（三人均為中華書局創始人）等人熟識。1917年的秋
天，楊光熙曾陪伴陳寅前往「濟生壇」問事，剛巧該壇停乩。[36]陳寅
就建議楊光熙自行設立乩壇。[37]楊光熙與他的兩個兒子商量之後，請
兩人到上海協助。不久這些人就決定在上海交通路通裕里創立「盛德

34　1918年時「中國精神研究會」在各地發展分會，例如《大公報》1918年
　　3月28日刊登了該會天津支會吸收會員活動之廣告。廣告中表示：「現在
　　精神研究會從日本來到天津，在日本租界旭街平安胡同第八號內設立支
　　會。有志嚮學者……接踵聯袂入會者，絡繹不絕。」
35　楊璿，〈扶乩學說〉，《靈學叢誌》，1：1（上海，1918），著作，頁2。
36　「濟生壇」乃位於後馬路之乩壇，「卜休吉，開方藥者」。見陳伯熙編
　　著，〈靈學會〉，《上海軼事大觀》，頁370。水利專家宋希尚（1896-
　　1982）曾談到在1920年代「時後馬路有『濟生善會』，從事于施醫施
　　藥，小本借貸，義務學校，及其它慈善救濟事業。會內供濟祖佛像，朔
　　望臨壇，頗著靈異」，文中之「濟生善會」應該即是「濟生壇」。見宋希
　　尚，〈濟佛之靈感〉，http://blog.sina.com.cn/s/blog_9970e852010136bd.
　　html（2012.11.27）。
37　楊光熙，〈盛德壇緣起〉，《靈學叢誌》，1：1（上海，1918），緣起及發
　　刊詞，頁6。

壇」，再共同組織一個研究「精神靈魂之學」的團體，即上海靈學會，該會並於1918年開始編輯《靈學叢誌》，由中華書局出版與銷售，以宣傳靈學。

有關上海靈學會之起源有一些史料記載，其中楊光熙的朋友陳伯熙很詳細地記錄了開始時的情況。他也談到扶乩與催眠術有共同之處，而靈學會即結合上述兩者來從事「學理上」的探索，因而與傳統的乩壇有所不同：

> 余友梁溪楊君宇青，固開通之士，足跡半天下，生平雅不信鬼神之說，獨於扶鸞一事篤信勿懈。嘗謂地球為不可思議之大靈物，除飛潛動植之外，大氣混混中必具有神妙不測之元素，乩之為用，能感召此元素而使之實現，近世催眠術盛行，所列「天眼通」、「靈交神游」諸法亦不外此精神之作用，特於去冬集同志多人，就望平街書業商會中闢淨室，設沙盤，潔誠從事，曰「盛德壇」、曰「靈學會」，蓋皆乩筆名者也。壇例除星期一休息外，每夕六時至九時降真飛鸞，仙靈輪集，有求必判，並為學理上之批答，解疑析難，言簡意賅，月刊《靈學雜誌》一冊，詳記問答之詞，以供研究心靈學者之探討。[38]

楊光熙同時亦邀約中華書局的創辦人陸費逵來參與此事。[39]在〈靈學叢誌緣起〉一文，陸費逵說：「余素不信鬼神之說，十餘年來，闢佛

38　陳伯熙編著，〈靈學會〉，《上海軼事大觀》，頁370。

39　有關陸費逵與中華書局的研究不少，但少有人注意到他參與上海靈學會之事，以及靈學觀念對他教育觀念之影響。較新的研究包括俞筱堯、劉彥捷編，《陸費逵與中華書局》（北京：中華書局，2002）與王建輝，《教育與出版──陸費逵研究》（北京：中華書局，2012）。

老、破迷信，主之甚力。丁巳之秋，楊君宇青創乩壇，余從旁謄錄，
始而疑，繼而信」。[40]俞復也是如此，始而由疑轉信，進而深信不疑。
此處可見對陸費逵等人來說：鬼神與佛老之說本來都屬於沒有學理基
礎的「迷信」。但是他們在學習了扶乩之後發現：鬼神與靈魂之說等
均從扶乩之中得到證驗，可以親眼目睹，故是「眞」，而非「虛」。
參與扶乩活動的華襄治（曾爲中華書局編寫多本中學代數與化學之教
科書）說得最清楚：「吾前之時無法以驗之，故疑信參半，今則於扶
乩而徵其實焉」。[41]研究「精神學術」的楊璿則說：「仰承　濟祖師宣
示鬼神論，洩造物之機，露化工之奧。於此可見監臨在上，如在左右
之語爲不虛矣」。[42]

　　其中尤其使人徵信的是，參與扶乩之人發現「乩錄」之文字十分
精妙、乩畫亦十分精美，不像人們有意作僞而產生的，因而更堅信其
背後驅使力量的眞實性。[43]例如楊光熙在剛開始時仍有疑竇，但自行
操作之後，立刻就相信鬼神之存在並非虛妄，而是有「憑」有據，他

40　陸費逵，〈《靈學叢誌》緣起〉，《靈學叢誌》，1：1，緣起及發刊詞，頁
　　1。
41　華襄治，〈《靈學叢誌》發刊辭〉，《靈學叢誌》，1：1，緣起及發刊詞，
　　頁3。
42　楊璿，〈靈學叢誌出版頌詞并序〉，《靈學叢誌》，1：1，頌詞，頁1。此
　　處所指的應該是《中庸》第16章「子曰：鬼神之爲德，其盛矣乎。視之
　　而弗見，聽之而弗聞，體物而不可遺。使天下之人，齊明盛服，以承祭
　　祀，洋洋乎如在其上，如在其左右。」朱熹集注，《四書》（臺北：廣東
　　出版社，1975），頁11。
43　《申報》1922年5月13日，15版中有一則〈靈學會之近訊〉記載靈學會爲
　　慶祝呂洞賓仙誕，舉行祭儀，頗能反映此一情況：「是日仙佛降壇者，
　　報有數十餘名。最奇者，凡善書善畫諸仙佛，均錫有乩筆書畫共二三十
　　幅，間有施色者，書極渾古，畫極風流，似非凡筆所及，是誠不可思議
　　矣。」

說：「於局中設立壇場，如儀而默禱焉。禱既畢，則與長兄苓西同持之。少頃，字出成文。余疑兄所爲，而兄亦疑余所爲。彼此互詢，始相驚異，至是余始確信乩學之實有憑焉。神明如監，信不誣也」。[44] 此外，國民黨革命元老、後來曾參加科玄論戰的吳稚暉（1865-1953）也參與此事，他一方面寫信給俞復表示對靈學有所懷疑，但另一方面他對扶乩也深感興趣，多次到壇詢問有關音韻學的問題。據《靈學叢誌》記載：「吳君當晚到壇，謂乩上能出此種文字，實已對之心服」、「吳君神色，頓現信仰之狀態」。[45]

《靈學叢誌》的出版即是將聖德壇扶乩之內容具體地呈現出來。在該誌「簡例」之中，編者強調：「本《叢誌》乩錄各文，悉照原文，並不增損一字，間有謄寫缺漏之處，加以□號，付諸蓋闕，不敢擅補，以存其眞」。[46] 由此可見扶乩的內容以及對之忠實的紀錄，使靈學會成員深信靈魂與鬼神之眞實存在。換言之，他們認爲靈學不是「迷信」，而是較「屬於軀殼之生理衛生等學」更爲精深之「屬於精神之靈魂學」。靈學之徵實性也表現在仙靈畫像、仙佛照片、靈魂攝影，或所謂「伍博士鬼影片各事」之上。其背後仍是一種利用科學性的驗證方法，亦即具有眼見爲信的，以感官（視覺）爲基礎的驗證之觀念。靈學會特別透過「神喻」來宣示鬼神有形有影，並可以「實

---

44 楊光熙，〈盛德壇緣起〉，頁5。

45 吳稚暉曾三度詢問音韻問題，分別由陸德明、江永、李登三位古代音韻學家降壇說明。〈陸氏音韻篇〉篇後按語，《靈學叢誌》，1：1，藝術，頁2；〈江氏音韻篇〉篇後按語，藝術，頁5。吳稚暉還應俞復之邀，將《靈學叢誌》交給曾翻譯井上圓了《妖怪學講義》、後任北大校長的蔡元培。蔡元培將該雜誌送給哲學研究所。蔡表示「於此事素未研究，尚不敢輕加斷語」。蔡元培，〈蔡孑民先生書〉，書函，頁4。

46 〈靈學叢誌簡例〉，《靈學叢誌》各期卷首。

驗」之方式來驗證，也可探詢曾做過實驗的知名之士：「人每謂鬼無形無影，神無方無體，不可見者鬼也，不可測者神也。而孰知鬼亦有形可象、有影可照，君如不信，亦可實驗……試問諸章佛痴、伍博士便可有確消息」。[47]

「靈魂攝影」亦稱爲「鬼影」，在清末民初，最有名的一個宣傳者大概是曾任職北洋，又擔任駐外公使的伍廷芳。伍博士生前到處演講靈魂學、相信靈魂不滅，並以其在美國與鬼合攝之照片三張爲證明。[48]狄葆賢（1873-1921）的《平等閣筆記》中記載：伍廷芳遊歷美國時，曾多次參觀靈學研究，「有某博士能爲鬼攝影者，曾爲伍攝三影，伍後則皆鬼影焉。其鬼之大小不以遠近分，參差相錯。今附影相於後。其鬼影中，伍識一人，即英國駐美總領事，死已半年者。」[49]1916-1917年時伍廷芳曾在南京、上海演講「靈魂學」，又「出其靈魂攝影示眾」、「示背後有鬼影之照片三張，互相傳觀」。[50]對靈學會的成員來說，伍廷芳所攝之鬼影可以證明鬼神的存在。此一論調在該刊第2期乩論〈呂祖師迷信論〉（該文爲扶乩之結果）中可以顯示出來。該文一方面界定迷信，「迷者，理之妄；信者，天之誠。無此理而認爲眞者，曰迷信」，進一步則說鬼神之道因「伍博士之鬼影」可加以證明，所以認爲無鬼神之想法才是迷信：「近數年科學昌明，鬼

47　〈濟祖師鬼神論下〉，《靈學叢誌》，1：1，論說，頁3。

48　有關伍廷芳的靈學可參見胡學丞，〈伍廷芳的通神學與靈學生涯〉，《政大史粹》，22（臺北，2012），頁1-21。

49　狄葆賢，《平等閣筆記》（臺北：彌勒出版社，1984），頁84。狄葆賢曾經營有正書局、參與創辦《時報》，並崇信佛法。他與上海靈學會的參與者丁福保不但爲朋友，也有生意上的往來。

50　步陶，〈靈魂學〉，《申報》，1917年6月14日，11版；〈伍廷芳講述研究靈魂之大要〉，《申報》，1916年8月17日，10版。

神亦得而有證，伍博士之鬼影，豈虛也哉！然則鬼神誠有跡可證。有而謂無，則所謂迷信者，罵人自罵耳。」[51]靈魂攝影一直是上海靈學會十分重視的技術，並視爲能證驗靈魂存在的一種方法，在許多活動之中都有仙鬼照片之展示。[52]不過也有人參加過「靈魂攝影」活動之後，認爲不足徵信，應是人爲作僞。[53]

　　靈學會所提出的靈魂理論涉及對於科學、宗教、迷信的重新解釋，並影響到人們對教育的看法。中華書局之創辦人陸費逵的〈靈魂與教育〉一文，即嘗試解釋經由扶乩可「確認」靈魂之存在，故教育之主旨即是在教育人之靈魂，其重點如下：一、宇宙之間有一主宰即中國人所說之「天」與歐人所說之「GOD」。二、人以靈魂爲本體、軀殼爲所憑藉。心理學所謂之「意志」與生理學所謂之「腦知覺」，均爲靈魂之表現或作用。三、人死之後仍有「苦樂」，視其「業力」之高下，或爲仙佛，或爲善鬼與惡鬼。四、靈學乃是「采宗教之精神，非用宗教之儀式」，它可以解釋各種宗教之現象、解決宗教之紛爭，並將各宗教統一在一個靈學的知識體系之內，再採用「種種科學」，作爲教育之指導原則。下面這一段話最能表現陸費逵的看法，顯示靈學能夠統合宗教與科學，並對教育有所貢獻，並非他以往所認

51　〈呂祖師迷信論〉，《靈學叢誌》，1：2（上海，1918），論說，頁23-24。

52　例如1921年10月18日靈學會在新世界開鸞，同時「該會攝得靈魂照相數十種，定於是日陳列展覽」，《申報》，1921年10月18日，15版。1922年2月6日在靈學會之祀天典禮與新春團拜，「由招待員導觀乩筆所書之書畫，及仙靈照像，謂係在川舉劉湘爲總司令，時攝出藍天蔚、趙又新二鬼影，及各種仙鬼照相，共有五十餘張云云」，《申報》，1922年2月6日，15版。

53　全無，〈靈魂攝影〉，《申報》，1923年6月8日，19版。「所謂靈魂攝影者，實爲畫師描影，由畫形而攝之於乾片，安得謂之靈魂攝影乎！」

定之「迷信」：

> 今既知天地間確有主宰，確有鬼神，靈魂確能存在，死後
> 確有苦樂，而以人生業力爲其本原，則宗教之理，人生之
> 道，無不迎刃而解。此義既定，則采各教教義，以助我化
> 民可也，采各教育家學說，以助我教育亦可也。更集合種
> 種科學，種種物質文明，以爲我用，亦無不可也。[54]

陸費逵有關靈魂與教育的理論與他所從事商務印書館、中華書局的出
版事業（編輯《教育雜誌》、《中華教育界》，出版大量的教科書）有
密切的關係，不過在目前有關陸費逵教育思想的研究之中，這一部份
的想法不是受到忽略，就是被批評爲「不科學」。[55]

　　俞復在〈答吳稚暉書〉中也清楚地談到靈學有如以往之微生物學
或電學尚未徵實之前的狀況，值得探究。因此靈學可以重新界定科學
的範疇，並對科學未來的發展做出重要的貢獻，他強調兩者相得益
彰，「靈學之成科，而後科學乃大告其成功」：

> 夫科學之見重於當世，亦以事事徵諸實象，定其公律，可
> 成爲有系統之學而已。以今日所得扶乩之徵驗，則空中之
> 確有物焉，不可誣也。夫既確有物焉，則固不得以現實顯
> 微物具之不及察，而遂沒〔抹〕煞其眞理。當微生物學說

54　陸費逵，〈靈魂與教育〉，《靈學叢誌》，1：1，論說，頁8-15。該文亦同
　　時刊登於中華書局1912年所開始辦的一個教育雜誌《中華教育界》第7
　　卷第1期之上，並收入陸費逵，《陸費逵文選》（北京：中華書局，
　　2011），頁194-199。

55　例如參見王建輝，《教育與出版——陸費逵研究》，頁109-125。作者認
　　爲：「陸費逵的教育思想當中也有不科學的地方……他的人性教育又主
　　張以宗教精神羼入，『采宗教之學說爲精神之訓練』。」（頁125）。

> 未徵實以前，昔人曾云一滴水中有萬千微蟲。方其時，固
> 莫不以為妄言也，而今竟何如？……過此以往，或竟藉靈
> 魂之傳達，而別有其正負極性之研求，飛艇之高沖，限於
> 肉軀之所能載，而於他星球之往還，尚夐乎未之能逮。或
> 留此未竟之弘功，俟諸靈學大成之日乎！公疑靈學之說
> 行，遂令科學之不昌，復則希冀，靈學之成科，而後科學
> 乃大告其成功。豈惟並行而不悖，定見相得而益彰。[56]

上述的觀點顯示俞復認為科學與靈學並不矛盾，靈學的進步會促成科
學的發展。《靈學叢誌》的一位讀者秦毓鎏（1880-1937，曾任革命團
體華興會副會長、同盟會員）在閱讀該文之後，甚至認為靈學範圍其
實更廣，能夠含括科學：「萬事萬物，無一非靈之作用……豈惟並行
不悖，所謂科學者，直靈學之一端耳」。[57]

　　靈學會的科學宣稱也在於將其所從事之學理性的扶乩活動與宗教
性或慈善性的扶乩活動作一區隔。開始之時，靈學會的扶乩主要在詢
問學理性的議題，強調「啓瀹性靈，研究學理，為宗旨。其他世事，
概不與聞」，「以乩為師，而講求學理，傳授心術」。[58]例如，「陸君費
之問鬼神、星球、宗教諸說；丁君仲祜之問靈魂不滅說」、蕭森華問
《易經》、楊眞如問佛理、胡韞玉（1878-1947）問《說文》之轉注；
其次是問時勢，如陸費逵問歐洲戰爭何時了。不過也有以扶乩來詢
問生活方面的事情，如陸費逵問中華書局之前途與債權紛爭，乩詩指
示「勸勉息訟忍辱負重，自有剝復之機」，陸氏因而能渡過此一危

56　俞復，〈答吳稚暉書〉，《靈學叢誌》，1：1，雜纂，頁2-3。
57　〈秦效魯先生書〉，《靈學叢誌》，1：2，書函，頁4。
58　見〈靈學會簡章〉，《靈學叢誌》，1：1，卷末。楊璿，〈扶乩學說〉，頁5。

機；[59] 吳鏡淵（1875-1943）乞求為其母「剖示病因，賜方療治」。[60] 然而，自第一卷第4期，該會藉著乩諭修正壇規，再度強調取消方藥與休咎兩項，並集中於學理的探究；學理之內容則以靈魂、鬼神、哲理、道德、處身等五項。這樣一來，靈學會強化了知識性與個人修養性，卻削減了涉及個人玩樂、功利、疾病與吉凶的傳統扶乩功能。再者，其他的乩壇或靈學組織往往與慈善、救濟活動結合在一起（如上述中國濟生會），上海靈學會初期則基本上不重視慈善方面的功能。換言之，上海靈學會的出現及其在「科學」上的宣稱，使民初靈學團體區分為兩個類型，此一區別當時即有人注意到：一類強調學理性，「考驗鬼神之真理，闡就造化之玄妙……所以淪人之性靈」；另一類則偏重道德勸說與慈善事業，「意在大慈大悲，使世人道德，日益進化……以補救世道挽回人心為要義……所以規人之言行」。[61] 悟善社、同善社、中國濟生會等屬於後者；上海靈學會則屬於前者。不過上海靈學會此一種學術之理想僅僅堅持了大約兩年多的時間。

　　1921年《靈學叢誌季刊》曾登載筆名「薛」所著〈靈學研究法〉一文，刊於卷首。這一篇文章是該雜誌之中最具理論建構之企圖的一篇文章。該文提出靈學需從科學、哲學與宗教等三種方法來從事研究，這三者分別稱為「唯實主義」、「唯理主義」與「唯行主義」。作者強調：「靈學會是專為研究設底，不是為壇務設底」，顯示該會仍

59　陳伯熙編著，〈靈學會〉，《上海軼事大觀》，頁371；另參見楊光熙，
　　〈盛德壇緣起〉，《靈學叢誌》，頁6。有關1917-1918年中華書局的經營
　　危機，見王建輝，《教育與出版——陸費逵研究》，頁20-26。
60　〈純佑真人吳母叩方判案〉，《靈學叢誌》，1：2，釋疑，頁2-3。
61　這是悟善社所發行《靈學要誌》1卷1期（上海，1920）〈靈學要誌緣起〉
　　一文中，對於《靈學叢誌》與《靈學要誌》之宗旨所做的區隔，該文的
　　結論是「二者實相輔不相悖也……同工而異曲，分流而合源。」（頁2）

堅持學理性、勸善性，卻不直接從事特定的慈善工作。根據該文，靈學首先應採取科學的研究法，「必由實驗得其原理」，「精選材料，審慎窮其原委」，以求確鑿可信。其次是哲學的方法，在這方面需利用思考與直覺的方法，同時要「博覽群集，淹通各科學說」，最後綜合，「如絲貫珠串，無阻窒拘泥處」。第三是宗教研究法，此處其實是指靈學研究自身需具有宗教的信念與勉勵勸化的精神，以求「自他兩受利益」。簡言之，作者將靈學定義爲一種將宗教勸化的情懷與科學、哲學研究結合在一起的活動。其宗旨爲：

> 重在研究靈學原理，非強人信仰鬼神，而增無益之舉，所以啓瀹性靈，長進智慧，禁淫祠、祛邪見、破迷信、崇道德、維風化、明倫常。藉因果報應之實證，作濟物利人之覺筏。

作者企圖指出靈學可以破除眞正的「淫祠」、「邪見」與「迷信」，進而增長智慧與移風易俗、提倡道德。換言之，靈學是結合了科學、哲學與宗教之研究方法，又能經世濟民的一種學術活動。[62]這樣一來，靈學不但企圖「解釋世界」，也希望「改造世界」，是一個規模宏大的理論體系。

《靈學叢誌》於1921年停刊，其後上海靈學會組織擴張，性質上又轉變爲較類似濟生會、紅十字會等之慈善組織。《申報》曾報導1923年前後靈學會組織擴張至擁有數個分壇之盛況：

> 西人視靈學爲一種科學，頗有研究之價值。自伍博士使美回來，攝有鬼影，滬人士奇之，組織集靈軒，頗多聯袂入會者。後遷設望平街書業公會，名曰靈學會盛德宗壇；由

62　薛，〈靈學研究法〉，《靈學叢誌季刊》，1：1（上海，1921），頁14-16。

> 是盛德東壇、盛德西壇、盛德南壇、盛德第二南壇相繼成
> 立。東壇在新北門外民國路、西壇在霞飛路、南壇在大南
> 門內、第二南壇在南張家術王蓉生家。王因去年得香檳票
> 頭彩，故崇信益堅，且施衣施藥助賑，所費不貲，近有擬
> 設學校，以資研究。[63]

至1924年靈學會由王一亭出任會長，此時該會似乎已轉型為慈善組
織，辦理乞丐收容所、免利貸款，又設立粥場、興辦聖德學校，也創
辦了《靈學精華》月刊等。[64]此後該會一直參與慈善工作，至少至
1943、1944年之時仍存在，曾參與祀孔與助學等活動。[65]

　　總之，上海靈學會所從事學術性的靈學研究，大概只持續了兩年
左右的時間，因史料缺乏，我們難以確定後期之轉變如何產生，不過
該會顯然從一開始就與傳統求神問卜，探問休咎、方藥，祈求中獎等
世俗的願望糾纏在一起，加上會員所詢問的鬼神之議題，從扶乩之中
難以有太多突破，後來隨著組織的擴張而喪失了原有的學術研究的理
想而回歸傳統乩壇，此一轉變似乎並不太令人感到意外。不過他們的
理念，亦即堅持靈學與科學不相矛盾，而且兩者相得益彰，因此宗
教、科學與哲學三者可以結合為一，此一理念仍具有思想史上的意
義。他們提出各種憑據來支持此一科學之宣稱，例如，扶乩與靈魂攝
影等符合「科學」之證據，證明了靈魂、鬼神確實存在，「此中儘有
真理，足與我人以研究」，並非一般人所認定的「迷信」。同時，靈
學研究不但可能促成科學、哲學之進步與發展，而且有助於國民之教

---

63 〈靈學西壇將攝取鬼影〉，《申報》，1923年6月8日，18版。
64 《申報》，1924月4月16日、4月20日、4月28日、5月7日、10月16
　　日、11月23日。
65 《申報》，1943年9月29日，3版；1944年6月17日，3版。

育，解決了宗教方面之爭議，對人類的未來具有重大的意義。不過即使如此，靈學之證驗性主要奠基於扶乩中藉乩錄而呈現之諭示，而此一活動究竟是靈魂、鬼神存在之證明，抑或扶乩者心理機制之呈現，而它究竟可否被視爲是「科學」，一直受到爭議。

四、中西靈學之融通：嚴復對科學、宗教、迷信關係之思考

　　近代中國靈學研究的一個重要特色是受到西方學術之啓發，而展開中西文化之貫通。不過仔細探究上海靈學會所刊行《靈學叢誌》之內容，其中提及西方靈學的部分並不多，更遑論較深度的中西結合之嘗試。以第一期來說，只有楊璿的〈扶乩學說〉一文簡單地介紹該術在外國「流行」的情況。他說1852年，一名美國希的溫夫人在英國試驗「搖桌之術」，又說「能由搖桌以預言未來之事」：

> 令求卜者以指按有字之紙片上，循序點之，術者則靜坐其旁，寂思默念，以感通神靈，突於無意中輒加暗號於桌上，或打桌、或推桌、或抽桌，動作多端，以爲標識。其事播揚至遠，及於法國巴黎，喧傳一時，遂引起學人研究云。[66]

此處所說的希的溫夫人是Maria B. Hayden（1826-1883），其所試驗之「轉桌術」則爲Table-Turning。對楊璿來說，中西之理是相通的，「蓋理之在人，本無古今之異，中外之隔」。又上述陸費逵的〈靈魂與教育〉一文，也介紹了美國「靈智學會會長古代智識學校校長夫賽爾

66　楊璿，〈扶乩學說〉，頁10。

氏」有關將肉體、精神、靈魂調和發達之教育理論，並感嘆「世之先
覺，慨世道之衰，而有反古修性之志者，固東西皆然也。」[67]除此之
外，該刊介紹西方靈學之處並不多。其中，比較重要、又具理論意涵
的是嚴復在閱讀《靈學叢誌》之後，寫給俞復與侯毅的兩封信。[68]這
兩封信被刊於《靈學叢誌》卷1期2與期3之上，後又收入《嚴復
集》。從這兩封信的內容，並配合嚴復其他的言論，我們可以了解嚴
復如何藉由自身的經驗與中西學理來會通靈學，並肯定其意義。

　　嚴復爲近代中國引介西學的重要人物，對於新觀念在中國的傳播
有重大的影響。曾經留學英國，並擔任北大首屆校長的嚴復是少數在
《靈學叢誌》上支持靈學研究的新知識分子。他對科學、靈學、宗
教、迷信等議題有獨特的觀點。

　　嚴復對靈學的態度與陸費逵、俞復等人類似，然更爲深刻。要了
解嚴復對靈學的看法，首先要了解他的宗教背景。嚴復所生長的福建
福州地區宗教氣氛一直很濃厚。他的友人陳寶琛（1848-1935）和沈

67　陸費逵，〈靈魂與教育〉，頁15。
68　侯毅（1885-1951），字疑始，一字雪農。江蘇無錫人。詩文師事嚴復、
　　樊雲門，一度主編《輿論報》之「瀚海」。篆刻師法古璽漢印，造詣頗
　　深，並參以磚瓦文字意趣，樸厚古逸，有《疑始詩詞》。參見：眞微書
　　屋印學資料庫http://www.sealbank.net/m2MainFind.asp?LM=2&L1=2&L2=
　　2&L3=0&LS=C&SRCHTXT=R8511&SK=MV（2012/8/15.）。陳衍的《石
　　遺室詩話》（臺北：臺灣商務印書館，1961）曾介紹他的詩句，又說
　　「遊學英倫，嚴幾道弟子，嗜詩」，卷15，頁10a。1912年之時侯毅任職
　　於海軍部，曾參與海軍部的交接工作。見桑兵，〈接收清朝〉，國史館舉
　　辦，「近代國家的型塑：中華民國建國一百年國際學術討論會」論文，
　　2012年9月13-14日。1924年侯毅曾發表〈籌安盜名記〉，文中表示嚴復
　　在處理此事時曾與他商量，據他所知嚴復參與此事實爲不得已，藉此
　　「爲侯官辯証，亦爲天下明是非」。侯毅，〈籌安盜名記〉，《精武雜
　　誌》，43（1924），頁4-6；44（1924），頁2-5。

曾植（1850-1922）均篤信扶乩；鄭孝胥（1860-1938）則相信靈魂之說，[69]陳衍（1856-1937）的《石遺室詩話》也談到當時福建士人所作的許多「乩詩」等。[70]嚴復即生長於此一環境，而自幼受到佛教、道教與其他民間宗教的影響。在佛教方面，他的第一任妻子王氏是一個虔誠的佛教徒。在她過世之後，每年其忌日，嚴復與長子嚴璩（1878-1942）都以禮佛的方式來紀念母親王氏。嚴復也偶爾抄寫、誦讀佛經。[71]嚴復的宗教情操最明顯地反映在他晚年籌建「尚書祖廟」一事。嚴復的家鄉有一座明代時建立的廟宇，奉祀南宋抗元殉國的忠臣陳文龍（1232-1277）。陳文龍在福建是以作為水上航行安全的庇護神受到人們祭拜，曾被封為「水部尚書」，奉祀他的廟宇被稱為「尚書廟」。嚴復在家鄉時，偶爾會去尚書祖廟「行香」。[72]當時該廟已略顯殘破。1919年元月，嚴復親自撰寫〈重建尚書祖廟募緣啓事〉，並動用幾乎他所有的社會關係，重新修建該廟。他自己捐了一千元，又請福建督軍李厚基（1869-1942）捐了三千元，後來總共募到捐款10多萬銀元作為「祠廟基金」，並成立了36人的董事會，進行重修。1920

69　1918年4月29日，鄭孝胥在日記中記載：「得嚴又陵書，極持靈魂不死之說，於余所謂『無知之靈變而不滅，有知之靈逝而不留』者猶未了解也。」中國歷史博物館編，勞祖德整理，《鄭孝胥日記》第3冊（北京：中華書局，1993），頁1725。

70　有關陳衍所論鬼神之風對晚清詩壇之影響、福建詩人之扶乩降壇詩等，參見陳衍，《石遺室詩話》，卷16，頁1-3，文中記載「淨名社」降神於福州時，作了多首的「驂鸞詩」。陳珊珊，《陳衍詩學研究——兼論晚清同光體》（臺南：成功大學中國文學系博士論文，2006），頁194。

71　黃克武，《惟適之安：嚴復與近代中國的文化轉型》，頁28-30。

72　如1918年12月17日、1919年1月13日，嚴復在日記中記載「到尚書廟行香」。王栻主編，《嚴復集》第5冊（北京：中華書局，1986），頁1528-1529。

年1月7日，嚴復的日記記載「本日，陽崎尚書廟上樑」。[73] 重修後的尚書祖廟美輪美奐，面積達到三千八百多平方公尺，大殿門額嵌有青石四方，上刻嚴復親自書寫的「尚書祖廟」四個大字。大殿內有楹聯10多幅，皆出自名人筆，有郭尚先（1785-1832）、林鴻年（1805-1885）、林則徐（1785-1850）、王仁堪（1848-1893）、陳寶琛、嚴復、鄭孝胥（1860-1938）、葉大莊（1844-8989）、李厚基、薩鎮冰（1859-1952）等人。[74] 其中嚴復撰寫了幾幅對聯，一幅是：「入我門來，總須捫心納手，細檢生平黑籍。莫言神遠，任汝窮奸極巧，難瞞頭上青天。信士嚴復薰沐書敬」；另二幅是「守官誠死封疆，此義豈共和而可廢。是宋代忠貞，若論殉國從容，垂七百載英聲，何愧文陸？保民乃登祀典，惟公爲社會所同依，有陶江祠宇，長祝在茲陟降，俾千萬年浩氣，永奠甌閩」。[75] 尚書祖廟建成之後他曾到廟中扶乩，「服羅真人符三道」，嚴復爲此寫了四首詩謝神，其標題是「陽崎尚書廟扶乩，有羅真人者降，示余以丹藥療疾，賦呈四絕」，內文則有「多謝靈丹遠相界，與留衰鬢照恆河。……而今廟貌重新了，帳裡英風總肅然」。[76] 由此可見嚴復宗教信仰之虔誠，就其信仰內容來看乃傳統佛道或所謂的民間信仰的混合體。此外，在嚴復的日記之中，我們也看到不少有關卜卦的紀錄，顯示他對以占卜來預知未來頗感興

73　王栻主編，《嚴復集》，第5冊，頁1535。

74　〈福州陳文龍尚書廟〉，《互動百科》http://www.hudong.com/wiki/%E7%A6%8F%E5%B7%9E%E9%99%88%E6%96%87%E9%BE%99%E5%B0%9A%E4%B9%A6%E5%BA%99（2012/8/10）。

75　嚴復，〈陽崎陳文龍祠大柱聯語〉，孫應祥、皮後鋒編，《嚴復集補編》（福州：福建人民出版社，2004），頁183-185。

76　王栻主編，《嚴復集》，第2冊，頁412；第5冊，頁1538。

趣。[77]

嚴復的宗教觀念不完全受到傳統影響，也與他對科學與靈學的思考有關係。嚴復在1918年1月所寫的〈與俞復書〉中，很詳細地介紹了西方靈學研究的進展與中西相互發明之處。他首先說明為何神祕之事會成為研究的對象：「世間之大、現象之多，實有發生非科學公例所能作解者。何得以不合吾例，憪然遂指為虛？此數十年來神祕所以漸成專科。」

其次，嚴復指出有三個有關力、光、聲而難以解答的科學問題：第一，「大力常住，則一切動法，力為之先；今則見動不知力主」；第二、「光浪發生，恆由化合；今則神光煥發，不識由來」；第三，「聲浪由於震顫；今則但有聲浪，而不知顫者為何」。嚴復又舉了兩個有關哲學、心理學的難題：「事見於遠，同時可知。變起後來，預言先決」。這些問題雖有一些研究，卻尚未「明白解決」，因此有待探索。

嚴復則對俞復發起靈學會來解決未知之難題深表敬佩。他說：「先生以先覺之姿，發起斯事，敘述詳慎，不妄增損，入手已自不差，令人景仰無已。《叢誌》拾冊，分俵知交，半日而盡。則可知此事研究，為人人之所贊成明矣」。最後，嚴復為了呼應盛德壇所從事的扶乩是可信的，他舉了陳寶琛在1887年從事扶乩且預言十分準確的經驗，來證明「孰謂冥冥中無鬼神哉」！[78]

77　現存嚴復日記中，辛亥年的日記有兩冊，一冊記事、一冊記卜卦。「卜卦有卦象和對卦爻的解釋……據釋詞可知，其中有不少是嚴復應他人之求而代為占卜的卦。」編者，〈日記說明〉，王栻主編，《嚴復集》，第5冊，頁1477。

78　王栻主編，《嚴復集》，第3冊，頁725-727。

　　1918年2月，嚴復收到第2期雜誌之後，又寫了一封信給侯毅，
這一封信則詳述英國1882年所創設的英國靈學會。他認爲該會研究
成果豐碩，「會員紀載、論說、見聞，至今已不下數十巨冊……會中
巨子，不過五、六公，皆科哲名家，而於靈學皆有著述行世」。根據
這些作品所述「離奇弔詭，有必不可以科學原則公例通者，縷指難
罄」。他並寫到皇家學會高級會員、曾任英國靈學會之會長的巴威廉
（Sir William Barrett, 1844-1925，曾任 Dublin 大學物理學教授），在英
國的一個刊物 Contemporary Review 上寫了一篇介紹靈學研究的文
章。這一篇文章原名：“The Deeper Issues of Psychical Research”，《東
方雜誌》也在1918年由羅羅翻譯了這一篇文章，文中強調「物質的
平面，非宇宙之全體。外部意識的自我，亦非人格之全體。」[79]嚴復詳
細地介紹該文所闡釋靈學之內容，又說靈學並非「左道」：

> 會中所爲，不涉左道，其所研究六事：一、心靈感通之
> 事。二、催眠術所發現者。三、眼通之能事。四、出神離
> 魂之事。五、六塵之變，非科學所可解説者。六、歷史紀
> 載關於上項者。所言皆極有價值。終言一大事，證明人生
> 靈明，必不與形體同盡。又人心大用，存乎感通，無孤立
> 之境。

嚴復接著將西方靈學之中靈魂感通的觀念與傳統看法作一比較：「其
言乃與《大易》『精氣爲魂，感而遂通』，及《老子》『知常』、佛氏
『性海』諸說悉合。而嵇叔夜形神相待爲存立，與近世物質家腦海神

---

[79]　羅羅，〈心靈研究之進境〉，《東方雜誌》，15：9（上海，1918），頁79-
　　　86，引文見頁86。這一篇文章也被收錄到東方雜誌社編印，《催眠術與
　　　心靈現象》（上海：商務印書館，1923），頁35-48。

囿之談，皆墮地矣。」[80]

其中《易經》的觀念是指《易經・繫辭上傳》所謂：「原始反終，故知死生之說。精氣爲物，游魂爲變，是故知鬼神之情狀。……易無思也，無爲也，寂然不動，感而遂通天下之故」。[81]「知常」出自《老子》「致虛極，守靜篤，萬物並作，吾以觀復：夫物芸芸，各復歸其根。歸根曰靜，是曰復命，復命曰常。知常曰明，不知常，妄作凶」（第16章）。「性海」爲佛教語，指眞如之理性深廣如海。由此可見嚴復將西方靈學與《易經》、《老子》與佛法等相提並論。嚴復的想法並不例外，當時有一些類似的觀點。如清末舉人、工詩詞書畫的余覺（1868-1951）在寫給陸費逵的信中說：「靈學者，實爲凡百科學之冠，可以濬智慧，增道德，養精神，通天人。《易》言知鬼神之情狀，其惟聖人乎！則靈學者，即謂之聖學可也。」[82]

嚴復又介紹了人鬼交際現象，在中國數千年以來是靠巫覡，國外則用中人（medium），如英國的霍蒙（D. D. Home）與摩瑟思（S. Moses）。[83]在西方爲了通靈採取的方法類似中國的扶乩，即是：

80　王栻主編，《嚴復集》，第3冊，頁721。嵇康在〈養生論〉中主張「形恃神以立，神須形以存」，嚴復不同意此一觀點。

81　在中國將《易經》「精氣爲物，游魂爲變」之說與西方靈學連結在一起，是不少人會想到的觀念。例如曾任臺大歷史系教授、大力批判胡適的徐子明（1888-1973）也有類似的意見。他在與友人書信之中曾說：「可向靈學會（Society for Psychical Research）借書，藉明吾人肉體外有眞我在（Survival of Personality），不亦樂乎？《論語》雖有『未知生焉知死』之訓，而無害於《周易》之『精氣爲物，游魂爲變』之語也。」徐子明，〈復郁德基書〉，《宜興徐子明先生遺稿》（臺北：華岡出版部，1975），頁295。

82　〈余冰臣先生書〉，《靈學叢誌》，1：3（上海，1918），書函，頁8。

83　此處所指的是Daniel Dunglas Home（1833-1886）與William Stainton Moses（1839-1892）。

> 西人則以圍坐撫几法，於室中置圓几一，三人以上同坐。
> 齊足閉目，兩首平按几上。數夕〔此字疑有誤，或爲
> 「分」〕之後，几忽旋轉，或自傾側，及於室中牆壁、地
> 板作種種聲響。乃與靈約，用字母號碼，如電報然，而問
> 答之事遂起。

文中所述即是楊璿所談到的「轉桌術」。嚴復指出無論是扶乩或轉
桌術，參與者必須「以沖虛請願之誠相向，而後種種靈異從而發
生」，就此而言西方的轉桌術似乎要比中國的扶乩更能避免「人意干
涉」：

> 愚意謂以扶乩與圍坐相持並論，似我法待人者爲多，不若
> 圍坐之較能放任。即如乩中文字，往往以通人扶之，則亦
> 明妙通達；而下者不能。此不必鸞手有意主張，而果效之
> 見於乩盤者，往往如是。其減損價值，亦不少也。

上文顯示嚴復很謹慎地指出許多降靈之事涉及了人們心中有意或無意
之干預，導致影響其結果。但是他仍然相信以虔誠的態度來祈求，會
發生靈異之事。

　　嚴復並根據巴威廉的文章介紹了西方轉桌術的一個故事，來說明
靈魂在生前亦可脫離軀殼而獨立作用：

> 游魂爲變之事，不必死後乃然，亦不必羸病之軀而後有
> 此。嘗有少年，在家與其父彈毬，罷後困臥。夢至舊遊人
> 家，值其圍坐，乃報名說事，告以一日所爲。後時查詢，
> 一一符合。由此而言，則入乩者政〔按原文如此〕不必已
> 死之神鬼。

在介紹了上述的故事之後，嚴復從兩方面來解釋此一現象。首先他接
受巴威廉的解釋，認爲「此等事不關形質，全屬心腦作用」，但另一

方面「吾身神靈無窮，而心腦之所發現有限」。[84]同時，嚴復也採用巴威廉文章之中所用的光學與電學的比喻來說明目前人們無法了解的靈魂之感通：

> 譬如彩虹七光，其動浪長短，存於碧前赤後者，亦皆無盡；而爲功於大地者，較之七光所爲，尤爲極巨。惟限於六塵者，自不足以見之耳。雖世變日蕃，脫有偶合，則亦循業發現，此如無線電、戀占光線，其已事也。[85]

嚴復在此闡述一套理論，將人分爲腦、心、靈魂等層次，腦所能控制的是軀殼，心靈則能脫離軀殼。扶乩或轉桌術即是生人或死人的靈魂，占入他人軀體而產生之現象。簡單地說，嚴復接受英國靈學會會長巴威廉的想法，在《靈學叢誌》之上肯定有一個脫離物質的腦之外的心靈世界，且此一心靈在死後繼續存在，故死亡不是生命的終點。

嚴復不但介紹西方靈學之理論，而且認爲這一套理論與中國傳統的許多觀點是相配合的。在扶乩或轉桌術的過程中，所起作用的包括：「吾國向有元神會合之說」、「古所謂離魂，與修煉家所謂出神，皆可離軀殼而有獨立之作用……此事皆吾先德所已言」、「如莊子所謂官知止而神欲行，及薪盡火傳諸說」。

最後嚴復談到以往他對「靈魂不死」的學說原來存有懷疑，他本

84　巴威廉的看法受到美國心理學家詹美士（William James, 1842-1910）的影響。這一點嚴復並未仔細說明，然根據〈心靈研究之進境〉，詹美士認爲：「吾人之心知，不限於腦，而實受腦之限制。腦者，非心知之本源，不過爲一種機官，用以表顯心知之作用。」羅羅，〈心靈研究之進境〉，頁81。

85　此處之「六塵」爲佛教詞彙，指眼、耳、鼻、舌、身、意等六根所相應的六種對境，也是六識所感覺、認識的六種境界。「戀占光線」應該是X光線之另一譯名。

來採取的是赫胥黎（Thomas Henry Huxley, 1825-1895）所秉持的「不可知論」（agnosticism），亦即「於出世間事存而不論」的立場；但隨著年齡的增長，他開始接受「靈魂不死」之說。嚴復接受靈學的觀點顯然不是無跡可循。其實，早在 1898 年，他翻譯赫胥黎《天演論》之時，他即用佛教的「不可思議」的觀點來說明「涅槃」。對他來說，靈學所研究的課題正是屬於「不可思議」之範疇。

嚴復從赫胥黎「不可思議」的角度來論證靈學之價值，更增加了靈學所具有的學術性，他並依此重新定義了科學、宗教與迷信三者。嚴復強調宇宙中的事事物物都有時間、空間等兩個面向。物件基於此而存在，人心則有能力來掌握此類物件。他說「人心有域」，[86] 超越此一境界，則為「不可思議」。不可思議包括：

> 「不可思議」之物，則如云世間有圓形之方，有無生而死，有不質之力，一物同時能在兩地諸語，方為「不可思議」。此在日用常語中，與所謂謬妄違反者，殆無別也。然而談理見極時，乃必至「不可思議」之一境，既不可謂謬，而理又難知，此則真佛書所謂「不可思議」。而「不可思議」一言，專為此設者也。佛所稱涅槃，即其不可思議之一。他如理學中不可思議之理，亦多有之，如天地元始、造化真宰、萬物本體是已。至於物理之不可思議，則如宇如宙。宇者，太虛也（莊子謂之有實而無乎處。處，界域也。謂其有物而無界域，有內而無外者也）。宙者，時也（莊子謂之有長而無本剽。剽，末也。謂其有物而無起訖也。二皆甚精界說）。他如萬物質點、動靜真殊、力

86　王栻主編，《嚴復集》，第 4 冊，頁 1036。

> 之本始、神思起訖之倫，雖在聖智，皆不能言，此皆眞實
> 不可思議者。[87]

對嚴復來說，了解不可思議的境界非常重要。因爲就像許多二十世紀中國哲學家所強調的，作爲道德之基礎（包括嚴復所強調的儒家倫理，如「孝」）與痛苦之避難所的內在生活，必須奠基於某種形上的本體論之上。如此可以避免陷入「最下乘法」、「一概不信」的物質主義（materialism）。[88]嚴復此處所指的即是西方科學主義式的「無神論」、唯物主義。這樣一來，科學的範疇要超過物質或感官經驗，亦可研究心靈世界、死後世界。這種對物質主義的拒絕，與歐戰後梁啓超、梁漱溟等人的反省，和後來新儒家感覺到生命中支離割裂、茫無歸著的恐懼，以及上述宗教界中諸多新興宗教的觀點，也有相通之處。[89]

　　1921年嚴復寫給他的接受新式教育之孩子們的一封信，很能表達出他對科學、迷信、宗教等議題的看法，亦反映出科學、迷信之爭在1920年代是一個熱烈討論的議題，很多家庭之內的矛盾即由此而產生。嚴復首先強調世間事物，無論何種問題，皆有兩面，各具理由，需做平衡判斷，不可「總著一邊」。其次他則批評他的孩子，以科學知識當作唯一的標準，將祭祀先人、禮佛與同善社等宗教活動皆視爲迷信，是不恰當的：

> 璿年尚稚，現在科學學校，學些算數形學之類，以爲天下

87　王栻主編，《嚴復集》，第5冊，頁1379-1380。
88　王栻主編，《嚴復集》，第3冊，頁825。
89　墨子刻，〈形上思維與歷史性的思想規矩：論郁振華的《形上的智慧如何可能？──中國現代哲學的沈思》〉，《清華大學學報（哲學社會科學版）》，16：6（北京，2001），頁57-66。

> 事理，除卻耳目可接，理數可通之外，餘皆迷信無稽，此
> 真大錯，到長大讀書多見事多時當自知之耳。吾所不解
> 者：你們何必苦苦與同善社靜坐法反對？你們不信，自是
> 與之無緣，置之不論不議之列可耳。

> 吾得大哥一信，中言五月廿二日孃生忌日，其意頗怪四五
> 兩弟。今將此信剪下，與汝看之。吾不知大哥所云無謂語
> 言，的係何語。大概又是反對迷信等因。如其所云，汝真
> 該打。

嚴復強調宗教之中可能有迷信的成分，但不一定全都是迷信：

> 迷信一事，吾今亦說與汝曹知之：須知世間一切宗教，自
> 釋、老以下，乃至耶、回、猶太、火教、婆羅門，一一皆
> 有迷信，其中可疑之點，不一而足；即言孔子，純用世
> 法，似無迷信可言矣。而及言鬼神喪祭，以倫（疑爲論）
> 理學 Logic 言，亦有不通之處。

嚴復的觀點是科學或唯物論不是最終的權威、宗教有其價值，因而不
能將一切的「幽冥之端」斥爲迷信。他勸他的孩子：「汝等此後⋯⋯
不必自矜高明，動輒斥人迷信也」[90]。

　　總之，嚴復依據本身的宗教經驗、他對西方靈學與科學之認識，
來重新界定宗教、迷信與科學之關係。他早在 1912 年教育部舉辦的
一個題爲〈進化天演〉的演講之中，強調以下的看法：

　　一、宗教是人類社會一定存在之現象。「有社會必有宗教，其程
度高下不同，而其有之也則一。然則宗教者，固民生所不可須臾離者
歟」。宗教起源於初民社會，當時開始出現宗教家，「有篤信主宰，

謂世間一切皆有神權，即至生民，其身雖亡，必有魂魄，以為長存之精氣者」。

二、隨著演化，社會中也出現了「研究物情，深求理數之人」，稱為「學術家」。

三、學術的擴張（包括科學的進步）會導致宗教範圍之縮小，乃至兩者之間的衝突。嚴復指出：「宗教、學術二者同出於古初，當進化程度較淺之時（按應指宗教）範圍極廣，而學術之事亦多雜以宗教觀念，無純粹之宗風，必至進化程度日高，於是學術之疆界日漲，宗教之範圍日縮。兩者互為消長，甚至或至於衝突，此至今而實然者也」。

四、雖然宗教、學術兩者在發展過程中必然會起衝突，不過學術擴張所導致的其實不是宗教範圍的縮小，而是宗教之中迷信部分的縮小，而使宗教之內容「日精」。嚴復說：「學術日隆，所必日消者特迷信耳，而真宗教則儼然不動」；「宗教日精，由迷信之日寡也，宗教、迷信二者之不可混如此也」。

五、這樣一來，學術與宗教並無根本的矛盾，反而可以互相補足、相互提升。嚴復認為學術無論如何進步，都有無法完全解釋之處，而學術所無法解釋之處，即是宗教所以產生之處。[91]換言之，所有的社會之中只要有「不可知者」的領域存在，就會透過宗教來解釋不可知的現象，那麼宗教就不會被人們所放棄。嚴復說：「蓋學術任何進步，而世間必有不可知者存。不可知長存，則宗教終不廢。學術之所以窮，則宗教之所由起」。

91　這也是嚴復引西方學者的話，「西哲常云：『宗教起點，即在科學盡處』」，王栻主編，《嚴復集》，第 2 冊，頁 328。原文應是 "Religion begins where science ends".

六、從以上的理論來推論,科學、宗教、迷信三者的關係即是「由是而知必科學日明,而後宗教日精,宗教日精由迷信之日寡也」。[92]

嚴復所提出科學、宗教、迷信之關係的看法與《新青年》作者如胡適、陳獨秀(1879-1942)等人所強調宗教即是迷信,而科學與迷信兩不相容的知識觀是很不相同的。嚴復肯定宗教的意義,並賦予宗教與科學不相矛盾、宗教與迷信相互排斥的界定,在近代思想史上代表了五四主流論述之外的另一個聲音,許多宗教界人士無疑地較支持他的說法,而後來「科玄論戰」中玄學派所秉持的觀點,亦與此一思路有密切的關係。

五、催眠術與靈學之糾結及其「科學」宣稱

在民國初年,除了上海靈學會的支持者宣稱靈學與科學相輔相成之外,當時許多支持催眠術的人也宣稱催眠術具有科學性。催眠術與靈學相關,多被視爲是靈學中的一種,不過它也有自身的發展脈絡。這主要是因爲許多與靈學有關的活動往往需要依賴催眠的方法來進入一種特殊之狀況,讓人產生冥冥之中若有神力的感覺,可以藉此聲稱靈魂、鬼神的存在,所以民國初年許多靈學研究之機構,亦教授催眠

---

[92] 〈進化天演〉是嚴復於1912年夏天由北京教育部所舉辦的一場演講的講稿,其內容於1913年3月刊登於《今文類鈔》(第2期),以及同年4月12日至5月2日北京《平報》(題爲〈天演進化論〉),兩者文字略有差別。引文均見嚴復,〈天演進化論〉(1913),王栻主編,《嚴復集》,第2冊,頁309-319(根據《平報》)。另一版本爲〈進化天演——夏期演講會稿〉,孫應祥、皮後鋒編,《嚴復集補編》,頁134-147(根據《今文類鈔》)。

術。上海靈學會與其他靈學研究者的支持者之中也有不少人看到催眠術與扶乩之間的關連性。[93]無論如何，民初之時催眠術與靈學關係密切、相伴而生。[94]

　　許多討論催眠術的作品都會注意到催眠術與靈學的關係。楊錦森在《東方雜誌》上所翻譯的一篇〈論心理交通〉，以及愈之所翻譯的〈夢中心靈之交通〉二文，嘗試「以科學的方法」說明催眠術或夢境與心理溝通之關係。兩者均將催眠術與靈學結合在一起。[95]他們的理論是：一、人類的心靈或基督教所謂之靈魂，可超越肉體並脫離肉體而存在，「吾人肉體之中有一無形之物，其物不爲吾人肉體所束縛，自具有感覺與行事之能力」（56）。二、在此世界外，更有一不可見、不可知之世界，作爲靈魂（與神鬼）溝通之場域。三、在夢中或受催眠之時比較容易進入此一境界，而進行心靈之溝通。這是因爲人在受催眠之時，其心靈不爲肉體所控制，能不受時與地之限制，而自由行動。例如能見到異地景物，或「令別一靈魂，占據其肉體」（60）。四、心靈溝通是依賴類似電力或神經中樞發出「震動」來傳

93　例如，海寧的史文欽，「爲書數千言，論催眠之理，以爲其事與乩相
　　類」，見〈袁葆良先生書〉，《靈學叢誌》，1：2，書函，頁2。吳稚暉也
　　將催眠術和靈學會的鬼神之說結合在一起，「昨聞仲哥乃郎，又以催眠
　　鬧動於甘肅路。鬼神之勢大張，國家之運告終」，見俞復，〈答吳稚暉
　　書〉附錄，《靈學叢誌》，1：1，雜纂，頁4。此外，在道院的刊物《道
　　德雜誌》亦有相同的討論。見樹中，〈扶乩的學理說明〉，《道德雜
　　誌》，1：1，附錄，頁13-16。該文作者引用井上圓了、古屋鐵石，以及
　　東西心理學家的理論來解釋扶乩，其中也談到扶乩與催眠術之關係。
94　李欣，〈中國靈學活動中的催眠術〉，《自然科學史研究》，28：1（北
　　京，2009），頁12-23。
95　這兩篇文章均收入東方雜誌社編印，《催眠術與心靈現象》。以下引文均
　　爲本書之頁數。

遞，「其方寸靈犀間，時有一種想像之電，息息相通……雖睽隔萬里，亦能互遞消息，而無所阻塞也」（73）。文中並舉出許多具體之事例，如述說異地見聞、逆知未來、知人所思等，來證明所言不謬。不過作者只將此種溝通限定在活人，「至於與死者之交通……此則今尚無真確之證據，使人深信其必有」（50）。

在愈之（胡愈之，1896-1986）所翻譯的〈夢中心靈之交通〉沒有談到催眠術，只提到夢境，他將此種心靈之交通說成是「靈通」，「英國之洛琪（Oliver Lodge）氏等，已承認遇此種特殊夢象時，夢者之心靈，確能與醒者互相交通，且無空閒之限制。此種交通現象，名之曰『靈通』（Telepathy）；靈通之現象，今雖未得完滿之解釋，而其真實，已爲少數學者所公認矣」（69）。上述的說法都是將催眠術作爲引發心靈溝通的狀況，因此在受催眠時，「往往具超越之感覺力，能觀察遠處之事物」，此種「域外自我」，即是「天眼通」、「他心通」等現象出現的原因（44）。

上述的說法將催眠術視爲靈學的一個部分。不過也有一些人表示其所從事之催眠術，與靈學無涉，這些人甚至刻意地與靈學會的靈魂、鬼神之說保持距離。民國初年，在中國流行的許多較爲專業的催眠術是從此一傳承而來，宣稱其爲科學（或「心靈學」、「心理學」、「精神研究」），而非靈學。

有關催眠術傳入日本的經過一柳廣孝的專書《催眠術の日本近代》有深入的探討。大致而言，1873年時「傳氣術」、「催眠術」二詞彙已經被收錄在東京大學所印行的《哲學詞彙》之中。在日本，催眠術是由留學生如榎本武揚（1836-1908），以及來日本的外國人所傳入的。[96]

96　一柳廣孝，《催眠術の日本近代》（東京：青弓社，1997），頁16-17。

大約在1880年代開始，許多日本學者開始研究催眠術。[97]初期之時並無催眠術之名稱，而被稱爲「幻術」。1889年有一個醫生馬島東伯用催眠術來治病，得到良好的效果，催眠術的名稱方才出現。馬島在1888年曾與東京帝大的井上圓了（1858-1919）在熱海討論催眠術，後來井上組織「不可思議研究會」，並在1895年出版《妖怪學講義》（導論部分後由蔡元培〔1868-1940〕譯爲中文於1906年由商務印書館出版），從科學、哲學、心理學與宗教角度解析妖怪等不可思議之現象，以打破對妖怪之迷信。[98]根據余萍客所述，該書是因爲井上圓了與催眠師中村環熟識，「該書中有許多地方是推求催眠術的原理」而做。[99]此外，小野福平（著有《小野催眠學》，1905）、福來友吉（1869-1952，心理學家）、高橋五郎（1956-1935）等人也是心靈研究的先驅人物。福來友吉在1906年以〈催眠術的心理學的研究〉作爲其博士論文；1908年任職東京大學助理教授。1910年，福來友吉於日本各地發覺御船千鶴子、長尾郁子、高橋貞子、三田光一等號稱有透視與「念寫」（一種超能力，能將心中的影像印在相紙或傳給別人，英文爲thoughtography）的超能力之人，並於公共場合進行實驗，引發廣大爭議與討論；此爲日本歷史中的「千里眼事件」。[100]

97　參見一柳廣孝，《こっくりさんと千里眼：日本近代と心靈學》。

98　有關井上圓了及其妖怪學對中國的影響，參見鄒振環，《影響中國近代社會的一百種譯作》（北京：中國對外翻譯出版公司，1996），頁209-212。

99　余萍客，《催眠術函授講義》（上海：中國心靈研究會，1933），卷1，頁41。

100　中文之中對此事件之介紹與解析，見章錫琛，〈日本新千里眼出現〉，《東方雜誌》，10：4（上海，1913），頁12；〈千里眼之科學解釋〉，《東方雜誌》，10：7（上海，1914），頁10。章氏認爲千里眼之奇妙現象乃出於「催眠狀態」。

1913年福來友吉出版《透視と念写》，引起更大的爭議，被認為宣傳迷信，而隨後遭東大停職。然而，日本社會中心靈、精神研究之風氣持續發展。上述日本明治時代的時代氛圍又影響到當時留日的中國學生，他們接受了「催眠術」的譯名，再將之傳入中國。

　　1909年在橫濱的中國人余萍客、劉鈺墀、鄭鶴眠、唐新雨、居中州等人，創辦了「中國心靈俱樂部」，此一團體同時研究「心靈學」與「催眠術」。至1911年，該組織又改名「東京留日中國心靈研究會」，英文名是Chinese Hypnotism School（中國催眠學校），並發行《心靈雜誌》，會員人數激增。1914年該組織成立心靈學院。1918年，該會在上海成立分會。1921年該會結束了在東京的會務，專心在中國推廣催眠術，並將會名改為「中國心靈研究會」。據余萍客表示，僅「中國心靈研究會」至1933年，就出版了書刊、講義3,000餘種，而其會員更有8萬之眾。[101]

　　余萍客是催眠術在中國流傳的靈魂人物。他說：「為什麼中國今日催眠術的聲浪竟能到處傳播，研究的人竟如雨後春筍般的增加呢？這可以說是全是中國心靈研究會提倡之功」。[102]該會最主要是利用出版定期刊物、書籍、教授講義來傳播催眠術，並依照學習對象、學習方法、學習之時間長短，分別設立不同部門，廣募學員，並宣稱可以治療各種疾病。余萍客在《催眠術函授講義》即強調催眠術：「不是飄渺虛無，不是毫無根據的，而是處處有著科學的憑藉做他產生的背景」。[103]他解釋催眠與睡眠不同，是靠著暗示、誘喚而使人出現的一種特殊的精神狀態：

101　余萍客，《催眠術函授講義》，卷1，頁49。
102　余萍客，《催眠術函授講義》，卷1，頁47。
103　余萍客，《催眠術函授講義》，卷2，頁1。

> 催眠術是由會通催眠術的施術者運用適於催眠之暗示及手
> 段誘喚受術者的精神，呈現一種特殊的狀態。這時受術者
> 沉靜了普通狀態時種種亂雜的觀念，而成無念無想的心境
> 除了施術者一人外，不和第三者發生關係；施術者發出種
> 種暗示，……施於受術者，他毫不躊躇忠實地而出現種種
> 催眠現象。……能使人一時喚呈這種精神的特殊狀態的即
> 是催眠術。[104]

同時，余萍客表示利用催眠術可以治療各種疾病。他在該書第3卷中有「催眠術治療法」，仔細地介紹精神醫療法之原理與方式。他所宣稱能治療的疾病有五十多種，包括神經衰弱、淫蕩癖、懶癖、盜物癖、虐待生物癖、嫖賭癖、潔癖等。催眠術可治療各種疾病之宣稱在報紙廣告中尤其普遍，例如1918年1月7日《大公報》催眠術函授的廣告即宣稱：「能治藥石無効之病癖，能令精神上生無限之慰藉」。

在中國心靈研究會出版與催眠術相關的文本之中均宣稱催眠術為一「精神科學」，且其「科學性」早被「世界公認」。[105]藉著催眠術，像余萍客等催眠專家企圖解釋上述上海靈學會所從事的扶乩活動、鬼神、靈魂等「莫名其妙」的現象。余氏說以前很多人認為陷入催眠狀態「是神靈依憑其身，是『人』與『神』交通的現象」，實際上此一說法「含有多量的迷信的成分……現在是沒有人去採用的了」。[106]再者，催眠也與靈魂之說無關，是一種心靈科學中的現象。[107]對他們而

---

104 余萍客，《催眠術函授講義》，卷2，頁2。
105 見1916年中國心靈研究會編，《催眠術專門研究》，4(1916)，頁54。轉引自李欣，〈中國靈學活動中的催眠術〉，頁19。
106 余萍客，《催眠術函授講義》，卷2，頁35。
107 余萍客，《催眠術函授講義》，卷2，頁45。

言，中國下層社會所從事的降青蛙神、請竹籃神、關亡問米、圓光、扶乩等都與鬼神無關，而「包含在催眠學理的範圍內」。這樣一來，像余萍客等催眠師，雖然也號稱研究精神作用或心靈現象，其實上他們並不認同上海靈學會等人有關靈魂與鬼神的觀點，他們認爲鬼神之說實爲「迷信」。余萍客在1931年的書中說：

> 這類事件，向來祇流行在一般下級民眾中，智識階級從未
> 曾下過功夫，……自然會對於這般運用精神的催眠現象，
> 看做神鬼降臨偏於迷信方面的事跡了。[108]

不過有趣的是余萍客也發現催眠與個人的感受力有關，而指出信仰催眠、相信神佛之人較易進入催眠狀態。

　　總之，中國心靈研究會有意地將催眠術與靈學作一區隔，對他們來說，他們要強調催眠術乃是一先進的科學，人人可學會。1934年上海心靈科學書局所出版的《羅倫氏催眠術二十五課》即強調催眠術可以應用於教育與治療，是「一種研究人類精神的超自然力之利用的方法」，這顯示「催眠術乃是一種科學的事實……不論誰都可以學得成功的」。[109]

　　余萍客所代表的中國心靈研究會的觀點並不是特例，當時從類似角度解析催眠術爲科學的人不少，只不過這一些理論所提出的科學宣稱，各有不同。盧可封與梁宗鼎是將催眠術的心理學的闡釋與儒家修身理論結合在一起。

　　盧可封在1917年的《東方雜誌》上發表的〈中國催眠術〉一

108　余萍客，《催眠術函授講義》，卷1，頁47。
109　羅倫氏（L. W. Lawrence），《羅倫氏催眠術二十五課》（上海：心靈科學
　　　書局，1934），頁2-3。

文，提出他對催眠術的看法。[110] 盧可封爲上述「中國心靈研究會」的會員，1916年夏季畢業，此文乃應日本催眠術協會之考試而作。文中表示他受到許多日本催眠大家之影響，其中最爲服膺者是東京帝大畢業的催眠專家村上辰午郎。[111] 不過他也有一些自己的心得。盧氏認爲催眠術是一種「精神作用」或「精神力量」，具有哲學與心理學之學理基礎，且符合中國先哲之論說。他說：「徒以神怪視之者，直不學無術，孤陋寡聞之人而已」（27）。

　　他也和余萍客一樣，運用催眠術來解釋中國流行於民間的各種現象。例如他解釋「降仙童」：「予習催眠術後，乃知此完全爲催眠，絕無神怪之可言；羣童所以忽能武技者，則催眠變換人格（化身）之效也」（18-19）。他同時也解釋扶乩，「此術亦催眠之效也，變換扶乩者之人格爲所請之仙耳；歐美有百靈舌（Planchette）者亦類此也」（20）。此外，盧可封以催眠來解釋的活動還有：討亡術、圓光術、祝由科、竹籃神、八仙轉桌、筋鬪術等。最後作者指出，催眠術是一門既有學理根據、又具實用價值之一學科。

　　盧可封對催眠術所做的解釋一方面是從科學（主要是心理學）角度之論述，另一方面也與他對哲學、倫理學的看法交織在一起。他認爲催眠之理論在《易經》、《中庸》、《太極圖說》之中有關太極與陰陽之說，已有所闡明。因此「催眠中之透視、默化種種神妙之事」，乃至神遊（千里眼）等都是出於「至誠」之精神。再者，《中庸》所謂「誠則明矣、明則誠矣」，則是「最正大之預期作用說也」：

110　此文亦收入《催眠術與心靈現象》，以下頁數爲該書之頁數。
111　村上辰午郎有不少催眠術之著作，對催眠術的普及有很大的貢獻，參見一柳廣孝，《催眠術の日本近代》，頁175-180。

> 至誠之道，可以前知。又曰：至誠如神；又曰：與天地合
> 其德，與日月合其明，與四時合其序，與鬼神合其吉凶；
> 此其修養之至，一觸即發，隨時皆可以得催眠之效
> （17）。

他將此套理論稱之爲「儒者催眠學」（15）。最後，他提到催眠術對人類的意義：一是借催眠術解決學問方面的問題，這一點很類似上海靈學會借扶乩來做學術研究；二、藉催眠術從事教育工作，「令愚者明、拙者巧，頑廉懦立，效若桴鼓」；三、催眠術可治病、改癖；四、其教育、醫療功能可以助長家庭幸福；五、幫助個人「養生壽身，投機營業」（27-30）。

梁宗鼎具有礦學方面的專業，撰有不少關於金礦、石炭、鋼鐵方面的著作。他的「催眠學」與盧可封之意見類似。1916年他在《東方雜誌》上發表了〈催眠說〉一文，他的理論不像盧可封那麼複雜、周密，不過同樣地從西方科學理論與儒家道德修養兩方面來討論催眠術。

首先他追溯催眠術在西方與日本的歷史，在多年發展之下，「此術已認爲獨立之科學矣」（2）。他指出催眠術其實就是《列子》中所說的「化人」，能夠「變物之形，易人之性」（1），它利用的兩種心理之機制，一是暗示，一是默契。前者，「催眠學，即所以研究此『暗示』與『默契』之原理之科學者也」（3）。除了心理上的指示之外，催眠術還需利用生理上的方法，包括利用觸覺、聽覺與視覺來使被術者達到催眠之狀態（4）。

梁宗鼎認爲催眠之所以能起作用，最後依賴一種對「腦」的作用。因爲腦控制人的身體，「人體各部之運動，均唯此腦是賴……人如無此腦，則人之靈性失矣」（7）。他進一步說明腦的內部構造，及

其與催眠術之關係。他說：大腦中有兩大部分，一爲「天君筋」，一爲「善惡筋」，這兩者有如宋儒所說的所謂天理、人欲之「二我」。天君筋所發出之命令，各部分奉若神明；善惡筋即是慾望面，而兩者「恆爭起落，每構成種種之思潮」（7）。催眠家的作法就是控制「天君筋」，「間接司令，以致鈎深索隱，治療疾病」；同時克制「善惡筋」，來避免因疾病而產生之疾病或惡行（8）。

　　如果說盧可封、梁宗鼎的催眠理論夾雜了西方科學與儒家的道德理念，那麼趙元任（1892-1982）對催眠術的看法則基本上是從西方心理學出發所做的詮釋。他在1917年《科學》上所發表了〈催眠學解惑〉。[112] 文中他開宗明義地說：「催眠學今日之科學的地位，實爲心理學之一部分。所謂心理學者，非指十九世紀以前之哲學的心理學，乃指近世科學的實驗與理論心理學也。」他指出催眠術的基礎主要有二，一是暗示作用，讓受術者產生錯覺、幻覺與人格變換；二是所謂的「神經斷離說」（theory of mental dissociation），而兩者密切相關。[113] 他表示：

> 人在平常醒時，其遇一暗示，輒生各種抵抗力，抵抗力強則暗示無效。若用法除去各種抵抗情形，則暗示易于實行。催眠狀態者，抵抗消除而暗示效力因以增進之狀態也。……
>
> 催眠狀態之解說最有信用者，爲神經斷離說（theory of mental dissociation）。此說大意謂平常睡時腦細胞相接之

112　趙元任，〈催眠學解惑〉，中國科學社編，《科學》，3：8-9（上海，1917），頁938-949。

113　此一理論應是源自法國心理學家Pierre Janet（1859-1947）。參見http://www.hypnosis-online.co.uk/theoriesofhypnosis.htm（2011/10/18）。

處（synapse）平常之感觸皆不能通過，而腦之全部休
息。在催眠狀態，則術者常常與之言語或接觸其體部，故
被術者腦中凡關于暗示之觀念者仍與他器官相連，而他部
之腦細胞則全息。故一念生而無他念與之對抗，此暗示之
所以得力也。[114]

趙元任在《科學》上的文章嘗試以他所接觸到的一種特殊的西方科學
理論來解釋「神祕奧妙」的催眠學，並將催眠與「招魂、關亡等
術……迷信與詐妄諸事」有所區隔。不過值得注意的是趙元任所介紹
的只是諸多西方理論中的一種，而且有學者認爲是影響力較小的一
種。當然這也因爲一直到今日尚未出現一種對於催眠術的確切解釋所
致。

　　上述四種對於催眠術「科學」性質的宣稱，余萍客的理論特別環
繞著暗示與誘喚的心理機制與其醫療效果，認爲催眠術是一種有科學
根據的精神療法，是「心靈科學」中的一種。盧可封則嘗試建立一個
具有中國特色而與儒家修身、《易經》宇宙觀相配合的催眠理論，並
聲稱可治病、改癖，並用於教育、學術之上，故推到極致可以「克己
復禮，而天下歸仁焉；端拱南面，而天下歸化焉」；梁宗鼎的說法催
眠即是控制大腦的天君筋與善惡筋，以暗示與默契來做到存天理、去
人欲，並治癒各種疾病。這三種解釋都不同意靈學會所謂傳統的扶乩
或降仙童可以證明鬼神與靈魂的存在，他們毋寧相信這些都是在催眠
狀態之下所表現出來的行爲，無足爲怪。其中盧可封與梁宗鼎一方面
否認鬼神與靈魂的存在，另一方面又將儒家的修養觀念與中庸的
「誠」的哲學投射到催眠術之上。至於趙元任的說法主要是源於西方

114　趙元任，〈催眠學解惑〉，頁948。

的一種理論，企圖建立「催眠學在科學上之地位」，他的說法與《新青年》有相類似之處。總之，這幾種對於催眠術的理論一致強調靈學中的現象可以透過催眠術得到一「科學」的解釋或驗證。換言之，靈學中的鬼神之說是迷信，但催眠術，即使它所觸及的心理機制、精神療效尚無法得到周延之解釋，則是一種科學。

六、《新青年》對靈學之批判：科學與迷信之二分

　　上海靈學會成立之後大力宣揚靈學，又透過報章報導諸如「靈魂照相」等事，此舉引起許多人的反感。1918年5月至1919年4月，《新青年》之上發表了許多文章來批判靈學，其中魯迅的話很有代表性，他說：

> 現在有一班好講鬼話的人，最恨科學，因爲科學能教道理明白，能教人思路清楚，不許鬼混，所以自然而然的成了講鬼話的人的對頭。於是講鬼話的人，便須想一個方法排除他。其中最巧妙的是搗亂。先把科學東扯西拉，屬進鬼話，弄得是非不明，連科學也帶了妖氣。……《靈學雜誌》內俞復先生答吳稚暉先生書裏說過：「鬼神之說不張，國家之命遂促！」……據我看來，要救治這「幾至國亡種滅」的中國，那種「孔聖人傳言由山東來」的方法，是全不對症的，只有這鬼話的對頭的科學！——不是皮毛的眞正科學！——。[115]

力倡無神論的胡適很同意魯迅對靈學的看法。胡適自幼受到他父親

115　魯迅，〈熱——三十三〉，《魯迅全集》（北京：人民文學出版社，1981），卷1，頁298-302。

「理學家的自然主義的宇宙觀」影響，力倡「格物窮理」，家中大門
上貼著「僧道無緣」的字條。後來他讀到司馬光（1019-1086）「形既
朽滅，神亦飄散」與范縝「神滅論」，「成了一個無鬼無神之人」。[116]
胡適源於傳統的無神論又與他對西方科學的認識結合在一起。他不但
批判扶乩、鬼神之說，也對靈學研究抱持著譏諷的態度。他在1921
年寫〈《紅樓夢》考證〉，碰到一個不可解之處，曾調侃地說：「這謎
只好等上海靈學會把曹雪芹先生請來降壇時再來解決了。」[117]胡適其
實並不在乎死後靈魂之存滅，他所相信的是「社會的不朽」、「大我
的不朽」。1919年他所寫的〈不朽——我的宗教〉一文最能反映他對
此議題的看法。對他來說，人一生最重要的事情是現世的所作所為，
而非來世之果報，因此真正能留下來的遺產是個人對社會的正負面影
響。他說：

> 我的宗教的教旨是：我這個現在的「小我」，對於那永遠
> 不朽的「大我」的無窮過去，須負重大的責任；對於那永
> 遠不朽的「大我」的無窮未來，也須負重大的責任。我須
> 要時時想著，我應該如何努力利用現在的「小我」，方才
> 可以不辜負了那「大我」的無窮過去，方才可以不遺害那
> 「大我」無窮未來？[118]

胡適所謂的小我與大我之關係與大我之不朽，一方面受到嚴復所譯介

116　胡適，《四十自述》（臺北：遠東圖書公司，1966），頁34-38。

117　胡適早年在《競業旬報》上發表的小說〈真如島〉中即抨擊扶乩迷信。
　　　見胡適，《四十自述》，頁66。胡適，〈《紅樓夢》考證〉，收入氏著，
　　　《中國章回小說考證》（上海：上海書店出版社，1980），頁231。

118　胡適，〈不朽〉，收入季羨林主編，《胡適全集》（合肥：安徽教育出版
　　　社，2007），第1卷，頁667-668。

的斯賓塞（Herbert Spencer, 1820-1903）、赫胥黎「社會有機體」論之影響，另一方面也受到儒家「三不朽」、祖先祭祀等觀念之啓發（胡適說該文是「當我母親喪事裡想到的」）。這一種對「大我」的想像與中國傳統之儒家、佛教之觀念有一定的關聯，而與西方自由主義者、個人主義者對「自我」（self）的想像有所不同。[119]

　　胡適從此一「不朽」的觀點批評西方靈學中所謂死後「靈魂不滅」的看法。1926年胡適到英國倫敦訪問，與曾篤信靈學之歷史學家 G. Lowes Dickinson（1862-1932）討論到這個問題，他重申自己的「社會不朽論」：

> 下午到 Dr. Burns 家喫茶，會見 G. Loues〔應爲 Lowes〕Dickinson，談甚久。久想見他，到今天才會見他。他今年六十五歲了，精神還好，思想仍新。此是最可愛的。他早年作 Religion 一書，攻擊舊宗教。但我今早車上讀 Sir Oliver Lodge's Survival of Man，開篇引他在 Harvard 的講演中語，似他那時頗信「靈學」的話，我頗詫異。今天喫茶後，他同我同出門，我們同到 Russell Square，路上談起。他說，前時頗關心死後靈魂滅否的問題，現在更老了，反不覺得此問題的重要了。他問我，我說，全不愁此事。即使我深信死後全歸於盡，我決不介意；我只深信一生所作爲總留下永永不滅的痕跡：善亦不朽，惡亦不朽。他很以爲然。[120]

119　黃克武，〈胡適與赫胥黎〉，《中央研究院近代史研究所集刊》，60（臺北，2008），頁43-83。

120　胡適著，曹伯言整理，《胡適日記全集》（臺北：聯經出版事業公司，2004），第4冊，頁601-602。

由此可見胡適對英國靈學會如 Oliver Lodge 的觀點雖有所接觸，卻不以爲然。

　　除了魯迅與胡適之外，在《新青年》批判靈學的作者中，心理學家、北大教授陳大齊的〈闢靈學〉（1918）、〈心靈現象論〉（1919）等文寫得最有系統，集結爲《迷信與心理》一書。後來他又在《晨報》上撰寫〈有鬼論成立的一大原因〉（1923）繼續批判有鬼的言論。

　　陳大齊，字百年，浙江海鹽人。早年留學日本，就讀東京帝國大學文科哲學門，專攻心理學，獲文學士學位（1912）。他曾任浙江高等學校校長、北京大學教授、系主任、代理校長。1949年赴台灣，協助蘇薌雨創建國立台灣大學心理學系，又任台灣大學文學院、台灣省立師範學院教育系教授。1954-59年擔任政治大學校長，亦曾出任國民黨中央評議委員等。[121]

　　陳大齊的《迷信與心理》一書以心理學的知識解釋一些心靈的現象。他在1972年時回顧其一生學術成就，撰有〈耕耘小獲〉一文，其中曾述及該書是他早年在心理學方面的重要成果，對破除迷信，「不無小助」：

> 當五四運動前後，旅居北方的新知識份子，方以提倡科學
> 精神爲要務之一。上海方面扶乩之風盛行，且有人組織靈
> 學會，宣揚其神妙。乃撰〈闢靈學〉一文，依據心理學學
> 理，加以剖析與說明，謂除了有意作爲（疑爲「僞」）者
> 以外，沙盤中所書，出自扶乩者的下意識作用而不爲扶乩

---

121 有關陳大齊的生平與學術可參考沈清松，〈陳大齊〉，收入《中國歷代思想家23：陳大齊・太虛・戴季陶》（臺北：臺灣商務印書館，1999），頁1-36。

　　者所自覺，並非真有神仙降臨。此文頗為儕輩所重視，其
　　後又應邀作了若干次有關心理異常現象的公開講演。該文
　　及講稿，曾輯成一書，名曰《心理與迷信》（按，應作
　　《迷信與心理》），於迷信的破除，不無小助。[122]

該書的各篇文章都環繞著以科學（心理學）來破除迷信之主旨。針對
《靈學叢誌》作者聲稱扶乩現象為「聖賢仙佛」降臨，陳大齊則以扶
乩者之變態心理來做解釋。他強調變態心理中的「自動作用」為無意
識身體筋肉的運動，催眠中人能夠在無意識中手部做動作，或是扶乩
過程手部動作都與此有關。他甚至認為這些無意識動作是一種病症，
即身體某部份忽然喪失感覺所致。

　　陳大齊更進一步舉出西方類似實驗來證明，像是Planchette以及
magic pendulum等都是古羅馬時即存在。人們藉此術來愚人，遇有問
卜者則代禱上帝，藉由擺盪之運動以宣神意。他說西方已有推翻這些
現象的實驗，證明這些現象均為手的「自動作用」。另外一現象為
Thought-reading（讀心術），藏物者將物品藏於他室後，以布掩矇住
被術者之眼，引被術者至藏物室尋找物品。陳大齊解釋此現象為受藏
者筋肉無意識的自動運動影響使然，引導受術者至藏物處。因此可知
這些現象都出於卜者之助，而出現無意識運動的結果。

　　再者，針對盛德壇之扶乩者並無學識，卻能回答音韻學等問題，
陳大齊解釋為扶乩者生活中無意間接觸過音韻相關文章或知識，潛意
識之下腦部自行記憶下來，在扶乩之時因而能將所記之事說出，就如
同夢境一般。另外，扶乩者為何在乩書中不說是自己所知，而是由

122　陳大齊，〈耕耘小獲〉，中國人民政治協商會議浙江省海鹽縣委員會文史
　　資料工作委員會編，《陳大齊先生專輯》（海鹽：中國人民政治協商會議
　　浙江省海鹽縣委員會文史資料工作委員會，1988），頁14-15。

「聖賢仙佛」所傳達的旨意？陳大齊指出此為中國人天性喜為古人之奴，扶乩者下意識以古人作為頂冒招牌，假托古人之言，實為個人之意見。[123]

在〈有鬼論成立的一大原因〉，陳大齊說人們對鬼神的想法常常出自幻覺、錯覺、作夢、精神病等，然而最根本的原因是出於人們心中的希望，例如希望與死去的親人再次團聚，或希望自己討厭的人受到「冥罰」，並將想像誤認為事實所致。他說「智識幼稚的人，想像活潑，且易以想像為事實——這條原理便足以說明有鬼的希望之所以能產生有鬼論。……希望愈切，想像愈活潑，則誤認愈易。因此古人想像中的鬼變成事實的鬼，而有鬼的希望便成了有鬼的主張。」[124]陳大齊雖然反對上海靈學會的靈學研究，但是他對英國靈學會倒是比較支持的，認為他們所從事的是科學研究，是以科學的方法如觀察與實驗，來了解心靈現象。只是英國靈學會「實驗的方法欠精密，所以所下斷案不免和迷信同一結果了。」[125]

總之，陳大齊觀點是奠立在：宗教或是靈魂、鬼神等信仰即是迷信，而迷信與科學兩不相容。他明白地表示：

> 科學和迷信，兩不相容，迷信盛了，科學就不能發達。我們要想科學進步，要想人在社會上做一個更有幸福的人，就不能不打破這罪大惡極的迷信。這些提倡迷信的人，有的簡直是有意作偽，有的還算是無意作偽……我們這些略

---

[123] 見陳大齊，〈闢「靈學」〉，《新青年》，4：5（北京，1918），頁370-385。

[124] 陳大齊，〈有鬼論成立的一大原因〉，《晨報五週年紀念增刊》（北京），1923年12月1日，頁27。

[125] 陳大齊，〈心靈現象論〉，《北京大學日刊》，1919月5月21日，3版。

有科學知識的人，就不能不聊盡提撕警覺之責。[126]
陳大齊的文章受到不少人的歡迎，而發揮了一定的影響力。在《晨報副刊》翻譯了羅奇爵士〈心靈學〉的譯者小峰，在文後案語即表示受到陳大齊的影響因而提醒讀者：鬼神傳說歷史悠久，但仍缺乏根據，靈學會中人認為靈魂不滅，恐怕言之過早。[127]

除了陳大齊之外，陳獨秀、錢玄同（1887-1939）、劉半農（1891-1934）等人也寫了批判文章。錢玄同呼應陳大齊的觀點，並替吳稚暉澄清，說他並不相信盛德壇的鬼神之說。錢玄同認為道教為上古極野蠻時代生殖器崇拜之思想，使兩千年來民智日衰。「民賊」利用靈學來愚民，卻大致不出道教範圍，就如同1900年的拳匪事件。對他來說靈學支持者與義和團十分類似。[128]

陳獨秀等人的說法在馬克思主義盛行之後又與唯物主義結合在一起。此後從「唯物——唯心」的角度來批判宗教迷信一直是中國馬克思主義者尊奉的信條。1931年馬克思主義者艾思奇（1910-1966）以唯物辯證法繼續批判靈學，「逐漸確立了科學的清晰界線」。其後類似的討論一直延續下來。吳光在1981年指出：「『五四』運動前夕，由《新青年》發動和進行的反對鬼神迷信的鬥爭，既是一場無神論反對有鬼論、唯物論反對唯心論、科學反對迷信的思想鬥爭，也是一場關係國家民族前途命運的政治鬥爭。……它廣泛傳播了近代自然科學

---

126 黎明，〈關同善社〉，《新青年》，9：4（北京，1921），頁1。文中轉引陳大齊的話。
127 羅奇爵士著，小峰譯，〈心靈學〉，《晨報副刊》，1924年6月30日，第2版。
128 陳獨秀，〈有鬼論質疑〉，《新青年》，4：5，頁408-409。錢玄同、劉半農，〈隨感錄〉，《新青年》，4：5，頁456-468。

知識和唯物主義思想，它深刻揭露了封建勢力張鬼神以害國、借迷信以愚民的醜惡面目，……它『徹底破除迷信，大力提倡科學』的革命精神將永放光輝！」[129] 李延齡在 2000 年的文章延續此一思路，他說：「這場論戰是新文化運動時期，民主、科學同專制、迷信直接衝突的表現，也是我國古代唯物論和唯心論、無神論與有神論之間的鬥爭在新的歷史條件下的繼續和發展」，「這場鬥爭維護了科學的尊嚴，推進了思想解放，在歷史上起了進步作用。」[130]

《新青年》雜誌的文章從對靈學的批判，引發出對於宗教、迷信的圍剿，確定了「迷信發達，科學就沒有進步」的觀念。《新青年》諸文對迷信的批判與蔡元培所謂以美育取代宗教、科玄論戰中科學派對宗教、玄學的攻擊，以及後來國共兩黨的反迷信政策等有密切的關係。民國時期的國民政府因而推動許多反對迷信運動，例如廟產興學、禁止迎神賽會等，認為宗教力量會摧毀國家，並企圖以黨國體系所主導的國家意識來取代宗教。[131] 在中共方面，1949 年之後雖在憲法中明訂宗教寬容，然基於馬克思主義的無神論，仍積極推行各種的反迷信運動。

七、思想的延續：從靈學辯論到科玄論戰

以上拙文描寫了 1917 年以來，隨著上海靈學會出現所產生有關

129　吳光，〈論《新青年》反對鬼神迷信的鬥爭〉，《近代史研究》，2（北京，1981），頁 203。

130　李延齡，〈論五四時期無神論與靈學鬼神思想鬥爭的時代意義〉，《長白學刊》，4（長春，2000），頁 89、34。

131　Rebecca Nedostup, *Superstitious Regimes*. 例如 1928 年 9 月 6 日《申報》刊登了上海市教育局所擬定之「破除迷信辦法」。

科學、宗教、迷信等議題的辯論。在中國近代思想史上，五四啓蒙論述無疑是主流論述，嚴復的觀點則與代表五四精神之《新青年》作者如魯迅、胡適、陳大齊等人的看法有明顯的不同。嚴復對於宗教（以及背後所顯示佛道等傳統文化）、靈學都採取一種較爲寬容的態度。在知識界，與嚴復觀點最爲接近的可能是梁啓超，以及其他幾位後來在科玄論戰中支持「玄學派」的學者如張君勱（1887-1969）、張東蓀（1886-1973）、林宰平（1879-1960）等人。但是梁啓超等人的觀念與嚴復的想法仍有差異，他們兩人雖均肯定科學以外的知識範疇、也肯定宗教的意義，但梁任公卻很不認同扶乩以及中西靈學研究，並婉轉地批評嚴復的觀點。

　　梁啓超認爲人類的知識除了物質性的、實證性質的科學知識之外，也包括非科學的、處理精神與人生觀方面議題的知識。他說：「人類從心界、物界兩方面調和結合而成的生活，叫做『人生』……人生問題，有大部分是可以——而且必要用科學方法來解決的。却有一小部分——或者還是最重要的部分是超科學的。」[132]他所謂超科學的部分，意指「歸納法研究不出」、「不受因果律支配」，[133]包括由情感而來的愛與美，以及宗教信仰等具有神祕性格的生活經驗，任公指出「一部人類活歷史，卻什有九從這種神祕中創造出來。」[134]

　　梁啓超將宗教定義爲「各個人信仰的對象」，而十分肯定信仰的

---

132 梁啓超，〈人生觀與科學：對於張丁論戰的批評（其一）〉，收入丁文江、張君勱等著，《科學與人生觀》（臺北：問學出版社，1977），頁173-174。

133 梁啓超，〈研究文化史的幾個重要問題〉，收入《飲冰室文集》之四十（臺北：臺灣中華書局，1970），頁7。

134 梁啓超，〈人生觀與科學：對於張丁論戰的批評（其一）〉，頁178-179。

價值。他認為：「信仰是神聖的，信仰在一個人為一個人的元氣，在
一個社會為一個社會的元氣」。[135]同時，梁啓超提出了所謂「智信」
（即「信而不迷」）與「迷信」的區別，而佛教是屬於前者。[136]這樣一
來，宗教，尤其是佛教，不但可以提供一套了解宇宙與歷史的本體
論，並洞悉人類精神之特質。

　　梁啓超對於「智信」與「迷信」的區別很類似嚴復所說的「宗
教」（嚴復有時說「真宗教」）與「迷信」之區別。不過嚴復所說的
宗教和梁啓超所說的智信在範圍上仍有不同。嚴復所謂的宗教，範圍
較廣，包括佛教、道教與基督教等探索「不可思議」之議題，而提出
解答之各種宗教。梁啓超所謂的智信則主要是指佛教，但不是全部的
佛教，而是指大乘佛教。梁任公認為小乘佛教乃是「迷信」：「夫佛
教之在印度、在西藏、在蒙古、在緬甸、暹羅恆抱持其小乘之迷信，
獨其入中國，則光大其大乘之理論乎」。[137]這主要是因為：「凡宗教必
言禍福，而禍福所自出，恆在他力，若祈禱焉，若禮拜焉，皆修福之
最要法門也。佛教未嘗無言他力者，然只以施諸小乘，不以施諸大
乘」。[138]對梁啓超來說，講求「歆之以福樂」、「愒之以禍災」的教義
只是權法而非實法。[139]

　　梁啓超所肯定的大乘佛教強調悲智雙修、轉迷成悟，亦即是知而
後信：「吾嘗見迷信者流，叩以微妙最上之理，輒曰：『是造化主之所

135 梁啓超，〈評非宗教同盟〉（1922），《飲冰室文集》之三十八，頁19、24。
136 梁啓超，〈論佛教與群治之關係〉，《飲冰室文集》之十，頁46。
137 梁啓超，《中國學術思想變遷之大勢》（臺北：臺灣中華書局，1974），
　　頁4。
138 梁啓超，〈論佛教與群治之關係〉，頁50。
139 梁啓超，《中國學術思想變遷之大勢》，頁74。

知，非吾儕所能及焉』」，「佛教不然」，[140]「他教之言信仰也，以爲教主之智慧，萬非教徒之所能及，故以強信爲究竟。佛教之言信仰也，則以爲教徒之智慧，必可與教主相平等，故以起信爲法門。佛教之所以信而不迷，正坐是也」。[141] 換言之，對梁任公來說，所謂的智信是以宗教而兼有哲學之長的中國大乘佛教，「其證道之究竟也在覺悟；其入道之法門也在智慧；其修道之得力也在自力」。[142] 在此對照之下，基督教則曾經被梁任公視爲是迷信：「耶教惟以迷信爲主，其哲理淺薄，不足以魘中國士君子之心……耶教以爲人之智力極有限，不能與全知全能之造化主比。……耶教日事祈禱，所謂借他力也」。[143]

　　簡單地說，任公認爲與追求覺悟、智慧、自力相矛盾者都是迷信，同時「倘若有人利用一種信仰的招牌來達他別種的目的」，這也不能算是信仰。[144] 在中國最顯著的例子是依附於佛道教的扶乩。梁任公在1921年《清代學術概論》討論晚清佛學之時，曾檢討此一現象：

> 中國人中迷信之毒本甚深，及佛教流行，而種種邪魔外道
> 惑世誣民之術，亦隨而復活；乩壇盈城，圖讖累牘；佛弟
> 子曾不知其爲佛法所訶，爲之推波助瀾。甚至以二十年前

140　梁啓超，〈論佛教與群治之關係〉，頁46。
141　梁啓超，〈論佛教與群治之關係〉，頁46。
142　梁啓超，《中國學術思想變遷之大勢》，頁76。
143　梁啓超，《中國學術思想變遷之大勢》，頁76。1902年之後，梁任公對基督教的看法也產生了一些變化。在1922年他說他反對一部份的基督教，他除了反對天主教「贖罪卷」的作法之外，「對那些靠基督肉當麵包，靠基督血當紅酒的人……都深惡痛絕」；「基督教徒……若打算替人類社會教育一部分人，我認爲他們爲神聖的宗教運動。若打算替自己所屬的教會造就些徒子徒孫，我說他先自污衊了宗教兩個字。」梁啓超，〈評非宗教同盟〉，頁23-24。
144　梁啓超，〈評非宗教同盟〉，頁20。

> 新學之鉅子，猶津津樂道之。率此不變，則佛學將爲思想
> 界一大障。雖以吾輩夙尊佛法之人，亦結舌不敢復道矣。[145]

1922年梁啓超爲北京哲學社演講〈評非宗教同盟〉時又提到：

> 天天上呂祖濟公乩壇，求什麼妻財子祿的人，我們姑且不
> 必問他們的信仰對象爲高爲下，根本就不能承認他們是有
> 信仰，……現在彌漫國中的下等宗教——就是我方纔説的
> 拿信仰做手段的邪教，什麼同善社咧，悟善社咧，五教道
> 院咧，……實在猖獗得很，他的勢力比基督教不知大幾十
> 倍；他的毒害，是經過各個家庭，侵蝕到全國兒童的神聖
> 情感。……中國人現在最大的病根，就是沒有信仰，因爲
> 沒有信仰——或假借信仰來做手段……所以和尚廟裡頭會
> 供關帝、供財神，呂祖濟公的乩壇，日日有釋迦牟尼、耶
> 穌基督來降乩説法。像這樣的國民，説可以在世界上站得
> 住，我實在不能不懷疑。[146]

由此可見，任公對於依附佛教而出現的扶乩與圖讖都視爲迷信，其中
「呂祖濟公的乩壇，日日有釋迦牟尼、耶穌基督來降乩説法」應該指
的就是上海靈學會等靈學團體的扶乩活動，而「二十年前新學之鉅
子，猶津津樂道之」所指的無疑就是嚴復支持上海靈學會之事。這樣
一來，梁任公雖在肯定科學之外的知識範疇，以及肯定宗教之價值等
方面與嚴復十分類似，然他並不支持上海靈學會的活動，而將之視爲
迷信。[147]

---

145 梁啓超，《清代學術概論》（臺北：臺灣中華書局，1974），頁74。
146 梁啓超，〈評非宗教同盟〉，頁20、24-25。
147 值得注意的是佛教界人士中也有人批判扶乩與上海靈學會。只是他們的
　　態度與梁啓超所提出的看法有所不同。例如印光法師認爲扶乩活動有優

　　1921年嚴復過世、《靈學叢誌》也停刊了，不過此後有關靈學的
譯介、辯論的文章並未在思想界完全銷聲匿跡，例如《東方雜誌》仍
然刊登了一些有關靈魂通信、鬼靈談話、讀心術、天眼通的文章；
1922年9月16日《晨報副刊》上刊登了一篇〈《靈學叢誌》的笑
話〉，以調侃的筆法諷刺「在這科學昌明的時代，居然有人（？）大
說其鬼話；非但在嘴裡說說罷了，還敢印成什麼《靈學叢誌》來騙
人。這種東西，實在稱他們是『人』還嫌罪過，因為他們只有三分人
氣，那七分早已變成鬼了。」[148]

　　1920年代以後直接討論靈學的文章已逐漸減少，[149]至1923-24年
「科玄論戰」開始，思想界似乎有了一個新的討論議題。過去有許多
學者曾研究過此一論戰，然而卻少有人注意到科玄論戰其實是以
1917-1920年間有關靈學的討論作為重要的背景。就定義來說，根據
張東蓀的說法，「玄學」（英文metaphysics）是指哲學中的「本體論
與宇宙論」，在西洋史上，有一段期間「玄學只是神學」，「最初的意

點、也有缺點：「近來上海乩壇大開，其所開示改過遷善，小輪迴，小
因果等，皆與世道人心有大裨益。至於說天說佛法，直是胡說」；印光對
《靈學叢誌》也有類似正反併陳的評價：「中華書局寄來《靈學叢誌》三
本，係三四五期所出，因大概閱之，見其教人改過遷善，詳談生死輪
迴，大有利益於不信因果及無三世之邪執人。至於所說佛法，及觀音文
殊普賢臨壇垂示，皆屬絕不知佛法之靈鬼假託。」轉引自王見川，〈近代
中國的扶乩、慈善與迷信——以《印光文鈔》為考察線索〉，第四屆國
際漢學會議論文，2012年6月20-22日，頁6、10。

148　遊，〈《靈學叢誌》的笑話〉，《晨報副刊》，1922年9月16日，3-4版。
149　1920-40年代一些基督教會所辦的雜誌中仍有批判靈學的文章。例如，
〈死人會說話嗎？：某靈學雜誌所刊之岳飛降靈字跡此為魔鬼惑人之詭
計〉，《時兆月報》，23：3（上海，1928），頁12；康德爾，〈靈學漫
談〉，《時兆月報》，35：4（上海，1940），頁7-11。這些文章是從基督
教神學立場批判佛道扶乩，以及基督教內部相信靈學之觀點。

思是與科學相反」；後來哲學一天一天地發達，玄學的意味產生變
遷。張東蓀也了解到「哲學與科學的界限，是難分的」，例如牛頓
（Isaac Newton, 1643-1727）的絕對運動論，即有人認爲「是哲學而不
是科學」。[150] 不過對其他人如張君勱、梁啓超來說，玄學可以更廣泛
地界定爲討論「科學以外之知識」，如善與美等人生或精神價值。[151]
就此而言，靈學所討論的議題與玄學確有重疊之處，只是科玄論戰中
有意地將宗教議題排除在外，而集中討論科學與本體論、宇宙觀以及
人生價值等玄學議題之關連。科學派的人認爲玄學派的人與靈學的支
持者站在同一陣線，故將之稱爲「玄學鬼」；玄學派之中則有人援引
靈學中有關心靈、宗教、超自然方面的觀點，強調在感官世界、自然
科學之外，有很廣闊的精神、宗教與美感的世界。

　　科學派的觀點是將支持科學與反對科學做二元對立式的區別。他
們認爲像梁啓超那樣質疑「科學萬能」的言論實際上是「替反科學的
勢力助長不少的威風」。胡適在爲《科學與人生觀》一書寫序時說
道：

> 我們不能説梁先生的話和近年同善社、悟善社的風行有什
> 麼直接的關係；但我們不能不說，梁先生的話在國内確曾
> 替反科學的勢力助長不少的威風。……我們試睜開眼看
> 看：這遍地的乩壇道院，這遍地的仙方鬼照相，這樣不發
> 達的交通，這樣不發達的實業，—— 我們那裏配排斥科
> 學？……我們當這個時候，正苦科學的提倡不夠，正苦科

150　張東蓀，〈勞而無功——評丁在君先生口中的科學〉，收入丁文江、張君
　　　勱等著，《科學與人生觀》，頁319-321。
151　張君勱，〈再論人生觀與科學並答丁在君〉，收入丁文江、張君勱等著，
　　　《科學與人生觀》，頁97-98。

學的教育不發達，正苦科學的勢力不能掃除那迷漫全國的
烏煙瘴氣……信仰科學的人看了這種現狀，能不發愁嗎？
能不大聲疾呼來替科學辯護嗎？[152]

可見對胡適來說，反科學的勢力即為傳統求神問卜與相信《太上感應
篇》的人生觀，也是同善社、悟善社等成立之乩壇道院，以及上海靈
學會所宣傳的靈魂照相等，而梁任公等人的言論乃為其辯護，而助長
其發展。此一思路明顯反映了科學、迷信二分法的思維方式，同時也
是對梁啟超思想的一種誤解。

　　科學派將張君勱、梁啟超等對手視為靈學派同路人的觀點，尤其
反映在丁文江（1887-1936）的〈玄學與科學——評張君勱的『人生
觀』〉一文。在這一篇文章中，丁文江一開頭就創造了「玄學鬼」的
稱呼，作為對手的代名詞。他說：「玄學真是個無賴鬼……玄學的鬼
附在張君勱身上，我們學科學的人不能不去打他……玄學的鬼是很利
害的；已經附在一個人身上，再也不容易打得脫」。[153]對丁文江來說，
鬼的比喻實際上是代表無根據的幻想；他說張君勱的問題在於「一半
由於迷信玄學，一半還由於誤解科學」。[154]他也用鬼的例子來說明真
與假的區別：「譬如有一個人說他白日能看見鬼——這是他的自覺，
我們不能證明他看不見鬼，然而證明的責任在他，不在我們。況且常
人都是看不見鬼的，所以我們說他不是說謊，就是有神經病。」[155]

152　胡適，〈科學與人生觀序〉，收入丁文江、張君勱等著，《科學與人生
　　觀》，頁6-8。
153　丁文江，〈玄學與科學——評張君勱的『人生觀』〉，收入丁文江、張君
　　勱等著，《科學與人生觀》，頁15。
154　丁文江，〈玄學與科學—評張君勱的『人生觀』〉，頁33。
155　丁文江，〈玄學與科學——評張君勱的『人生觀』〉，頁26。

　　丁文江強調科學就是將世界上的事實分類，再了解「他們的秩序」。對他來說，「心理上的內容都是科學的材料」，因此他反對所謂「物質科學」與「精神科學」的區別。[156] 丁文江也否認宗教的價值，他說在歷史上科學一直與神學鬥爭，到二十世紀以後才逐漸受人尊敬。

　　張君勱則反駁丁文江，認爲他「中了迷信科學之毒」、「迷信科學，以科學無所不能，無所不知」，乃責人爲鬼怪：

> 以吾友在君之聰明，乃竟以我言爲異端邪說，一則曰無賴鬼，再則曰鬼上身，三則曰義和團，四則曰張獻忠之妖孽，……自己中了迷信科學之毒，乃責人爲鬼怪，爲荒唐，此眞所謂自己見鬼而已。[157]

從上文可見雙方互稱爲「鬼」、互控爲「迷信」。這一種語言的風格也是在靈學辯論之中所衍生出來的。

　　玄學派的觀點中與靈學支持者最接近之處有兩點：一是認爲科學有其限度：人類心靈、人生問題均有其複雜性，這些「精神元素」不受「科學」支配，而是「超科學」的；二是認爲宗教不能等同於迷信，而有其價值。他們所肯定的西方學者，除了大家所熟知的柏格森（Henri Bergson, 1859-1941）、倭伊鏗（Rudolf Christoph Eucken, 1846-1926）、杜里舒（Hans Driesch, 1867-1941）之外，還有肯定靈學與宗教經驗的美國學者詹姆士（William James, 1842-1910）。[158] 此外，直接援引靈學或心靈研究來支持張君勱的文章是林宰平的〈讀丁在君先生的『玄學』與『科學』〉。

156　丁文江，〈玄學與科學──評張君勱的『人生觀』〉，頁 23-24。
157　張君勱，〈再論人生觀與科學並答丁在君〉，頁 46。
158　張君勱，〈再論人生觀與科學並答丁在君〉，頁 64。

　　林宰平學養深湛，多才多藝，他不僅精通法律學、篤信佛教，也對於哲學、詩詞、書畫頗有研究。他與梁啓超、熊十力（1885-1968）、梁漱溟是好友，1949年後曾擔任過中國佛教協會的理事。

　　林宰平認爲科學可分爲自然科學與精神科學，而後者應研究心理現象，如「神祕的潛在意識，以及諸種變態心理」，尤其應注意心的複雜作用。林宰平又說，「英國心靈學會搜集許多神異的事實」、「日本井上圓了研究所謂妖怪學」，應該亦屬於科學的範疇。至於「靈學的主張，雖然不免近於怪誕」，需詳審面對，然而科學家亦應「不存成見的態度」來加以看待。此種對科學與靈學關係的觀點，亦即各種神祕現象可以作爲科學研究的對象，以科學方法加以探討。這樣一來科學與靈學並無矛盾。[159]該文發表之後，心理學家唐鉞（1891-1987）提出質疑，他說：「靈學雖然得少數學者如洛奇（Sir Oliver Lodge）輩的崇信，但是大多數的科學家都不承認靈學所用的方法是眞正的科學方法，所以不稱他做科學」；但是唐鉞同意妖怪學如視爲「非常現象」，用科學的角度（如變態心理）來研究其條件與性質，則可以是科學。[160]

　　科玄論戰發生在靈學爭論之後的兩三年，他們所討論科學與人生觀的議題和靈學並沒有直接的關係，但雙方的參與者在討論問題時，無論在語彙和思考方式上，都延續了靈學辯論中所觸及之議題，繼續爭取對於科學、宗教、迷信等關鍵概念之詮釋。

---

159 林宰平，〈讀丁在君先生的「玄學與科學」〉，收入丁文江、張君勱等著，《科學與人生觀》，頁208、226。

160 唐鉞，〈科學的範圍〉，收入丁文江、張君勱等著，《科學與人生觀》，頁414-415。

八、結論

　　本文描述清末民初隨著靈學、催眠術研究的興起，中國思想界對於相關問題的激辯，造成知識板塊的重組，尤其影響到：科學、宗教、迷信三種觀念之重新界定。其中《新青年》所代表的科學、迷信二元對立的觀點，挾著西方文化的優勢與對「現代」的憧憬，可謂聲勢十分浩大。中國的菁英份子，包括中國國民黨員、中國共產黨員與中國自由主義者，除了一部份例外（如對宗教抱持肯定與寬容的玄學派的支持者，與接受基督教或佛教的政治人物），均採取堅定地支持科學、批判靈學、批判宗教的立場。在此情況之下，同情靈學的知識分子則是較爲少數的。至於游離於科學與靈學之間的催眠術，其支持者雖自認屬於心理學之範疇，然一直具有神祕、奇技淫巧之特點，又涉及商業性的醫療或魔術表演行爲，並無法受到學界完全的認可。

　　大致上我們可以將當時的看法區分爲兩條思路：一是所謂「五四啓蒙論述」主張科學與宗教、迷信的二分法，將靈學劃入定義明確的「迷信」之範疇。另一類是「反五四啓蒙論述」，其中以嚴復所代表的觀點較具學理之意涵。嚴復認爲科學在追求眞理、掃除迷信方面雖有價值，然科學有其限度、宗教有其價值，「宗教起點，即在科學盡處」；這樣一來，科學、宗教、迷信三者並無一固定之範疇，而是在一個動態的辯證之中相互釐清、彼此界定，科學可掃除迷信，並使宗教「日精」。梁啓超大致肯定嚴復對科學、宗教（他稱爲信仰或智信）、迷信之關係的看法，反對二元對立的觀點，但他對於與扶乩相關的傳統宗教與現代靈學，則抱持批判的態度，將之劃歸「迷信」。至於梁啓超的好友林宰平十分支持張君勱的主張，而且對於靈學、妖怪學研究較爲同情，認爲這些神祕議題之研究可擴充人類知識範疇，

與科學並不矛盾，是「精神科學」或心理學研究的對象。由此看來，五四啓蒙論述之陣營似乎在論點上較整合，而反五四啓蒙論述之內部則頗爲分歧，這可能也是旗幟鮮明的五四論述在中國近代史上能成爲主流論述的一個關鍵原因。無論如何，從靈學辯論到科玄論戰，雙方激烈地爭辯，卻難以達成共識。這也顯示民初以來有關科學與靈學、玄學的討論，其實是一場雙方不曾交鋒（或少有交鋒）的論戰。在五四知識分子大力批判之下，藏身於各種宗教、學術團體之內的靈學、扶乩、催眠術等活動，在所謂庶民生活中從來不曾銷聲匿跡，且不乏知識分子參與其中（如法輪功、一貫道、各種氣功修習的團體等均有不少知識分子之參與）。靈學與各種各樣的宗教信仰在現代世界中無疑地仍具有強勁的生命力，這代表著人們對神祕世界與生死問題的永恆追尋，也象徵著一個難以爲現代科學所完全「馴服」的徬徨心靈。民初以來，從靈學辯論到科玄論戰雖然深化了我們對科學、哲學、宗教、迷信等議題之認識，卻也顯示中國近代的知識轉型並未完成。如同 Charles Taylor 對西方世俗時代（secular age）的研究一樣，中國近代的世俗化也是一個充滿矛盾與迂迴發展的歷史過程，而且此一過程可能是永無止境的。

Psychical Research and the Knowledge Transformation in Modern China——
Intellectuals' Rethinking of Science, Religion and Superstition in Early Republican Period

Ko-wu Huang

Abstract

Late Qing and early Republican China has been regarded as a "secularized" age that ended "the era of classical learning" and opened the door to an empirical, scientific search for knowledge. This paper takes *lingxue* (spiritualism or psychical research) and the debates that it inspired in early Republican China as a case study to examine the process of secularization in modern China. The study of *lingxue*—including such topics as souls, deities, ghosts, spirit photography, life, and death—flourished in China during the early twentieth century. *Lingxue* on the one hand derived from *fuji* (to write in sand with a stick as a form of planchette), and on the other hand was influenced by Western and Japanese psychical research. *Lingxue* in twentieth-century China thus illustrates the negotiations between East and West, old and new, metaphysics (or religion) and science, and elite culture and popular culture. This article describes the history of the Shanghai Spiritualist Society and clarifying its impact on intellectual debates. These debates centered on redefining important concepts including science, philosophy, religion, and superstition. May Fourth scholars such as Lu Xun, Hu Shi, and Chen Daqi emphasized a clear-cut definition of science and superstition. To them, religions and psychical research were all superstitions that needed to be eliminated. Meanwhile, anti-May Fourth scholars such as Lu Feikuei, Yu Fu, and Yan Fu believed that boundaries were shifting and spiritualism including hypnotism could be scientific. The debates never reached a consensus, and psychical research and various religious activities still exist and even flourish in some places today. This indicates that secularization in China has never been complete, and the transformation of knowledge in China is bound to be a complicated, contradictory, and back-and-forth process.

Key words: Shanghai Spiritualist Society, religion, superstition, science, hypnotism, the debate between science and metaphysics

徵引文獻

〈本報宗旨〉,《哲報》,1(濟南,1922),各刊卷首。

〈伍廷芳講述研究靈魂之大要〉,《申報》,1916年8月17日,10版。

〈死人會說話嗎?:某靈學雜誌所刊之岳飛降靈字跡此爲魔鬼惑人之詭計〉,
　　《時兆月報》,23:3(上海,1928),頁12。

〈江氏音韻篇〉篇後按語,《靈學叢誌》,1:1(上海,1918),頁2-5。

〈余冰臣先生書〉,《靈學叢誌》,1:3(上海,1918),書函,頁7-8。

〈呂祖師迷信論〉,《靈學叢誌》,1:2(上海,1918),論說,頁23-26。

〈秦效魯先生書〉,《靈學叢誌》,1:2,書函,頁3-4。

〈純佑眞人吳母叩方判案〉,《靈學叢誌》,1:2,釋疑,頁2-3。

〈陸氏音韻篇〉篇後按語,《靈學叢誌》,1:1,藝術,頁1-2。

〈道德社編輯部啓事〉,《道德雜誌》,1:1(濟南,1921),卷首。

〈濟祖師鬼神論下〉,《靈學叢誌》,1:1,論說,頁3-4。

〈靈學西壇將攝取鬼影〉,《申報》,1923年6月8日,18版。

〈靈學要誌緣起〉,《靈學要誌》,1:1(上海,1920),頁1-2。

〈靈學會之近訊〉,《申報》1922年5月13日,15版。

〈靈學會簡章〉,《靈學叢誌》,1:1,卷末。

〈靈學叢誌簡例〉,《靈學叢誌》各期卷首。

《大公報》,1918年3月28日。

《申報》,1921年10月18日,15版。

《申報》,1922年2月6日,15版。

《申報》,1924月4月16日、4月20日、4月28日、5月7日、10月16日、11
　　月23日。

《申報》,1926年5月12日,2版。

《申報》,1928年9月6日。

《申報》,1943年9月29日,3版。

《申報》,1944年6月17日,3版。

一柳廣孝,《こっくりさんと千里眼:日本近代と心靈學》,東京:講談社,
　　1994。

＿＿＿,《催眠術の日本近代》,東京:青弓社,1997。

丁文江,〈玄學與科學——評張君勱的「人生觀」〉,收入丁文江、張君勱等
　　著,《科學與人生觀》,臺北:問學出版社,1977,頁15-44。

羅奇爵士著,小峰譯,〈心靈學〉,《晨報副刊》,1924年6月30日,2-3版。

中國歷史博物館編，勞祖德整理，《鄭孝胥日記》，第 3 冊，北京：中華書
　　局，1993。

王見川，〈同善社早期的特點及在雲南的發展（1912-1937）：兼談其與「鸞
　　壇」、「儒教」的關係〉，《民俗曲藝》，172（臺北，2011），頁 127-159。

_____，〈近代中國的扶乩、慈善與迷信——以印光文鈔爲考察線索〉，第四
　　屆國際漢學會議論文，2012 年 6 月 20-22 日。

_____，〈清末民初中國的濟公信仰與扶乩團體：兼談中國濟生會的由來〉，
　　《民俗曲藝》，162（臺北，2008），頁 139-169。

王建輝，《教育與出版——陸費逵研究》，北京：中華書局，2012。

王栻主編，《嚴復集》，北京：中華書局，1986。

全　無，〈靈魂攝影〉，《申報》，1923 年 6 月 8 日，19 版。

朱熹集注，《四書》，臺北：廣東出版社，1975。

余英時，〈「魂歸來兮」——論佛教傳入以前中國靈魂與來世觀念的轉變〉，
　　收入氏著，侯旭東等譯，《東漢生死觀》，上海：上海古籍出版社，
　　2005，頁 127-153。

余萍客，《催眠術函授講義》，上海：中國心靈研究會，1933。

吳　光，〈論《新青年》反對鬼神迷信的鬥爭〉，《近代史研究》，2（北京，
　　1981），頁 190-204。

李延齡，〈論五四時期無神論與靈學鬼神思想鬥爭的時代意義〉，《長白學
　　刊》，4（長春，2000），頁 89-91、34。

李　欣，〈中國靈學活動中的催眠術〉，《自然科學史研究》，28：1（北京，
　　2009），頁 12-23。

步　陶，〈靈魂學〉，《申報》，1917 年 6 月 14 日，11 版。

沈清松，〈陳大齊〉，收入《中國歷代思想家 23：陳大齊‧太虛‧戴季陶》，
　　臺北：臺灣商務印書館，1999，頁 1-36。

狄葆賢，《平等閣筆記》，臺北：彌勒出版社，1984。

周志瀛，〈闢同善社〉，《民國日報》（上海），1921 年 12 月 11 日。

林宰平，〈讀丁在君先生的「玄學」與「科學」〉，收入丁文江、張君勱等
　　著，《科學與人生觀》，頁 201-240。

林毓生，〈民初「科學主義」的興起與含義：對民國十二年「科學與玄學」
　　論爭的省察〉，收入氏著，穆善培等譯，《中國意識的危機——「五四時
　　期」激烈的反傳統主義》（增訂再版本），貴陽：貴州人民出版社，
　　1988，頁 301-333。

侯　毅，〈籌安盜名記〉，《精武雜誌》，43（1924），頁 4-6；44（1924），頁
　　2-5。

俞　復，〈答吳稚暉書〉，《靈學叢誌》，1：1，雜纂，頁 2-4。

俞筱堯、劉彥捷編，《陸費逵與中華書局》，北京：中華書局，2002。

胡　適，〈《紅樓夢》考證〉，收入氏著，《中國章回小說考證》，上海：上海書店出版社，1980，頁175-236。

_____，〈不朽〉，收入胡適著，季羨林主編，《胡適全集》，卷1，合肥：安徽教育出版社，2007，頁667-668。

_____，〈科學與人生觀序〉，收入丁文江、張君勱等著，《科學與人生觀》，頁1-29。

_____，《四十自述》，臺北：遠東圖書公司，1966。

_____著，曹伯言整理，《胡適日記全集》，第4冊，臺北：聯經出版事業公司，2004。

胡學丞，〈伍廷芳的通神學與靈學生涯〉，《政大史粹》，22（臺北，2012），頁1-21。

范純武，〈近現代中國佛教與扶乩〉，《圓光佛學學報》，3（桃園，1999），頁261-291。

唐　鉞，〈科學的範圍〉，收入丁文江、張君勱等著，《科學與人生觀》，頁291-306。

孫應祥、皮後鋒編，《嚴復集補編》，福州：福建人民出版社，2004。

徐子明，〈復郁德基書〉，收入氏著，徐棄疾編，《宜興徐子明先生遺稿》，臺北：華岡出版部，1975。

徐珂編撰，《清稗類鈔》，北京：中華書局，1996。

桑　兵，〈接收清朝〉，國史館舉辦，「近代國家的型塑：中華民國建國一百年國際學術討論會」論文，2012年9月13-14日。

涂建華，《中國偽科學史》，貴陽：貴州教育出版社，2003。

酒井忠夫，《近・現代中國における宗教結社の研究》，東京：國書刊行會，2002。

康德爾，〈靈學漫談〉，《時兆月報》，35：4（上海，1940），頁7-11。

張君勱，〈再論人生觀與科學並答丁在君〉，收入丁文江、張君勱等著，《科學與人生觀》，頁45-142。

張東蓀，〈勞而無功——評丁在君先生口中的科學〉，收入丁文江、張君勱等著，《科學與人生觀》，頁317-336。

張　寧，〈合信《醫書五種》與新教傳教士醫書翻譯傳統的建立〉，中研院近史所研討會論文，2011年10月13日。

曹聚仁，〈春雷初動中之國故學〉，收入許嘯天編，《國故學討論集》（上冊），北京：國家圖書館出版社，2010，頁83-102。

梁啓超，〈人生觀與科學：對於張丁論戰的批評（其一）〉，收入丁文江、張君勱等著，《科學與人生觀》，頁171-184。

＿＿＿＿，〈研究文化史的幾個重要問題〉，《飲冰室文集》之四十，臺北：臺灣中華書局，1970，頁1-7。

＿＿＿＿，〈評非宗教同盟〉，《飲冰室文集》之三十八，頁17-25。

＿＿＿＿，〈論佛教與群治之關係〉，《飲冰室文集》之十，頁45-52。

＿＿＿＿，《中國學術思想變遷之大勢》，臺北：臺灣中華書局，1974。

＿＿＿＿，《清代學術概論》，臺北：臺灣中華書局，1974。

章錫琛，〈千里眼之科學解釋〉，《東方雜誌》，10：7（上海，1914），頁10。

＿＿＿＿，〈日本新千里眼出現〉，《東方雜誌》，10：4（上海，1913），頁12。

許地山，《扶箕迷信底研究》，臺北：臺灣商務印書館，1966。

陳大齊，〈心靈現象論〉，《北京大學日刊》，1919月5月21日，3版。

＿＿＿＿，〈有鬼論成立的一大原因〉，《晨報五週年紀念增刊》（北京），1923年12月1日，頁26-27。

＿＿＿＿，〈耕耘小獲〉，中國人民政治協商會議浙江省海鹽縣委員會文史資料工作委員會編，《陳大齊先生專輯》，海鹽：中國人民政治協商會議浙江省海鹽縣委員會文史資料工作委員會，1988，頁13-26。

＿＿＿＿，〈闢「靈學」〉，《新青年》，4：5（北京，1918），頁370-385。

陳伯熙編著，《上海軼事大觀》，上海：上海書店出版社，2000。

陳明華，〈扶乩的制度化與民國新興宗教的成長——以世界紅卍字會道院為例（1921—1932）〉，《歷史研究》，6（北京，2009），頁63-78。

陳珊珊，《陳衍詩學研究——兼論晚清同光體》，臺南：成功大學中國文學系博士論文，2006。

陳　衍，《石遺室詩話》，臺北：臺灣商務印書館，1961。

陳獨秀，〈有鬼論質疑〉，《新青年》，4：5，頁408-409。

＿＿＿＿，《新青年》，9：4（北京，1921），通信，頁4-5。

陸費逵，〈《靈學叢誌》緣起〉，《靈學叢誌》，1：1，緣起及發刊詞，頁1-2。

＿＿＿＿，〈靈魂與教育〉，《靈學叢誌》，1：1，論說，頁8-15；《中華教育界》，7：1（上海，1912），收入陸費逵，《陸費逵文選》，北京：中華書局，2011，頁194-199。

華襄治，〈《靈學叢誌》發刊辭〉，《靈學叢誌》，1：1，緣起及發刊詞，頁3-4。

黃克武，〈民國初年上海的靈學研究：以「上海靈學會」為例〉，《中央研究院近代史研究所集刊》，55（臺北，2007），頁99-136。

＿＿＿＿，〈胡適與赫胥黎〉，《中央研究院近代史研究所集刊》，60（臺北，2008），頁43-83。

＿＿＿＿，《惟適之安：嚴復與近代中國的文化轉型》，臺北：聯經出版事業公司，2010。

裘廷梁,〈裘葆良先生書〉,《靈學叢誌》,1:2,書函,頁1-2。

楊光熙,〈盛德壇緣起〉,《靈學叢誌》,1:1,緣起及發刊詞,頁4-6。

楊　璿,〈扶乩學說〉,《靈學叢誌》,1:1,著作,頁1-10。

　　　　,〈靈學叢誌出版頌詞并序〉,《靈學叢誌》,1:1,頌詞,頁1-2。

葉其忠,〈1923年「科玄論戰」:評價之評價〉,《中央研究院近代史研究所
　　　集刊》,26(臺北,1996),頁179-234。

　　　　,〈從張君勱和丁文江兩人和〈人生觀〉一文看1923年「科玄論戰」
　　　的爆發與擴展〉,《中央研究院近代史研究所集刊》,25(臺北,1996),
　　　頁211-267。

鄒振環,《影響中國近代社會的一百種譯作》,北京:中國對外翻譯出版公
　　　司,1996。

墨子刻,〈形上思維與歷史性的思想規矩:論郁振華的《形上的智慧如何可
　　　能?——中國現代哲學的沈思》〉,《清華大學學報(哲學社會科學版)》,
　　　16:6(北京,2001),頁57-66。

蔡元培,〈蔡孑民先生書〉,《靈學叢誌》,1:1,書函,頁4-5。

鄭國、泮君玲,〈關於民初中國靈學問題研究的綜述與展望〉,《科學與無神
　　　論》,6(北京,2008),頁48-52。

魯　迅,〈熱——三十三〉,《魯迅全集》(北京:人民文學出版社,1981),
　　　卷1,頁298-302。

樹　中,〈扶乩的學理說明〉,《道德雜誌》,1:1,附錄,頁13-16。

錢玄同、劉半農,〈隨感錄〉,《新青年》,4:5,頁456-468。

魏曉虹,〈論《閱微草堂筆記》中扶乩與文人士大夫生活〉,《太原師範學院
　　　學報(社會科學版)》,3(太原,2010),頁69-74。

羅布存德原著,井上哲次郎增訂,《增訂英華字典》,東京:藤本氏,1884。

羅倫氏(L. W. Lawrence),《羅倫氏催眠術二十五課》,上海:心靈科學書
　　　局,1934。

羅　羅,〈心靈研究之進境〉,《東方雜誌》,15:9(上海,1918),頁79-
　　　86;又收入東方雜誌社編,《催眠術與心靈現象》,上海:商務印書館,
　　　1923,頁35-48。

遊,〈《靈學叢誌》的笑話〉,《晨報副刊》,1922年9月16日,3-4版。

薛,〈靈學研究法〉,《靈學叢誌季刊》,1:1(上海:1921),頁14-16。

黎　明,〈關同善社〉,《新青年》,9:4(北京,1921),頁1-4。

趙元任,〈催眠學解惑〉,中國科學社編,《科學》,3:8-9(上海,1917),
　　　頁938-949。

Asad, Talal. *Formations of the Secular: Christianity, Islam, Modernity*. Stanford:
　　　Stanford University Press, 2003.

Burke, Peter. *A Social History of Knowledge: From Gutenberg to Diderot*. Cambridge: Polity Press, 2002.

Darnton, Robert. *Mesmerism and the End of the Enlightenment in France*. Cambridge Mass.: Harvard University Press, 1968.

Gay, Peter. *Schnitzler's Century: The Making of Middle-Class Culture, 1815-1914*. New York: Norton, 2002.

Kuhn, Thomas S. *The Structure of Scientific Revolutions*. Chicago: University of Chicago Press, 1962.

Lobscheid, Wilhelm. *An English and Chinese Dictionary* (《英華字典》). Hong Kong: Daily Press, 1866-1869.

Nedostup, Rebecca. *Superstitious Regimes: Religion and the Politics of Chinese Modernity*. Cambridge Mass.: Harvard University Asia Center, 2010.

North China Herald, 1921.4.30.

Taylor, Charles. *A Secular Age*. Cambridge Mass.: The Belknap of Harvard University Press, 2007.

楊惠南，〈台灣民間宗教的中國意識〉，http://taup.yam.org.tw/announce/9911/docs/11.html（2013/12/17）。

宋希尚，〈濟佛之靈感〉，http://blog.sina.com.cn/s/blog_9970e852010136bd.html（2012/11/27）。

〈道院與紅卍字會的關係〉，http://www.twrss.org/ch3_temple/ch3_1/ch3_11.html（2012/11/25）。

〈福州陳文龍尚書廟〉，《互動百科》http://www.hudong.com/wiki/%E7%A6%8F%E5%B7%9E%E9%99%88%E6%96%87%E9%BE%99%E5%B0%9A%E4%B9%A6%E5%BA%99（2012/8/10）。

http://www.hypnosis-online.co.uk/theoriesofhypnosis.htm（2011/10/18）。

http://en.wikipedia.org/wiki/T'ung-shan_She（2013/2/17）。

真微書屋印學資料庫 http://www.sealbank.net/m2MainFind.asp?LM=2&L1=2&L2=2&L3=0&LS=C&SRCHTXT=R8511&SK=MV（2012/8/15）。

中央研究院「漢籍電子文獻資料庫」。

【論著】

自由與必然——
對霍布斯相容主義的一種脈絡分析[*]

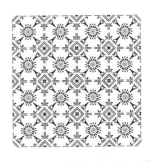

梁裕康

英國艾塞克斯大學政府系博士,現爲中國文化大學政治學系
副教授,主要研究領域爲政治理論。

* 本文接受行政院國家科學委員會研究經費補助而成(計畫編號NSC 99-
2410-H-034-018),特此致謝。另外,也感謝二位匿名審查人的意見。

自由與必然——
對霍布斯相容主義的一種脈絡分析

摘要

　　霍布斯（Thomas Hobbes）曾與國教派大主教布蘭豪（John Bramhall）進行一次辯論，主題是關於人是否具有自由意志（free will）的問題。布蘭豪，承襲基督教的信仰，認爲人的行動（human actions）最終並非由其他先存因素（antecedent factors）所引發，而是由其自由意志所決定。霍布斯則是個決定論者，認爲人的行動最終是由某些先存因素所引發。然而他卻又認爲人的自由與必然性並不衝突，因此他被歸類爲所謂的「相容主義」（compatibilism）。

　　有些學者從脈絡主義（contextualism）的角度，認爲霍布斯與布蘭豪的爭論表面上來自於對自由意志的不同意見，實際上卻是對當時英國內戰的反應。本文將論證信仰理性主義（rationalism）的霍布斯，如何從這種最基礎的唯理論推演出他對自由意志的看法，並且指出存在多層次的脈絡可以詮釋霍布斯，除了所謂的歷史脈絡之外，科學／哲學脈絡也一樣重要。歷史與科學／哲學都是脈絡詮釋中的重要成分。

關鍵詞：湯瑪斯・霍布斯、約翰・布蘭豪、自由意志、決定論

前言

在他的一生中，湯瑪斯・霍布斯（Thomas Hobbes, 1588-1697）曾捲入了好幾次的論爭，其中的一個對手是英國國教的約翰・布蘭豪主教（John Bramhall, 1594-1633）。1645年時，他們應另一位同為保皇派（Royalist），卻因為英國內戰（the Civil War）也流亡巴黎的新堡侯爵（Marquess of Newcastle, 1693-1768）之請，各自對人類自由（human freedom）的意涵展開一場辯論。不僅如此，事後雙方還做出書面陳詞呈給侯爵。

這場爭辯是霍布斯早期發展過程中一件十分突出的事件。雙方討論的焦點，正是現今有關自由意志（free will）的主題：簡單地說，就是到底人有沒有所謂的自由意志。這個問題之所以重要，主要是因為其中牽涉到二個面向，自由意志不僅牽涉到人的本性（nature）為何，還牽涉到了人應該如何生活的問題。具體來說，霍布斯與布蘭豪對自由意志的看法在二方面有歧見，第一是自由意志與上帝的關係，另一個則是自由意志對道德與政治的影響。對於當代倫理學者與政治思想家來說，特別是後一點，更是具有重要的意義。因為根據西方人的一般概念，自由意志帶來責任，唯有一個行為是在自由意志下決定時，行為者才必須為此行為負責。進一步來看，這又會影響到權力與政治義務的內涵，會決定何種權力才是必須服從的。

從表面上看來，這場爭論的焦點集中在人與上帝的關係。這不僅是因為布蘭豪身份的關係，還牽涉到了雙方涉及的內容的確多與宗教相關。也因此傳統上對這場爭辯感興趣的仍以神學家或哲學家居多，即使是思想家在看待這場辯論時，也多著重在霍布斯如何從其宗教觀推出他關於自由意志的看法。然而當代有關湯瑪斯・霍布斯的研究重

點之一，是討論其修辭術（rhetoric）與其思想間的關係。[1] 史金納（Quentin Skinner）從脈絡主義（contextualism）的角度，更將修辭視為理解霍布斯理論的重要關鍵：要全面地認識其思想，不僅需要理解哲學的霍布斯，更需要理解歷史的霍布斯，其修辭正是其中的關鍵。[2] 根據這樣的觀點，要恰當理解一種思想必須將其置入當時的歷史脈絡中，而修辭傳統正是霍布斯所繼承的脈絡。這種說法的新穎之處，在於捨棄將思想視為歷史的事後省思或旁觀者，僅僅追求文本內容前後一致的去脈絡化（de-contexualized）詮釋，而將思想視為參與歷史事件的因素之一。本文對以上的看法抱持理解（understanding）而非質疑（polemic）的態度，然而對於其中某些觀點則有不同意見。具體而言，本文試圖說明的是，如果將哲學當成其知識脈絡（intellectual context）中的一環，那麼所謂的哲學性閱讀其實是理解霍布斯理論的重要部分，因為霍布斯的理論中的確存在著明確的廣義的科學性（scientific）色彩。而這種科學性背景其實與修辭術一樣，都是構成霍布斯思想的重要歷史脈絡之一。這種科學脈絡與修辭脈絡不但不衝突，甚至對理解霍布斯理論發展而言，可能更為關鍵。本文將以霍布斯有關自由意志（free will）的看法作為範例，試圖去鋪陳以上的論點。

1　Richard Tuck, *Hobbes: A Very Short Introduction* (Oxford; New York: Oxford University Press, 2002), p.139.

2　Quentin Skinner, *Reason and Rhetoric in the Philosophy of Hobbes* (Cambridge, New York: Cambridge University Press, 1996)；胡全威，〈從亞里斯多德《修辭術》中的三種說服論證解讀《利維坦》〉，《政治與社會哲學評論》，40（臺北，2012），頁56-94。

在歷史上的爭議

　　傳統上要詮釋霍布斯與布蘭豪爭議，主要還是從哲學或神學的觀點來探討這場辯論。從某種角度來看，這是最理所當然的一種作法——因為文本所討論的內容，就是由哲學或神學的角度來討論自由與必然的關係。也正因為如此，一直以來對這場爭辯有興趣的，大抵以神學家與哲學家為主，政治思想家則相對罕見。然而若將分析的層面拉到文本之外，則又是另外一幅光景。對一些政治思想家而言，她們想知道或者釐清的，不僅僅是在這場爭論中，霍布斯與布蘭豪如何提出與證成自己的論證，或者誰的論證對後世關於自由意志這個概念產生了何種影響，甚至是在當時誰贏了這場爭辯等，這類由兩造文本所延伸出的議題。她們感到有興趣的是文本以外的東西，或者更具體地說，她們想問的是：那些產生這些文本的條件是什麼？除了這些純粹智識上的交鋒之外，有沒有其他的社會因素引發了這場爭辯？這些學者甚至更進一步要追問的是：霍布斯與布蘭豪真的只是為了不同的知識立場而對立，抑或這只是一個手段？他們二者真正要爭奪的不是知識立場的對錯，而是以知識辯論作為手段，目的是服從其他知識以外的目的？

　　這種脈絡主義式（contextualist）的詮釋如今也出現在對這場爭辯的研究當中。傑克遜（Nicholas D. Jackson）很傳神的將這場爭辯稱為「自由與必然的政治」（Politics of Liberty and Necessity）[3] ——自由與必然的爭論不再是哲學的爭論，而是政治上的爭議。在他的敘事

3　Nicholas D. Jackson, *Hobbes, Bramhall and the Politics of Liberty and Necessity: A Quarrel of the Civil Wars and Interregnum* (Cambridge, UK; New York: Cambridge University Press, 2007).

（narrative）裡面，這場爭論被鑲嵌在一個更大的歷史架構當中。是先有這個大的歷史舞台，才有霍布斯跟布蘭豪這二個「演員」。他們二個人的爭論其實是整個英國三國之戰（the Wars of the Three Kingdoms）與戰間空位期（Interregnum）政爭的一次具體反應。根據傑克遜的說法，霍布斯與布蘭豪在宗教上各有其信仰──布蘭豪較為傾向亞米紐斯教派（arminianism），而霍布斯卻受到改革教派（reformist）──尤其是喀爾文教派（Calvinist）較大的影響。這二個教派的爭執點之一在於對主教制（episcopacy）的看法。布蘭豪認為主教的權力是直接來自上帝（*jure divino*, divine right），而霍布斯卻反對這種說法，他認為這應該來自世俗主權者的授權（*jure civili*, the civil sovereign's authority）。二者這方面的歧見之所以值得注意，原因在於這其實就是當時英國內戰期間交戰各方的爭執焦點之一。換句話說，表面上霍布斯與布蘭豪所爭論的是一個形而上的哲學或宗教問題，但是如果我們仔細觀察，就會發現事情並沒有這麼單純，因為今天我們看來純粹的哲學或宗教爭論，在當時的英國卻有極為重要的現實意義，甚至成為當時引發英國內戰的主因之一。因此，表面上二個人所爭辯的是智識問題，實際上二個人真正的爭執，是在討論誰應該為當時英國的亂局負責。

尤有甚者，如同本文一開始所提及，這場爭辯的導火線是應新堡侯爵之邀而起。然而二人戰火如此激烈，並不全然只是為了取悅新堡侯爵而已。這場爭議發生的期間，正值查理一世在第一次英國內戰（1642-1646）中遭擊潰之時。作為堅定的保皇派，二個人不約而同地放棄了日漸衰敗的國王，轉而寄望儲君查理二世的復辟。因此，乍看之下，雖然這場爭辯表面上的觀眾與仲裁者是新堡侯爵，然而霍布斯與布蘭豪心目中真正的目的，卻是要展現自己的才能，並且攻擊對方

的論點，以供未來的統治者作為統治的憑藉。

　　這樣的說法可以從修辭的脈絡獲得進一步的強化。史金納就認為在與布蘭豪的爭議中，霍布斯展現出極為強烈的「人格說服」（the establishing of *ethos*）修辭風格。所謂人格說服，強調的是訴諸演說者的高尚品格作為說服聽眾的基礎。演說者採取這種技巧有二個目的：一是給聽眾一種值得信賴的印象，二是藉此誘發演說者期待聽眾該出現的感情。[4]在這場爭辯中，霍布斯的對手是一位卓越的神學家（布蘭豪是大主教）兼飽學之士（他又是劍橋大學神學博士）。面對一個聲譽卓著的人，霍布斯必須想辦法提升自己的信譽與之匹敵。因此他的論點大致上沿著底下三個方向進行。首先他提醒讀者他的論點比較新穎，而不像布蘭豪僅僅訴諸於《聖經》裡的教條。其次，他強調國教派的教士們是出於不當的動機而宣稱人有自由意志。霍布斯指出，基於宿怨，國教派對自由意志的主張與羅馬教廷不同，敢與教廷唱反調者容易在國教中獲得升遷，這當然是在影射布蘭豪。最後，相對於布蘭豪，他自己則是一個無私的人，因此唯有他的見解是最客觀的。[5]史金納甚至指出，在霍布斯的生平中，與布蘭豪的爭論是他使用這種修辭技巧的高峰。[6]言下之意，史金納似乎認為，與其說這場爭論是是非之爭，不如說是人格之爭了。

　　一旦這樣的詮釋成立，可以預見的結果是：我們在所見到的所謂

4　Quentin Skinner, *Reason and Rhetoric in the Philosophy of Hobbes*, pp.128-129.

5　Quentin Skinner, *Reason and Rhetoric in the Philosophy of Hobbes*, pp.380-381.

6　Quentin Skinner, *Reason and Rhetoric in the Philosophy of Hobbes*, pp.378-379.

自由與必然的爭執，只不過是霍布斯與布蘭豪雙方攻訐對方的武器，雙方爭執的焦點並非這個形而上的智識問題。相反地，這個形而上的問題只不過是一個手段，是雙方為了各自現實的政治目的所使用的工具而已。因此，一個略顯大膽的說法，我們可以說學術上的辯論被置於實際的政治之下，學術辯論是一種語言——行動（speech-act），只有將其放到更大的架構下，我們才得以理解言說者的意圖，才能有效了解施行這個語言——行動的目的。忽略了這個目的，我們將無法真正理解當中真正的意義。

傑克遜的說法回答了他自己所設定的問題：為什麼會發生這麼一場爭論？當時的社會脈絡醞釀了霍布斯與布蘭豪的歧見，雙方也因而產生了爭議的意圖。然而這個說法沒辦法回答的問題是：即便這場爭議的產生是可以預見的，為什麼會以這樣的形式或內容來進行？換個方式來說，或許霍布斯與布蘭豪的爭執是不可避免的結果，然而為什麼霍布斯會站在相容主義的立場來對抗布蘭豪？畢竟要反對布蘭豪的自由意志至上主義（libertarianism），並不是只有相容主義這個選項而已。是基於什麼樣的考慮，讓霍布斯採取了這樣的立場？

霍布斯論自由與必然

在1645年與新堡侯爵晤談之後，布蘭豪率先提出了他的書面論證，霍布斯隨即針對其內容提出了他的答辯。之後布蘭豪又根據霍布斯的答辯提出題為《一種對免於先存與外在必然性的真正自由的證明》（*A Vindication of True Liberty from Antecedent and Extrinsical Necessity*）作為回應。原本這只是個單純的意見討論，然而由於在未知會霍布斯的情況下，霍布斯的回應於1654年被逕自加上一篇讚揚

他並且非難布蘭豪的序言之後，以《論自由與必然》（*Of Liberty and Necessity*）為題出版了。這個意外的插曲惹得布蘭豪極為不快。為了替自己申辯，布蘭豪就將《一種對免於先存與外在必然性的真正自由的證明》改題為《一種對免於先存與外在必然性的真正自由的辯護》（*A Defence of True Liberty from Antecedent and Extrinsical Necessity*）於1655年出版。雖然是無端的戰火，霍布斯還是在隔年（1656）出版了《關於自由、必然與偶然等諸問題》（*The Questions concerning Liberty, Necessity, and Chance*）以為回應。布蘭豪隨即又針對這篇文章於1658年發表了〈對霍布斯先生的譴責〉（*Castigations of Mr. Hobbes*）。至此霍布斯不再回應，二人的爭辯才算是告一段落。從這段公案來看，要理解霍布斯對於自由意志的看法，一個值得的方式就是對照他與布蘭豪之間的差異。底下將嘗試從這個角度去介紹霍布斯如何對待自由意志這個概念。

　　這個論爭起於布蘭豪的「說法」，然而他並非直接論及自由意志，而是先談到何謂「自由的行動」（free action）。他不同意決定論，認為所謂自由的行動並不是由「先存與外在的」原因（cause）所造成。然而這並不是說自由的行動不存在邏輯上的原因。驅動自由行動的原因是來自於人的「意願」（volition）而不是其他先存或外在的因素。此處布蘭豪沿襲了經院哲學（Scholasticism）的傳統，把意願定義為一種人根據其理性能力（rational faculty）所施展的力量（power）或者演練理性能力的結果。意願與其他引發人類行動的原因不同之處，在於意願是一種人類自發的現象，不從屬於其他的必然條件。[7] 根據意願所做的行動，則是自願行動（voluntary action）。從這樣

7　John Bramhall, "A Defence of True Liberty," in V. C. Chappell ed., *Hobbes*

的定義來看，既然意願是自發而非由其他必然原因所致，那麼意願的
運作是自由的，因此根據意願而發的行爲也是自由的。簡單地說，布
蘭豪認爲所謂自由指的是不受「先存而外在」的原因限制，自由的行
動則是不因「先存而外在」的原因而發的行動。既然意願是自由的，
因此自願行動也是自由的。

　　然而霍布斯不同意布蘭豪的見解。霍布斯認爲「自由與必然是一
致（consistent）的」。[8]基於這樣的認識，霍布斯並不是從一開始就直
接討論自由意志，而是從必然的概念出發。首先他將「必然」定義爲
「那些不可能不如此，或者那些沒有可能不如此實現」。[9]然而這樣的定
義只是把「必然」一詞替換成「不可能」而已，並沒有解釋更多。霍
布斯真正特出之處，是以邏輯裡的因果關係（causality）來定義「必
然」此一概念。霍布斯在他的《論物體》（De Corpore, 'Concerning
Body'）中指出，所謂原因就是能在另一個物體上製造出新的事態
（accident）的條件。一個物體可以以運動（motion）的方式影響（act
on）另一個物體，並在後者產生新的事態。這個施作的物體稱爲「施
作者」（agent），被影響的則爲「受作者」（patient），而這個在受作
者身上所新發生的事態，就是「結果」（effect）。[10]霍布斯特別指出，
原因之所以能產生結果，並不是僅僅因爲施作者與受作者同時存在，

and Bramhall: on Liberty and Necessity（Cambridge, UK; New York:
Cambridge University Press, 1999), pp.43-47, 62-64.

8　Thomas Hobbes, Leviathan, C. B. Macpherson ed. (Harmondsworth,
Middlesex, England: Penguin, 1968), chap. XXI, p.262.

9　Thomas Hobbes, "The Questions concerning Liberty, Necessity, and Chance,"
in Hobbes and Bramhall: on Liberty and Necessity, pp.72-73.

10　Thomas Hobbes, The English Works of Thomas Hobbes of Malmesbury
(London: J. Bohn, 1839), vol. I, chap. IX, p.120.

而是因為前者影響了後者：「行為者【之所以】有如此的結果，不是因為其為物體，而是因為其為如此的物體，或者說【因為其】如此運動【所致】」。[11] 基於這樣的見解，霍布斯進一步認為，會產生一種特定的結果，並不是造成結果前的最後一個直接原因所能獨力完成，而是由產生施作者與受作者的「全體原因」（entire cause）加總的結果。也就是說，一個結果的出現，是一連串因果關係的後果，而不是最後立即的原因所導致。[12] 因此，一旦「全體原因」完整出現，特定的結果必然不會不出現。也因此霍布斯將「全體原因」視為一種「充分原因」（sufficient cause）。[13] 不僅如此，全體原因同時也是「必要原因」（necessary cause）。一旦原因與結果之間存在著必然關係，所有的結果都是其原因的必然產物：「所有的已經存在，或即將發生的結果，都預先存在其必然性」。[14] 他特別指出，若原因不是完整地出現（即以全體原因的形式出現），那麼結果就不必然會產生，那麼這些不完整的狀態稱為「推定的必要條件」（*causa sine qua non*, cause necessary by supposition，意即產生原因的必要但非充分條件）。霍布斯之所以區分全體條件與推定的必要條件，在於後者僅為結果發生的必要條件，但是前者卻既是充分又是必要條件。

　　此處霍布斯做了一個很特別的宣稱：

11　Thomas Hobbes, *The English Works of Thomas Hobbes of Malmesbury*, vol. I, chap. IX, p.121.

12　Thomas Hobbes, *The English Works of Thomas Hobbes of Malmesbury*, vol. I, chap. IX, p.121-122.

13　Thomas Hobbes, *The English Works of Thomas Hobbes of Malmesbury*, vol. I, chap. IX, pp.121-122,122-123; vol. V, pp.112-114.

14　Thomas Hobbes, *The English Works of Thomas Hobbes of Malmesbury*, vol. I, chap. IX, p.123.

> 我認爲充分條件就是不缺少必然會帶來結果的任何東西。
> 必要條件也是如此。因爲如果充分條件可能不產生結果，
> 其中多少缺乏必須產生它的東西，如此這個原因就不是充
> 分的。但是如果充分條件不可能不產生結果，那麼充分條
> 件就是必要條件，因爲這就是說要產生一種結果必然不得
> 不產生它。因此無論什麼被產生的都是必然被產生的，因
> 爲無論什麼被產生的都由充分原因所產生，否則它不會發
> 生；因此自願行動也一樣是必然的。[15]

霍布斯明確地指出：充分原因就是必要原因。這個論點可能是霍布斯論必然性的關鍵，因爲從這裡霍布斯進一步推論所有的結果都是必然的，因此這裡值得進一步討論。如果比較「必要原因」跟「推定的必要原因」，可以看出霍布斯認爲二者間的差異在於前者解釋的對象是已經發生或將來必然會發生的結果，然而後者解釋的只是一種推定或假然的現象，亦即其結果未必會發生。然而這二者的不同之處，在於前者是全體原因都存在，而後者則只有部分存在。例如火是燃燒木材的充分原因，但是假設剛好下雨，那麼木材也沒辦法燃燒。在這個例子中，因爲實際上木材沒有燃燒，所以火只是「推定的必要條件」。可是如果有一塊木頭已經被燃燒，我們可以確定這個過程沒有被雨水干擾（否則就燒不起來了）。在這個例子中，「木頭被燃燒」這個結果的充分原因都出現而且沒有被干擾。因此，霍布斯認爲，對於確定發生的事物，如果其中所有的充分原因都存在而且沒有受到外在干擾的話，就等於全體原因出現了。霍布斯曾給過一個例子：

15　Thomas Hobbes, "The Questions concerning Liberty, Necessity, and Chance,"
　　p.38.

（R）明天會下雨或者明天不會下雨是必然的。（It is necessary
that it will rain tomorrow or it will not rain tomorrow.）[16]

　　霍布斯認為這個命題為真，因為其中的二個結果之一一定會發
生。既然其中之一的結果必然會發生，那麼這個命題必然為真。[17]換
句話說，對確定（而非假定）出現的結果而言，必然都存在原因，而
這些原因都會是必要原因。這個推論的結果，就是霍布斯取消了充分
原因與必要原因的差別，而且認定所有確定會發生的結果（不論是過
去或未來），必然都是由必要原因所造成。既然所有的結果都有原
因，而所有的原因都是必然的，因此所有的結果都是必然的。至此，
霍布斯大體上完成了以因果關係為基礎所建構的決定論。

　　根據以上的決定論觀點，霍布斯進一步論證何謂自由。早在與布
蘭豪的論爭發生之前，霍布斯就曾在1642年所出版的《論公民》（De
Cive, 'On the Citizen'）裡面討論自由人（free man）或公民（citizen）
與奴隸（slave）之間有何不同？一般認為二者間的差異，在於前者
可以根據自己的自由意志去做任何事而不受懲罰，但後者不行。然而
他認為這種見解不可能存在於一個國家（commonwealth）當中，也
無法見容於人類的和平生活裡，因為沒有一個國家是不帶有權力
（imperium, power to command）以及強制的權利。因此，所謂的自由
僅能是「沒有妨礙運動」（the absence of obstacles to motion）的狀
態。[18]稍後在與布蘭豪的爭論中，霍布斯將這個定義略微修正成「自

16　Thomas Hobbes, *The English Works of Thomas Hobbes of Malmesbury*, vol.
　　V, pp. 413, 420-423.
17　Thomas Hobbes, "The Questions concerning Liberty, Necessity, and Chance,"
　　p.40.
18　Thomas Hobbes, *On the Citizen*, edited & translated by Richard Tuck and

由是不存在自然與施作者內在品質所無之對行為的一切阻礙
（impediments）」，[19]或者如他後來在《利維坦》（*Leviathan*）中更簡潔
地說法：自由是「沒有外在的阻礙（external impediments）。[20]

　　霍布斯是在接受前述決定論的前提下定義所謂的自由。既然所有
會發生的結果都是必然的，那麼所謂的自由指的是若要實現一種結
果，沒有任何阻礙可以防止其實現。前面提到，所有能實現的結果都
是由必要原因所造成，而必要原因又是充分原因不受外在阻礙的結
果。兩相對照之下，可以看出霍布斯對自由的定義完全依賴在必然性
這個概念上。然而談論自由時，他的重點在於若所有的充分條件都具
備時，還必須加上這些充分條件能免於外在阻礙，進而成為完備的全
體條件（也就是成為必要條件），結果才會被真正的製造出來。按照
這樣的說法，即使是非生物都有所謂的「自由」，例如霍布斯就認為
水不受阻礙往低處流就是水的自由，因為當水不受阻礙真正往下流的
結果發生時，在邏輯形式上就滿足了他對自由的定義。[21]換句話說，
霍布斯這裡明白地顯示了他的相容主義態度：若存在必要條件，結果
一定會發生（這是其決定論）；而且若這個必然性沒有外在阻礙的妨
礙，結果的發生就是自由的。也就是說，只要結果發生，就表示必然
與自由是並存的。

　　接下來的問題是：霍布斯如何將這種應用在自然施作者（*agentia*

Michael Silverthorne（Cambridge; New York: Cambridge University Press, 1998）, chap. IX, pp.111-112.

19　Thomas Hobbes, "Of Liberty and Necessity," in *Hobbes and Bramhall: on Liberty and Necessity*, p.38.

20　Thomas Hobbes, *Leviathan*, chap. XIV, p.189.

21　Thomas Hobbes, "Of Liberty and Necessity," p.38; Thomas Hobbes, *The English Works of Thomas Hobbes of Malmesbury*, chap. XXI, pp.196-209.

naturalia, natural agents）的自由定義，轉而應用到人這種有意志能力的施作者（*agentia voluntaria*, voluntary agents）身上？眾所周知霍布斯的心理學是一種唯物論與機械論綜合體。他認為自然界裡的基本粒子不停地在運動（in motion），而人則如同機器般地對這些運動做出反應，這些反應就是人的各種欲望，而各種欲望在人心中不斷地競逐，最後勝出的那個欲望則是直接驅使人行動（to act）的關鍵。根據這種心理學，再加上他的決定論中把全體原因視作一連串因果關係的集合的看法，霍布斯將意志（will）界定為那個直接驅使人的最後一個欲望。[22] 既然意志是如此被定義，那麼所謂的「自願行動」指的是人可以不受外在阻礙而按其最後一個欲望的指示去行動，因此人與其他自然施作者一樣擁有自由。或者用霍布斯自己的話來說：「一個自由的施作者是他能做如果他想做，他能不做如果他不想做。」[23]

然而霍布斯與布蘭豪（或者一般認識的）的自願行動十分不同。如果按照上述的定義，霍布斯會認可一些布蘭豪或一般概念中的不是出自自由意識的行為其實是合乎自由意志的，例如遇到劫匪妳必須交出現金或者在暴風雨中必須棄船，霍布斯認為這些都是出於自由意志的自由行為。[24] 因為根據他的定義，在這些行為的當下，施作者最後的欲望必定是交出現金或棄船（為了自我保存）。如果當下沒有其他

22　Thomas Hobbes, *The English Works of Thomas Hobbes of Malmesbury*, vol.I, chap.XXV, pp.408-410; Thomas Hobbes, *Leviathan*, chap. VI, p.121; Thomas Hobbes, "Of Liberty and Necessity," p.37.

23　Thomas Hobbes, "Of Liberty and Necessity," p.39.

24　Thomas Hobbes, *The Elements of Law Natural and Politic*, J. C. A. Gaskin ed. (Oxford: Oxford University Press, 2008), chap. XII, pp.71-72; Thomas Hobbes, "Of Liberty and Necessity," p.32; Thomas Hobbes, "The Questions concerning Liberty, Necessity, and Chance," pp.77-79.

外在阻礙妨害妳交出現金或汽船，那麼，根據定義，妳的自由意志成
功地觸發了妳的行為（即妳真的交出現金或汽船）。既然結果真的出
現了，那妳就是自由的。

　　這個棄船的例子顯然是針對亞里斯多德（Aristotle, 384-322B.C.）
而來。在《尼各馬科倫理學》（*Nicomachean Ethics*）中，亞里斯多德
曾經以棄船的例子來說明什麼是「混合行動」（mixed action）。亞里
斯多德認為，所謂非自願的行動是指出於脅迫或者無知而做的行動。
這個定義並沒有問題，真正困難的是那些比較邊緣的例子。例如為了
避免更大的惡或者為了一些高尚的理由而違背自己的意願，這是否仍
是非自願的行為？亞里斯多德以在風雨中為了逃命而棄船為例，指出
這些行動是所謂的混合行動：這既是自願的（為了逃命）卻同時也是
非自願的（因為會損失財產）。亞里斯多德雖然認為這個行動比較像
是自願的，但是他的重點在於一個行動是自願與否最終取決於行動發
生時的情境。[25] 然而霍布斯卻對混合行動這種邊緣例子有完全不同的
解釋。與亞里斯多德相反，霍布斯認為這全然是自願的行動，因為在
這個狀況中，困難之處不在他要採取什麼行動（意即不在於他沒有自
由），而在於他無法馴服天候來同時保存他的生命與財產。在這個情
況下，他別無選擇（意即此刻他的最後欲望或者說意志是明確的），
因為除了棄船他無法逃生。當布蘭豪拿同一個例子質問霍布斯誤將出
於恐懼所做的行動視為自願行動時，霍布斯特別強調了意志作為最後
欲望與行動自由間的關係：

　　　因此在同一艘船上，在同一場風暴中，一個人可能必然會

25　Aristotle, *The Nicomachean Ethics,* David Ross trans.（Oxford: Oxford
　　University Press, 1980）, pp.38-41.

　　將他的貨物丟出船外，而另一個人卻將他的貨物留在船
　　上；如果所有的原因不同，那麼同一個人在同一場風暴中
　　會有不同的考量。但是將貨物丟出船外的同一個人，如同
　　主教所說，可能選擇不將貨物丟出船外，則是我無法想像
　　的，除非一個人能夠同時（all at once）選擇將貨物丟入
　　或不丟出船外，或者（同時）這樣或不這樣考慮。26

換句話說，霍布斯完全同意不同的人因為所處的狀況不同，會受到不
同的運動所影響，因此會產生不同的欲望以及意志，最後會做出不同
的行動。但是重點在於這些意志（或者說最後的欲望）是促成行動的
原因，而這些意志是被決定的而不是被選擇的。根據這樣的看法，即
便是出於恐懼所做的行為，當然也是自願行為。這裡所謂的自願行
為，指的是其源自於並且順從了恐懼的意志，而不是布蘭豪所謂的
「意願」或者自由意志。

　　布蘭豪或一般認識的合乎自由意志的行為，是指妳可以選擇去做
或者不去做某一件事。可是霍布斯不同意這種說法，因為每個結果都
是必然的。或者換個方式來說，每個結果都有其必然原因。在霍布斯
的定義中，意志是結果發生前最後一個原因。在意志之前還有其他觸
動意志的原因（別忘了意志只是全體原因中的一個，而且是最後一
個）。可是按照布蘭豪的說法，意志變成是自發而沒有原因的現象。
按照決定論的看法，這是不可能的事，因為這等於是說意志是沒有原
因的結果。所以霍布斯才說「我認知存在這種自由，就是我能做如果
我願意做；但是說我能想只要我願意想，我當成是愚蠢的說法。」27簡

26　Thomas Hobbes, "The Questions concerning Liberty, Necessity, and Chance,"
　　p.78.
27　Thomas Hobbes, "Of Liberty and Necessity," p.16.

單的說，霍布斯認為，意志是被決定的，但是只要意志所觸發的結果沒有受到阻礙發生時，那麼這個行動是自由的，而且這個意志也是自由的。至此，霍布斯完成他的自由意志與必然相容的論證。

在哲學上的爭議

　　自由與必然的爭論之所以會出現，主要的原因之一是為了應付因果論式的決定論（causal determinism）。簡單來說，因果決定論認為每一件【真正】發生的事之所以會發生，都是被因果地決定了。一旦存在著原因，結果就會因果地被製造出來。正是這樣的概念，霍布斯與布蘭豪的爭論才會被稱做「自由」（freedom）與「必然」（necessity）的爭執——因果關係保證了只要原因存在，特定的結果必然會出現。換句話說，自由意味著可以規避這種必然性而有所選擇，至少對霍布斯是如此。

　　因果決定論之所以吸引哲學家與神學家們注意，是因為這種見解引發了二個問題：如果因果決定論是真的，那麼在什麼程度上人可以稱為自由的？如果每個人的每個行為都是被決定的，那麼她還能算是自由的嗎？從這個描述性的問題延伸出來的是一個評價性的問題：如果因果決定論是真的，每個人的每個行為都是被決定的，那麼她對她的所作所為還有任何的可責性（accountability）嗎？要如何才能判斷一個人的行為是值得被讚許（praiseworthy）或者值得被苛責（blameworthy）？因果決定論的出現，帶來了這二個難題。

　　如果對自由的限制是因果決定論對自由意志所帶來的威脅，那麼另一個更深刻的威脅則是對理性的限制。如果只有因果決定論這項因素可以限制自由，這個問題還不算嚴重，因為當代科學的進展顯示世

界並不是一個確定的系統。真正的困難在於：即便人的行為不是被決定的，自由仍然可能無法成立。或許我們可以任意做我們想做的所有事情，但問題是為什麼我們會想做這件事而不是其他的事？為什麼我們會選擇這個而非選擇其他？如果這些選擇不是被先前的因素所決定，那是否意味著我們做任何替定的選擇只是出於偶然（by chance）、甚至只是出於一些盲目的動機而已？如果自由只意味著有能力要滿足我們的欲望，顯然是不足的，因為我們很難將偶發性（contingent）與本能的行為當作行使自由的結果。也就是說，自由意味著一種經過深思熟慮後的決定。這種決定是經由理性思考後的結果。布蘭豪就持以上的觀點明確地反駁霍布斯：

> 理性是判斷與讓意志判斷建議何者合適，或何者更合適的真自由的根源、泉源以及起源。湯瑪斯·霍布斯卻認為這麼美好的自由竟然是：如同小孩還不懂運用理性之前，她們還不懂考慮或慎思任何事之前的自由。這難道不是一種幼稚的自由嗎？這種自由就如同禽獸，好比蜜蜂跟蜘蛛，不會學習各種能力，而不像我們是從經驗跟思慮習得各項專長。[28]

平克（Thomas Pink）將這種把自由與理性合而為一的自由觀稱之為「一種理性主義式的自由概念」（a rationalist conception of freedom）。[29]然而霍布斯卻提出了另一種被歸類為相容主義（compatibalism）的觀點，認為擁有自由與主張人的所有作為都是被預先決定的說法其實是可以相容的。霍布斯觀點的特別之處，在於他消除了人類行動

28　John Bramhall, "A Defence of True Liberty," pp.43-44.
29　Thomas Pink, *Free Will: A Very Short Introduction*（Oxford, New York: Oxford University Press, 2004）, p.44.

（action）與意志（will）之間的區分。布蘭豪的概念屬於理性主義的傳統。在理性主義的自由概念中，人被視為一種具有理性抉擇能力（rational decision-making capacity）的動物，這種理性抉擇的能力就是自由意志所能發揮的空間。根據這種模式，人之所以會做出某些特定的行為，是因為人先根據其自由意志做出了某個決定，然後她再服從這個決定做出特定的行為。換句話說，人類的行為模式，是先由意志做出決定，然後再根據意志做出行為。乍看之下這種說法並無特別之處，原因在於這似乎符合一般人的常識。對十六、七世紀霍布斯時代的人是如此，對生活在今天的我們也是如此。事實上這個觀點也就是布蘭豪所持的基本看法。但是如果對照於人類以外的其他動物，我們就能看出這個模式的特別之處。其他動物跟人一樣，都會製造各式各樣的行為。但是跟人不同之處，在於其他動物的行為並不是服從它們自身所作的決定而發生。也就是說，其他動物並不是先決定要做什麼，然後再根據這個決定來行動。舉例來說，人跟狗一樣會感到飢餓。但是當人跟動物肚子餓的時候，即使眼前擺著食物，二者的反應卻是大不相同。在這樣的情況下，狗會毫不考慮地去進食。但是人通常沒有那麼直接，她大概會思索一番，例如這塊麵包是不是我的，若不是我的即使肚子餓也吃不得；或者雖然這塊麵包是我的，但是當下這個場合不適合進食，所以要忍耐一下。

　　從以上的簡單描繪中，可以看出在理性主義的自由概念裡，人與其他動物的行為模式有什麼不同。對其他動物來說，它們的行為是直接的。所謂的直接並不是說它們在行動發生前沒有任何驅動力，而是指它們的行動是直接受到一些未經中介的欲望（desire）所驅使。但是人的行為不同，在行動發生前，她還經歷了一個預先的行動，就是根據自由意志做出決定。必須先等決定做出之後，才會有後續的行動

發生。

這種理性主義式的自由概念把自由分成行動（action）與意志（will）二個層次，肯恩（Robert Kane）分別稱爲「表面自由」（surface freedom）與「深層自由」（deeper freedom）。[30]一般而言，我們可以給自由這個概念一個初步的（*prima facie*）定義：所謂自由就是當我們想滿足自己的欲望時不會受到阻礙。根據這個初步定義，只要我們（1）具有滿足欲望的力量（power）或能力（ability），而且（2）不存在任何行使這些力量或能力的障礙時，就可以聲稱我們享有自由，這也就是所謂表面自由的定義。然而根據理性主義式的自由概念，這樣的定義顯然不足，因爲其中還缺少了深思熟慮的過程。根據定義，這種自由概念認爲，僅憑運氣或者原始的動機所發動的行爲，也有可能符合以上的條件。例如若有一個生活在清朝的女人要纏足，可以想像是沒有人會阻止她這麼做的。然而理性主義式的自由概念要進一步追問的是：她爲什麼會想纏足？她有沒有不這麼想（think *otherwise*）甚至不這麼做（do *otherwise*）的可能？這裡就面臨了所謂的「深層自由」的問題。根據理性主義式的自由概念，只談表面自由而不談深層自由顯然是不夠的。在這裡，自由意志開始成爲定義自由這個概念，以及界定人如何才算自由時的核心問題。

霍布斯理論中的邏輯成分

對於這個問題，或許可以從霍布斯的自然哲學中找到一些線索。他說：

30　Robert Kane, *A Contemporary Introduction to Free Will*（New York, Oxford：Oxford University Press, 2005），pp.2-3.

> 有些藝術是可以展演的，其他的則不行；那些可以展演的
> 是藝術家本身，透過自己的展演，除了按照自己的操作演
> 繹別無他法得到結論的那種能力，所創造的主題。爲何如
> 此的理由，在於每個主題的科學都是來自對原因、發生及
> 建構的預知，因此一旦原因被知曉，就有展演的空間，原
> 因不需另外找尋展演的可能。因此幾何是可以展演的，因爲
> 我們所思考的直線與形狀都是我們自己所描繪與描述出來
> 的；公民哲學是可以展演的，因爲我們自己建構了國家
> （commonwealth）。但是我們不知道自然物體（natural
> bodies）的建構，只能從結果來推測，因此不存在從我們
> 所尋找的原因而來的展演，只能找到可能的原因。[31]

一旦知識可以分爲可展演與不可展演二類，那麼關於意志這個概念究
竟屬於哪一類，就決定其屬性究竟是可決定的抑或被決定的。從這個
角度來看，是方法上的限制、而非社會的脈絡，決定了霍布斯在這個
問題上的立場。只要我們能找出霍布斯的方法與他對自由意志間的關
係，就能釐清這中間的問題。

　　霍布斯將哲學定義爲「當我們先知道的原因與發生（causes or
generation），從中進行眞正的推理所獲得對表象的結果（effects or
appearances）的知識；另一方面我們先知道結果再從中知道原因與發
生。」[32]此處他將知識界定爲原因與結果間的關係──或者更精確的
說，是原因造成（generate）結果的關係。在推論形式上，雖然他受到
當時經院哲學（Scholasticism）中亞里斯多德主義（Aristotelianism）的

31　Thomas Hobbes, "To the Right Honourable Henry Lord Pierrepont," *The English Works of Thomas Hobbes of Malmesbury*, vol. VII, pp. 183-184.
32　Thomas Hobbes, *The English Works of Thomas Hobbes of Malmesbury*, vol. I, p.3.

影響，但是大體上他是採反對亞里斯多德主義的立場。他所強調的知識展演形式，雖是傳統的三段論證（syllogism），然而霍布斯將必要條件視為充分條件外加沒有外在阻礙的看法，卻是霍布斯修改了當時由耶穌會教士所宣揚的湯瑪斯主義中所主張的充分條件與必要條件而來。霍布斯取消了二者的區分，認為所有的必要條件都是充分條件。不僅如此，霍布斯還更進一步，取消了經院哲學對必然性的分類。在接受必要條件與充分條件有所不同的前提之下，經院哲學家將必然性分為「絕對必然」（absolute necessity）與假然必然（hypothetical necessity），二者的差異在於前者的必然性存在於所有狀況中，而後者只存在於某些狀況中，而這些狀況卻不一定發生。例如一定要有一對驢子才能生出另一隻驢子，但是一對驢子不必然會生驢子。在這裡，是否存在外在的阻礙決定了所謂的偶然性（contingency）是否出現。然而霍布斯將必要條件等同於充分條件、將必然性定義為所有結果都有必要的原因之後，他否認任何的偶然性存在的可能：如果沒有充分原因，則不會有結果；因此若存在一個結果，必然存在一個充分原因。[33] 也就是說，在邏輯而言，霍布斯身上同時存在繼承與挑戰亞里斯多德主義的成分。而且這樣的影響非常的深遠，如同萊揚霍爾（Cees Leijenhorst）所指出，我們已經很難辨識出霍布斯究竟具體受到哪些經院哲學家的實際影響，因為亞里斯多德主義已經像是普通教科書一樣，成為霍布斯談論因果關係的基本背景。[34] 就這個角度來看，霍布斯的思想中確實存在很強烈的時代色彩。

33　Cees Leijenhorst, "Hobbes's Theory of Causality and Its Aristotelian Background," *Monist*, 79: 3 (July 1996), pp.431-433.

34　Cees Leijenhorst, "Hobbes's Theory of Causality and Its Aristotelian Background," pp.426-427.

　　會採用這樣的推論形式，除了前述的經院哲學背景之外，跟他自己的唯名論（nominalism）也有很大的關係。他的唯名論對於名詞（names）與命題（propositions）有特別的看法。他將名詞分成專有名詞（proper names）與普遍名詞（common names）二種，前者指的是對特定事物的一個帶有指示詞（demonstratives）的限定描述（definite descriptions），目的是要用來指出個別的、具體的事物；後者則是個別事物共屬的類型。他說「一個普遍名詞會加諸許多事物之上，因為它們在某些特性或事件上相似」。[35] 他的唯名論色彩展現在普遍名詞對人類理解能力的重要性上。他舉了一個例子：即使一個數學家知道了某個特定的三角的內角和等於二個直角，然而若是沒有「三角」這個普遍名詞，這個數學家「每次見到一個三角形就會被迫重新思考一遍（因為不同的三角形之間的差異可以有無限多）；如果她會使用（普遍）名詞就不需要如此，因為每個普遍名詞承載了無限多個別事物的概念。」至於命題，霍布斯將其視為由繫動詞（copula）連接二個名詞而成。一個真的命題指的是賓語的外延物（extensions）被包含在主語的外延物當中。如此一來，霍布斯將推理（也就是展演）變成了一種純粹以形式運算的模式，即使命題中的名詞沒有指涉物，我們也能判斷命題的推論合不合理。

　　除此之外，霍布斯在談論到「定義」（definition）的本質與定義的定義（the definition of 'definition'）時更說：

> 我之所以說這些東西的原因跟發生，如同每件事物的原因
> 跟發生一樣都應該回歸到它們的定義的理由如下，科學的

35　Thomas Hobbes, *Leviathan*, chap. IV, p.103.

　　終點是對事物的原因與發生的展演。[36]

而且：

　　【如我所説】把定義視爲原理，或者主要命題，它們因此
　　只是話語（speeches），它們只是被看成用來在學習者腦
　　中引發觀念，一旦事物有了名稱，其定義就必然是以話語
　　對這個名詞的説明而已。[37]

霍布斯很明白地指出科學的目的無他，唯有展演出原因如何造成結果
一項而已。而科學要完成這樣的目的，定義是不可少的條件，因爲定
義就是三段論證中的「主要命題」。而且若被定義項（definiendum）已
經被命名，那麼定義就只是對這個名詞的解釋而已。

霍布斯理論中的機械論元素

　　理性主義式的自由概念反映了當時社會的主流看法。受到傳統哲
學與基督教的影響，多數人認爲物質與非物質（例如靈魂）共同構成
這個世界。而且人的理性能力是來自於上帝。簡單來說，對布蘭豪而
言，人的自由意志來自人的理性能力，而人之所以有理性能力又是來
自上帝的恩典。

　　乍看之下，這場爭論的主要焦點在對上帝的理解。這是一個合理
的初步印象，因爲除了布蘭豪的神職身份之外，在某個意義上這場爭
議的確是從宗教的角度開始發展出來的。霍布斯並不贊成布蘭豪這種

36　Thomas Hobbes, *The English Works of Thomas Hobbes of Malmesbury*, vol. I, p.82.

37　Thomas Hobbes, *The English Works of Thomas Hobbes of Malmesbury*, vol. I, p.83.

基於基督教理由對自由意志的辯護立場，因為他認為布蘭豪對於《聖經》的詮釋是不可信的。霍布斯在後來的〈關於自由、必然與偶然的諸問題〉一文中，曾將他認為《聖經》中關於自由這個概念的篇章分成三類：合乎他的立場、反對他的立場、以及雙方都同意的部份。他分析的結論是找不到反對他的立場的文句。當然布蘭豪不同意霍布斯的分析，然而這裡的重點在於，霍布斯在這裡的策略，並不是徹底否定《聖經》對於自由意志的權威，而是在於布蘭豪對《聖經》的詮釋不甚合理。也就是說，對霍布斯而言，即使他持一種唯物主義的觀點，否定一切非物質的存在，但是他並沒有否定基督教或者上帝的作用。這點在另一個地方更為明顯。基於接受決定論的立場，霍布斯自然而然主張所有實際發生的事都是由其必要原因所引發。在此處「必要」一詞實為綴字，因為所有原因都帶有必然性，這是決定論的定義。然而另一方面霍布斯又小心翼翼地提醒讀者，每件事的發生都不是單一原因所能造成的。或許每件事的發生都有一個直接原因，但是一個事件之所以會存在，是因為全體原因所致。若是如此，霍布斯推論，所有的事件之所以會發生，是因為有諸多的全體原因存在的結果。那為什麼會存在如此多的全體原因？根據他的唯物論與決定論，凡事必有原因、都是由原因所驅動而不可能自我發生，那麼創造出所有全體原因的最初因素又是什麼？這時霍布斯回到了上帝這個概念。因此他說這個世界上所有發生的事物，或多或少都帶有上帝的因素：

> 所有原因的集合，當中的每一個又都由之前的原因的集合
> 所決定，可以被稱為（就它們都是由所有事物的外在原
> 因，全能的上帝，所設定與命令這點而言）上帝的指令。[38]

---

[38] Thomas Hobbes, "Of Liberty and Necessity," p.20.

在這裡霍布斯帶出了一種類似牛頓（Isaac Newton, 1642-1727）式的機械論：上帝創造世界，一個有秩序的世界。一旦世界被創造出來之後，就只能依照這個秩序運行，連上帝這個創造者也不能再干預。借用波柏（Karl P. Popper, 1902-1994）的比喻，上帝就像是個鐘錶匠，他能做出時鐘。然而一旦時鐘做好之後，時鐘就會自行有規律地運作，即使是這個鐘的父母也不能要求它跑快一點或慢一點。[39]

　　然而作爲一個持唯物論形上學（materialistic metaphysics）的人，霍布斯否定一切非物質的存在，這中間當然也包括了人的意志。他曾說非物質其實是「無關緊要的話術」（insignificant speech）：

> 所有其他的名詞都只是無關緊要的聲響，這其中又分成二種。一種是當它們被新創，而其意義尚未被定義所解釋；這些有很多是被經院學者（schoolmen）與困惑的哲學家所鑄。另一種，是這樣的名詞，一種非物質性的物體，或者（其實都是一樣的東西）非物質的實質，以及其他很多很多，人常把這樣的名詞理解成二個互相矛盾而不一致的意義的名詞。因爲無論何時（對當中任一意義）的確認都是錯的，所以把這二個名詞組合，放在一起變成一個名詞，根本沒辦法表示任何意義。[40]

眾所周知霍布斯因此建構了一種機械式的世界觀。在他的寫作計畫中，似乎存在一個有計劃的步驟去鋪陳他的見解。一般咸認霍布斯打算寫出一本《哲學的根本要素》（The Elements of Philosophy），而之

39　Arrigo Pacchi, "Hobbes and the Problem of God," in G. A. J. Rogers and Alan Ryan eds., *Perspectives on Thomas Hobbes* (Oxford: Clarendon Press, 1988), pp.180-182.

40　Thomas Hobbes, *Leviathan*, chap. IV, p.108.

後他的三本著作《論公民》（*De Cive*, 'On the Citizen', 1642）、《論物體》（*De Corpore*, 'On the Body', 1655）以及《論人》（*De Homine*, 'On Men'*, 1658）則被視爲這個宏大計畫的三部曲。根據這個計畫，霍布斯將世界分成由三個部份共同構成的體系。這是一個秩序井然的體系：由最基本的物體（談論邏輯與幾何）到人（談論生理學及光學），最後再到政體（*body politic*，談論自由、支配、宗教），其中每一個部份都是後一部分的前提。也就是說，霍布斯從一種簡約論（reductionalism）的角度，將世界化約到最終能由物體來解釋。此處所要強調的重點是，在方法上，霍布斯站在一種類似笛卡兒式的理性主義立場，以展演的方式來論證他的哲學體系。

　　這樣的機械論，奠基於他的唯物論之上。霍布斯之所以接受這樣的機械論，很重要的原因之一，來自於他對教會的反彈。除了反對教會在宗教與倫理事務的權威之外，霍布斯同時也反對教會在知識上所展現的威權，特別是教會的裁決所（the Inquisition）對他心中的科學英雄伽利略（Galileo Galilei, 1564-1642）的迫害，更加深了他對教會的反感。[41] 然而除了這個原因之外，更重要的是，他反對亞里斯多德的形上學。亞里斯多德認爲實體（substance）是由所謂四因（the Four Causes）所造成。然而霍布斯接受了十七世紀時的觀念，認爲世界可以簡化成最爲小的粒子的運動（motion）所構成。[42] 對他而言，原因之所以能產生結果，就是粒子運動所造成的。換句話說，沒有辦

41　Tom Sorell, "Hobbes's Scheme of the Sciences," in Tom Sorell ed., *The Cambridge Companion to Hobbes* (Cambridge, New York: Cambridge University Press, 1996), p.46.

42　Dauglas Jesseph, "Hobbes and the Method of Natural Science," in *The Cambridge Companion to Hobbes*, pp.86-87.

法納入這樣的形式（例如非物質）的事物，基本上就是無法被展演——也就不是科學的。簡單來說，霍布斯認爲唯有運動才能讓事物發生。這樣的態度讓他對科學有一種特殊的看法。例如當他談論歐式幾何時，他不接受歐幾里德對直線「僅有長度沒有寬度」的定義，而是堅稱直線是「一種被視作其長度不含寬度的物體（a body whose length is considered without its breadth）」。[43] 從這個例子可以看出，霍布斯揚棄了將直線定義成柏拉圖式的理念（idea）的作法，因爲這樣的定義沒有辦法解釋直線爲什麼存在（亦即沒辦法解釋如何畫出一條直線），而將其視爲具體的概念，而這種概念只能以普遍名詞「直線」來加以定義。

　　根據前述的看法，霍布斯一方面主張邏輯，強調知識爲可被展演之事；另一方面，根據他的唯物機械論，知識的對象必須是有形的實質。依照這二個條件，霍布斯建立了一套哲學／科學的體系：第一哲學（*philosophia prima*, the first philosophy，有關所有事物的普遍定義）、幾何（geometry，從定義經由運動展演出結果的知識）、物理（physics，對經由感官所能察覺的有關外在物體運動的知識）、道德哲學（moral philosophy，有關引發各種情感與自發行動的人體內在運動的知識）、以及最後的公民哲學（civil philosophy，從追求和平所展演而來的知識）。[44] 也就是說，在霍布斯看來，這二個條件界定了什

43　Thomas Hobbes, *The English Works of Thomas Hobbes of Malmesbury*, vol. VII, p.202.

44　Thomas Hobbes, *The English Works of Thomas Hobbes of Malmesbury*, vol. I, chap. XI, pp.70-73; Yves Charles Zarka, "First Philosophy and the Foundation of Knowledge," in *The Cambridge Companion to Hobbes*, pp.62-65; Cees Leijenhorst, "Hobbes's Theory of Causality and Its Aristotelian Background," pp.435-439.

麼是知識。那些非物質的東西，不論是四因中的目的因或者布蘭豪所稱的自由意志，既算不上是實體，又無法被展演，因此當然不是知識的對象。

綜合以上的論點，大致上可以歸納出霍布斯的科學觀為何：科學必須是可以被展演的三段論證，所謂可以被展演指的是論證中必須（1）能顯示原因造成結果的必然性，而這個必然性又必須能回答的事物為何發生，以及（2）包括有效的定義，而所謂有效的定義指的則是已經被命名的事物的解釋。

根據這樣的觀點，回過頭來看霍布斯與布蘭豪的爭議，似乎就有了另一個切入分析的角度。霍布斯自己對自由意志的看法顯然符合他自己的觀點：人沒有所謂的自由意志，因為她所意欲從事的（或者說她所做的「決定」）其實最終都是可以被展演的——也就是可以找出發生的原因，而這些原因也都是可以被定義的（例如各式各樣的欲望）。布蘭豪的論點則相反，因為他將自由意志定義成由非物質的靈魂所發生，而這種定義顯然不是他所認可的有效定義，因為這種定義沒辦法解釋被定義項為何會發生。

事實上這並不是霍布斯第一次提出這樣的觀點。在與布蘭豪爭辯自由意志的問題後，他又與數學家華勒斯（John Wallis, 1616-1703）展開了近二十餘年的爭論。華勒斯主張使用符號作計算、接受負數（negative number）與虛數（imaginary number）、把代數（algebra）運用到幾何，甚至將幾何視為是代數的延伸。這些主張都跟希臘時期以來的古典數學大異其趣，霍布斯深感不以為然。[45] 就以代數跟幾何

45　Helena M. Pycior, "Mathematics and Philosophy: Wallis, Hobbes, Barrow, and Berkeley," *Journal of the History of Ideas*, 48:2（April 1987）, pp. 269-270.

的關係為例，華勒斯認為他能以代數的方式做出橢圓，霍布斯卻不能接受這樣的看法。因為傳統上要做出一個橢圓，是採取幾何而非代數的方法：對一個圓錐作一個斜切面，所得到的就會是一個橢圓。霍布斯認為傳統的方法才是科學的，因為這種作法解釋了橢圓的如何發生（generation）。相反地，華勒斯這種作法，就如同後來的布蘭豪一樣，都自以為自己是這些現象──不論是幾何圖案還是自由意志──的發動者。如果數學的定義是可以由數學家自己決定，這種界定的權威其實是不真實的。這種態度也是霍布斯面對布蘭豪時的態度：他一方面指出認為人能發動自由意志作決定是不真實的，就如同神職人員（好比布蘭豪）認為他們能代替神與國王分庭抗禮是不真實的一般。

　　這個基本觀點也反應在霍布斯對於自由意志的見解中。前面提到，理性主義式的自由概念將人的行動區分成二個階段：作決定跟遵守決定，其中人之所以能做到前者，憑藉的是人存在著自由意志。可是霍布斯根據他的唯物機械論，否定了這個圖像。正如前面引文所提到的，他根本上不接受非物質的存在，因此意志這種非物質顯然是不可靠的。那麼是什麼觸動人去行動呢？在《論人》裡所提及的生理學給了一個答案：自然界的物體所觸發的維生運動（vital motion）促使人類做出各種行為。也就是說，霍布斯的行動哲學其實是理性主義自由觀裏其他動物的行動模式。人的行動不再像是他們所說的包含作決定與遵守決定二階段，而是跟其他動物一樣，人只是接受她的欲望驅使而做出相應的行動。事實上，人根本沒有抗拒欲望的能力。

　　根據這樣的認識，在與布蘭豪的爭論中，霍布斯提出他對所謂自由的看法。對他來說，自由可以從積極與消極的方式來陳述。積極地說，當人有能力（相對於沒有能力）去做她所想要做的事時，她可以

說是自由的。消極地說，當沒有其他人或事去妨礙人去作她想要做的事時，她也可以說是自由的。

　　或許有人會質疑：霍布斯把人形容得好像不會思考一般。可是明明我們隨時都在做決定，例如待會晚餐該吃什麼。難道這不是意志在起作用的證明嗎？既然意志起著作用，又怎麼能說我們沒有自由意志呢？

　　對這樣的質疑，霍布斯的回答是：的確，我們時時刻刻都在作選擇。但是這樣的選擇並不是意志的作用。人雖然跟其他動物一樣，都是受到欲望驅使而行動。但是不可否認的，人是一種更為複雜的動物，她的腦子裡同時存在著各式各樣的欲望競逐著，當中唯有最強烈的欲望才會勝出，成為行動的真正原因。換句話說，我們所以為的意志在作用，其實只不過是各種欲望競逐的過程。甚至這個過程同樣可以用上述的模式來描述。如果我們把所謂的作決定也當成一般的自發行動，那麼所謂自由的自發行動也必須符合積極與消極的條件：當人有能力（相對於沒有能力）去決定她所想要決定的事時，她可以說是自由的。消極地說，當沒有其他人或事去妨礙人去作她想要決定的事時，她也可以說是自由的。這裡要再次強調的是，霍布斯重視的是「她是否根據她想做的去做」，此處想做的包括作決定這件事。至於「她為什麼想這麼做而不是那麼做」，根本不是問題。畢竟根據他的方法，人（或者更精確地說，人的意志）根本沒有能力去負擔這個問題，畢竟連作決定這件事都只是自發行動。

　　從以上的描述，我們可以看出為什麼霍布斯對自由意志的觀點被視為一種相容主義。在他的概念裡，意志自由是一個萊爾（Gybert Ryle, 1900-1976）所謂的範疇謬誤（category mistake），是一種不屬於人所會發生的問題。不管人的意志受什麼驅使，只要最終人的外顯

行為不受拘束，那麼她就是自由的。這個結論讀來似曾相識，因為在《利維坦》（*Leviathan*, 1651）中，霍布斯論證的正是這樣的自由，而且這樣的自由唯有在利維坦這樣的政體之中才得以實現。最重要的，對霍布斯來說，這樣的自由已經合乎人的本質，因此是充分的。人不可能比這樣過生活更自由了。

科學作為一種分析脈絡

前面曾提到，傑克遜提出的脈絡解釋，認為霍布斯與布蘭豪的爭辯是發生在一個現實的框架當中：二個人爭奪新堡侯爵的青睞，以完成各自的政治目的。然而如果我們更深入分析，會發現這場爭論之所以會發生，若干更為深刻的成分，可能遠比傑克遜所提出的見解，扮演著同樣關鍵的角色。

乍看之下，這場爭論可以說是典型的學術爭辯：霍布斯與布蘭豪爭論什麼是自由意志，是一場為知識而發生的爭論（for the sake of knowledge）。脈絡分析則是要指出，這個表面上以知識形式行之的爭論，並非單純的知識討論，而是因為其他的原因（for the sake of something other than knowledge）。傑克遜認為這個所謂的其他的原因是一種簡單的人性：霍布斯與布蘭豪藉著自由意志的爭辯，來試圖滿足一種每個人都會有的爭奪權力或影響力的欲望。換句話說，科學只不過是霍布斯用來滿足個人權力欲望的一種工具。

這種把科學的視為工具的見解，在霍布斯的研究並不罕見。例如在討論霍布斯為何終其一生都沒有被英國皇家學會（Royal Society）接納成為會員時，史金納就給了一個很直接的答案：霍布斯之所以沒有入選皇家學會會員，並不是因為他在科學上的見解不見容於學會，

純粹是由於他跟學會中的主要成員間的個人恩怨所致。[46]科學見解的
差異（例如他與前述的華勒斯對於數學，尤其華勒斯指出霍布斯「畫
圓爲方」（squaring the circle）的解法錯誤這件事）是兩造美化彼此間
矛盾的遁詞，目的只是讓別人看起來不那麼幼稚（相反地是頗有深
度）而已。

　　然而這種科學工具論後來受到某些挑戰。例如謝平與夏佛（Steven
Shapin and Simon Schaffer）就從知識社會學（sociology of knowledge）
的角度，指出當時的皇家學會與霍布斯對於科學的見解存在著孔恩
（Thomas Kuhn, 1922-1996）所說的典範般（paradigmatic）的差異：
在方法上，霍布斯的展演（demonstration）跟皇家學會所重視的實驗
（experiment）完全不同。而這種方法論上的差異則又是來自對於社會
秩序不同的看法。霍布斯認爲皇家學會壟斷了科學知識，等於剝奪了
主權者定義的能力，就如同教會剝奪了統治者的王權一般。[47]謝平與
夏佛的知識社會學分析，與脈絡分析一樣，把科學爭論放置在一個更
大的社會框架當中，科學爭論變成是政治爭論的依變項（dependent
variable）。麥爾侃（Noel Malcolm）則更進一步指稱，如果要更全面
的理解霍布斯與皇家學會的關係，一種約略可以被稱爲「意識型態」
（ideology）的東西必須被考量進來。[48]麥爾侃指出，跟謝平與夏佛的
說法相反，霍布斯與皇家學會的科學立場事實上相去不遠，而且不少

46　Quentin Skinner, "Thomas Hobbes and the Nature of the Early Royal
　　Society," *The Historical Journal*, 12:2 (January1969), pp. 217-239.
47　Steven Shapin and Simon Schaffer, *Leviathan and the Air-Pump: Hobbes, Boyle,
　　and the Experimental Life* (Princeton, N.J: Princeton University Press, 1985).
48　Noel Malcolm, "Hobbes and the Royal Society," in *Perspectives on Thomas
　　Hobbes*, p.46.

皇家學會成員也與他爲友，因此他也不像史金納所說，是個難相處的人。爭論之所以發生的真正關鍵，在於霍布斯對宗教與政治的立場備受爭議。猶有甚者，霍布斯後來大力抨擊當時以牛津跟劍橋爲首的大學，認爲它們壟斷了知識的發展，卻又沒辦法提出真正的科學。這使得多數具有大學教職的皇家學會成員大表不滿。這個爭執後來越演越烈，因爲當時的國會後來曾有人提案要廢除大學，[49]二造間的不一致逐漸升高成爲實際的利益衝突。在這種情況下，皇家學會只能跟霍布斯保持距離，甚至劃清界限，即使二者的科學見解或許不像謝平與夏佛所聲稱的那麼針鋒相對。

　　如果我們拿這個稍晚才發生的事件做比較，這場有關自由意志的爭論爲什麼會以這種方式出現，會出現一個更宏觀而清楚的輪廓。我們可以想像，在與皇家學會的爭端裡，科學論述爲什麼會如此重要：一群自命爲科學家的人，理所當然地會爲科學議題而爭論。但是在與布蘭豪的爭論裡，爲什麼霍布斯也要使用科學的論點？或者換個方式來發問，傑克遜的脈絡分析中所強調的脈絡分析，能不能說明霍布斯爲什麼要從科學的觀點來從事這場爭論？布蘭豪的一段話或許透露出若干端倪。他反駁霍布斯指稱他把自由意志視爲一種自行發動的行動、是一種邏輯上不可能的行動說法：

> 我同意他所說的一切。意志不會自己發生。或者他【霍布斯】把意志理解成意志的能力（the faculty of the will），一種理性靈魂（reasonable soul）的力量，【意志】不是自我發生，而是來自那位創造靈魂並將其注入凡人，而且賦予他這種力量的上帝；或者他把意志理解成行使意志的行

49　Noel Malcolm, "Hobbes and the Royal Society," pp.43-44, 54.

動（the act of willing），這也不會自我發生，而是來自存
在於靈魂中的那種行使意志的能力或力量。[50]

如同史金納指出，布蘭豪的論點，已經不僅是在攻擊霍布斯的哲學謬
誤，而是在於他的所謂科學觀點實際上暗藏了無神論的宗旨。[51]也就
是說，霍布斯與布蘭豪的爭論，追根究底仍是一場有關宗教與政治的
辯論。對於國教教會在實際政治中的角色，二個人有著截然不同的觀
點。作爲國教派的大主教，布蘭豪認爲教會應該維持傳統的權力，而
這卻是霍布斯所反對的。事實上這也是傑克遜的脈絡分析的結論。

　　然而傑克遜沒有說明的，是爲什麼霍布斯要用科學而非宗教的論
述來從事這場論爭。如果我們回顧霍布斯的科學思想發展過程，或許
可以得到一個初步的解答。在整個1640年代中，霍布斯已經是巴黎
的一個科學家聚會梅桑學圈（Mersenne's circle）的成員之一，並且
當中的主要成員例如梅桑（Marin Mersenne, 1588-1648）與賈桑迪
（Pierre Gassendi, 1592-1655）等人十分親近。這裡不僅讓霍布斯接觸
了大量的科學新知，同時也承認了霍布斯做爲科學家的身分與成就。
換句話說，在這個時候，霍布斯的科學家身份與認同正在起飛。因此
很自然地，他運用了他最熟悉的科學，作爲對抗布蘭豪的武器。

結論——多層次的脈絡

　　不可否認，霍布斯與布蘭豪關於自由意志的爭論，對於後來心靈

50　Thomas Hobbes, *The English Works of Thomas Hobbes of Malmesbury*, vol. V, p.373.

51　Quentin Skinner, *Hobbes and Republican Liberty*（Cambridge, UK; New York: Cambridge University Press, 2008）, pp.25-26.

哲學的發展有著相當程度的影響。然而要如何去評價這場爭論，卻仍有討論的空間。不論是純粹文本的分析，或是強調歷史背景的脈絡分析，都讓我們能更深入了解這場爭論所展現的意義。

然而如同波考克（J. G. A. Pocock）所指出的：

> 【政治思想】是一種修辭（rhetoric），是一種人們為了各式各樣的目的、以各式各樣的方法來從事政治的文化中的表達（articulating）與溝通（communicating）等的行為。我們很容易在政治言語（political speech）中發現陳述（statements）、命題（propositions）與咒文（incantations）等事實上被邏輯學家、文法學家、修辭學家，以及其他研究語言、言辭（utterance）與意義等的學者所實際區分出來的各種表達方式。各式各樣的研究模式，雖然以各種不同的言辭表現，都可以共存在【政治思想研究中】。[52]

政治思想與孔恩所謂的「典範」（paradigm）不同之處，在於政治思想是一種多值的（multivalent）論述體系。也就是說，與一般科學理論不同，影響政治思想的脈絡並不只有一個，而是可能同時有很多層次的脈絡交錯作用。如果經過各層面的分析之後，發現各層面間的一致性越高，就表示這個政治思想對於當時的政治活動影響越深遠。就這個意義來看，除了傑克遜所強調的歷史脈絡之外，當時的智識脈絡（intellectual context）也應該是探討這場爭議時不應該被忽略的一個面向。

就本文所討論的範圍，我們無法確定這二個策略何者為首，也無

---

[52] J. G. A. Pocock, *Politics, Language, and Time: Essays on Political Thought and History* (Chicago: University of Chicago Press, 1989), p17.

法確定這場爭論本質上是純粹知識的討論，還是爲了爭取政治上的影響力而起。即使科學作爲眾多脈絡之一的說法可以成立，科學與當時的宗教與政治的關係又是如何？是如同謝平與夏佛所認爲，前者是後者的依變項，抑或相反，是科學的方法決定了霍布斯的政治與宗教立場？還是二者間存在一種相互影響的辯證關係？霍布斯的科學方法與他的政治思想有什麼關係？在什麼意義下，我們可以說是霍布斯的方法決定了他的政治思想的內容？還是相反？然而，如果本文的分析得以成立的話，在霍布斯與布蘭豪的爭論當中，可以看見至少有二個知識脈絡同時影響著霍布斯的論斷。若從亞里斯多德的修辭分類來看，在爭取勝利的過程中，霍布斯一方面採用人格說服的方法，讚揚自己而貶抑敵手的人格。然而在論理說服（logos）的層面上，霍布斯服從的卻是邏輯與唯物機械論所構成的科學。傳統脈絡研究裡把歷史分析跟哲學分析對立起來的作法，或許是一種不必要的誤解。

　　最後值得一提的是，霍布斯強調的科學方法是演繹，這點與笛卡兒（René Descartes, 1596-1650）的理性主義非常一致。然而因爲霍布斯的唯物論立場，使他不接受理念這類非物質的存在，使得他最終無法成爲一個徹底的理性主義者，這個工作最後是由萊布尼茲（Gottfried Leibniz, 1646-1716）所完成。在哲學上，霍布斯並沒有完成承先啓後的工作：他不夠經驗主義，所以被培根（Francis Bacon, 1561-1626）跟波以耳（Robert Boyle, 1627-1691）所取代，終其一生無法進入英國皇家學會。另一方面，他又不夠理性主義，最後由萊布尼茲所取代。然而在政治思想上，他的這些見解，卻讓他完成了前所未有的國家理論。

Liberty and Necessity
——A Contextual Analysis of Thomas Hobbes' Compatibilism

Yu-Kang Ling

Abstract

In the controversy with John Bramhall, inspired by the method of geometrical method and mechanical psychology, Thomas Hobbes denied the exercise of volition, which was contended by Bramhall, and further asserted a special find of determinism, that is, liberty and necessity are compatible in so far as an act is not hindered by external impediments. Some argue that it is the different attitudes toward the Civil War, rather than the seemingly divergent philosophical positions, between Hobbes and Bramhall, that really triggered this debate. This article argues that philosophical discourse is not simply an apparent or seeming reason that causes this controversy. It is in fact a historical context as decisive as the Civil War is.

Key words: Thomas Hobbes, John Bramhall, free will, determinism

徵引文獻

胡全威，〈從亞里斯多德《修辭術》中的三種說服論證解讀《利維坦》〉，《政治與社會哲學評論》，40（臺北，2012），頁 56-94。

Aristotle. translated by David Ross. *The Nicomachean Ethics*. Oxford: Oxford University Press, 1980.

Bramhall, John. "A Defence of True Liberty," in V. C. Chappell ed., *Hobbes and Bramhall: on Liberty and Necessity*. Cambridge, UK; New York: Cambridge University Press, 1999, pp.43-68.

Hobbes, *Thomas. The English Works of Thomas Hobbes of Malmesbury*. 10 vols. London: J. Bohn, 1839.

_____, *Leviathan*. C. B. Macpherson ed., The Pelican Classics, AC 2. England: Penguin, 1968.

_____, *On The Citizen*. edited & translated by Richard Tuck and Michael Silverthorne. Cambridge, New York: Cambridge University Press, 1998.

_____, "The Questions concerning Liberty, Necessity, and Chance," in *Hobbes and Bramhall: on Liberty and Necessity*, pp.69-90.

_____, "Of Liberty and Necessity," in *Hobbes and Bramhall: on Liberty and Necessity*, pp.15-42.

_____, *The Elements of Law Natural and Politic*. J. C. A. Gaskin ed., Oxford: Oxford University Press, 2008.

Jackson, Nicholas D. *Hobbes, Bramhall and the Politics of Liberty and Necessity: A Quarrel of the Civil Wars and Interregnum*. Cambridge, UK; New York: Cambridge University Press, 2007.

Jesseph, Dauglas. "Hobbes and the Method of Natural Science," in Tom Sorell ed., *The Cambridge Companion to Hobbes*. Cambridge, New York: Cambridge University Press, 1996, pp.86-107.

Leijenhorst, Cees. "Hobbes's Theory of Causality and Its Aristotelian Background," *Monist*, 79: 3（July 1996），pp.426-447.

Malcolm, Noel. "Hobbes and the Royal Society," in G. A. J. Rogers and Alan Ryan eds., *Perspectives on Thomas Hobbes*. Oxford: Clarendon Press, 1988, pp.43-66.

Pacchi, Arrigo. "Hobbes and the Problem of God," in *Perspectives on Thomas Hobbes*, pp.171-188.

Pink, Thomas. *Free Will: A Very Short Introduction*. Oxford; New York: Oxford University Press, 1992.

Pocock, J. G. A. *Politics, Language, and Time: Essays on Political Thought and History*. Chicago: University of Chicago Press, 1989.

Pycior, Helena M. "Mathematics and Philosophy: Wallis, Hobbes, Barrow, and Berkeley," *Journal of the History of Ideas*, 48: 2 (April 1987), pp.265-286.

Shapin, Steven, and Simon Schaffer. *Leviathan and the Air-Pump: Hobbes, Boyle, and the Experimental Life*. Princeton, N.J: Princeton University Press, 1985.

Skinner, Quentin. "Thomas Hobbes and the Nature of the Early Royal Society," *The Historical Journal*, 12: 2 (January 1969), pp.217-239.

_____, *Reason and Rhetoric in the Philosophy of Hobbes*. Cambridge, New York: Cambridge University Press, 1996.

_____, *Hobbes and Republican Liberty*. Cambridge, UK; New York: Cambridge University Press, 2008.

Sorell, Tom. "Hobbes's Scheme of the Sciences," in *The Cambridge Companion to Hobbes*, pp.45-61.

Tuck, Richard. *Hobbes: A Very Short Introduction*. Oxford; New York: Oxford University Press, 2002.

Zarka, Yves Charles. "First Philosophy and the Foundation of Knowledge," in *The Cambridge Companion to Hobbes*, pp.62-85.

【Interview】

An Interview with Professor Quentin Skinner

Interviewed by Jeng-Guo Chen and Carl Shaw

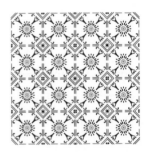

Quentin Skinner

Quentin Skinner teaches at Queen Mary University of London.

He is the author of *The Foundations of Modern Political Thought*

(2 vols.); *Reason and Rhetoric in the Philosophy of Hobbes*;

Liberty before Liberalism; *Visions of Politics* (3 vols.) and

Hobbes and Republican Liberty.

Interview with Quentin Skinner, the Howard Plaza Hotel, Taipei, 17 May 2013,

Transcribed by Andrea Jung-An Liu

Professor Quentin Skinner gave the Academia Sinica Lecture Series in Taipei, on 13-17 May 2013. The editors of *Intellectual History* seized the opportunity of Professor Skinner's visit to ask him to consent to be interviewed. Upon his agreement, the editors were able to garner some of his latest reflections on some issues of intellectual historiography.

JENG-GUO CHEN (hereafter CHEN):

Professor Skinner, thank you very much for coming to Taiwan and agreeing to this interview with us. It is our great honor. On behalf of the journal of *Intellectual History* I should like to ask you some questions regarding your views on historiography in general and your personal career as an intellectual historian in particular.

For the international community of historians, you are most celebrated for your statement and practice of the contextual understanding of intellectual history. The influence you have exerted upon the younger generation can be traced back nearly fifty years. Is there is an evolution or trajectory of the idea of contextual history in your practice and methodology? If so, would you briefly describe this evolution?

PROF. SKINNER (hereafter SKINNER):

Well, thank you very much for these kind remarks, and thank you also for the invitation to be interviewed; I am very grateful and very honoured too. To answer this first question, I would say that there has been one basic idea which has underlain my practice of what you are calling contextual intellectual history. I have always wanted to criticise any kind of essentialism about concepts. I want to make sure that what we focus on is what is done with concepts, and thus on their use in moral and political argument. This emphasis on the range of uses of normative vocabularies has, I think, been present all through my work.

But if there has been an evolution, it is that in recent times — influenced by many discussions with my friend Raymond Geuss — I have been talking in a new way about concepts and their genealogies. When I use that term, I do not have in mind the Nietzschean view of genealogy, according to which the project of tracing the origins of our beliefs will turn out to have the effect of discrediting them. I use the concept more simply, and also more generally, as a further means of questioning essentialism. I want genealogy to do the work of showing us how normative concepts are contested over time, are always in dialogue with each other, and are not subject to any one definition that we could all hope to agree upon. It has to be admitted, however, that in a recent symposium about my work (published in the *Journal of the History of Ideas*) one of the commentators — Melissa Lane — wrote that she couldn't see that this was an evolution; that really this was just another way of saying the same sort of things I have always been saying. And I think she may be right.

CHEN:

Then, according to your own observation, do you think that nowadays intellectual historians are, generally speaking, aware enough of the points about contextual history that you want to draw our attention to?

SKINNER:

It's a little difficult to be sure, but I would say that nowadays there is general awareness of a school of interpretation which insists that texts must be interpreted in the contexts — the intellectual contexts — in and for which they were originally written. Sometimes those who write in this way are said to be members of something called the Cambridge School. There is also the fact that I helped to set up with Cambridge University Press the series called *Ideas in Context*, which exists specifically to publish and promote research in this idiom. I've now stepped down as general editor, but by the time I did so we had already published a hundred volumes in the series, and I feel deeply indebted to the Cambridge Press for giving this approach to intellectual history so much visibility.

So I think the answer is that scholars within our discipline are well aware of the points about context that I and others have wanted to make. But that is not to say that these arguments have gone uncontested. I'm struck, for example, when I visit France (as I did recently) that many scholars there remain vehemently opposed to contextual intellectual history. They are insistent that we should study individual texts by the process of *explication*, that we should study only the major texts, and that these are, almost by definition, those which can be fully understood independently of their context of writing. And something similar, of course, is said by the numerous followers of Leo Strauss in the United States.

What these schools of thoughts have in common is the rejection of what, for me, is the most important connection between the past and the present in the history of philosophy. This is that it might be the very fact that what was believed in the past is not what we currently believe that might be most interesting. When I started, for example, to work on questions about the theory of freedom, what most attracted me to the so-called 'republican' way of thinking about political liberty was that it is not currently one of the ways we think about the concept at all. But maybe it should be. What I don't like is the idea of simply using the past as a mirror in which we can find our own beliefs and attitudes reflected. I prefer to go to the past in search of buried treasure, in search of lost readings of our moral and political concepts, and perhaps different concepts altogether.

CHEN:

Some people will make a distinction between you and Leo Strauss by saying that you are too historicist while Strauss is presentist. But it seems to me what you are just talking about is not that the other is wrong, but that you are also concerned with contemporary issues. And you want to draw our attention to historical lessons as a possible source of inspiration for contemporary politics.

SKINNER:

The sense in which the follower of Strauss tend to be presentist in a way that I don't like is that they take the reasons for studying the classic texts in philosophy—not just political and moral philosophy but in all kinds of philosophy—to be that they contain lessons which are directly applicable to the present, that they contain a kind of perennial wisdom upon which we can hope to draw. I remain opposed to presentism in that sense. I am a historian by training and I am a historicist in the sense of wanting to say that, in appraising the texts we study, we should seek so far as possible to approach them in their own terms and try to find out what their questions were without supposing that they are our questions as well, and certainly without supposing that our questions are necessarily the most important ones to ask. But I further contend that, if you go to the past without looking for answers to our own questions, you may sometimes learn things of far greater contemporary interest, since they may have the effect of challenging rather than simply underpinning what we currently believe. So in that sense, as you intimate, I might after all be called a presentist myself.

CHEN:

You have just said you have been consistent in arguing against essentialism. But it seems to me that your name has been closely associated with the idea of contextual history. On the one hand, in France people will say they are particularly famous for having invented the *l'histoire des mentalities*, and the Germans have their Begriffsgeschichte. By introducing the idea of genealogy study, how will you make sure that the introduction of the new concept of genealogy will work more effectively than contextual history for the purposes with which you are concerned?

SKINNER:

It may not be that my approach is more effective than the French and German traditions you speak about, and certainly my focus is different. The study of *mentalités*, which became central to French historiography from the 1960s onwards, focused on the beliefs of ordinary people. They wanted to investigate peasant beliefs as in the case of Le Roy Ladurie, and more generally the ordinary opinions of ordinary people. I've never been interested in that kind of research. I've always studied elite culture. I've always wanted to understand major works of philosophy. It is true that in my view we have no prospect of understanding such works unless we find means to elucidate what they are doing as well as what they are saying, and this is why my approach aspires to be rigorously historical. But my eventual aim is a traditional and a philosophical one: I want us to keep in touch with the great works of our philosophical tradition. I should add that I do not want to say that this approach, and this kind of history, is more important than the others you cite; it's just a matter of temperament. But it does mean that my approach stands completely apart from that of those historians who study *mentalités*. I am not interested in their questions and they are not interested in mine.

My relationship with the recent *Begriffsgeschichte* trend in German scholarship, especially as practised and popularized by Reinhart Koselleck, is somewhat different. My objection to that approach is that it takes too little interest in what, as I said at the outset, seems to be one of the main questions for intellectual historians to address, namely what can be done with different concepts in debate. I am interested in moral and political argument, not in tracing the *longue durée* of concepts. It seems to me that, if you adopt Koselleck's view about the history of concepts, you end up writing something like dictionary entries, histories of how words were used over long tracts of time. The danger is that you begin to lose sight of the changing role that such concepts may have played in the different societies in which they were employed. One and the same concept may have been revolutionary at one moment and reactionary at another. If you focus on the history of concepts, that kind of truth becomes harder to recover and illustrate.

CHEN:

Further to contextual history, there are surely different kinds of contexts that historians might identify in understanding and interpreting events and the actions of agents, including political context, social-economic context, religious context, and others. Do you consider these differentiating contexts complementary or competing contexts in historiography? Or to put it another way, while emphasizing linguistic context, to what extent do you think that a study of social-economic context, or religious context might enhance or enrich your interpretation of historical texts?

SKINNER:

I should start by saying that I always try to focus on the understanding of some particular text. I try to surround whatever text I am studying with other texts. The aim is to reconstruct the linguistic context that enables me, I hope, to identify what the underlying purposes are in the text in which I am principally interested.   As I've just noted, I have tended to phrase this aspiration by saying that I am interested not just in what texts are saying, but also in what they are doing, what kinds of interventions they may be said to be making in the political and cultural debates of their time.

Now, if that is my focus, then what's primary must be the linguistic context. You have to be able to relate texts to each other, to set them up against each other in such a way that you are eventually able to say things like: "well, we can now see that this text constitutes a repudiation of this position, a continuation of that one, a defence of this argument, an attack on that one, a satire on this commitment, a deliberate refusal to engage with that one, and so on and on through as wide a range of speech-acts as can be identified in the text under examination.   The question is always "What is the character of the intervention being made?"   The answer can only be recovered by following this method of intertextual comparison.

But this doesn't mean that I am uninterested in the political or social-economic contexts out of which such texts arise.   I tend to distinguish, however, between the kinds of contexts that enable you to make sense of texts, and the kinds of contexts that enable you to answer questions of the form: 'why does this text exist at all?'   These latter kinds of context may be said to stand in a causal relationship to texts.   If, for example, you want to know why Thomas Hobbes wrote *Leviathan*, you will do well to focus on the crisis of political obligation produced by the abolition of the British monarchy and the imposition of a republic in 1649.   I am so far from being uninterested in questions of this form that I would want to say that they are in a sense the most fundamental, inasmuch as they explain why texts come into existence. But for me it is interpretation rather than causal explanation which is always the primary aim.

I could perhaps rephrase what I have been saying in the form of a distinction between intentions and motives. I am less interested in what may have motivated the writing of particular texts than in the intentions embodied within them. So my actual practice as an historian of political theory, to put it crudely, is to begin with the political and hence the motivational issues, then proceed to the texts in which these issues are discussed, with the eventual aim of ending up with a characterization of what the particular text in which I am interested may be said to have contributed to the debate.

CHEN:

In the eighties of the last century, pan-European historical issues began to be studied in their national context — the Reformation in national context, the Renaissance in national context, the Enlightenment in national context and so on. What was the relationship of the linguistic turn to the emergence of this national turn in the eighties?

SKINNER:

There is undoubtedly an affinity between my approach and the historiographical shift you describe. What underlay the shift was, I think, a dissatisfaction with the way in which, for example, studies of the European Enlightenment had been conducted. There had for a long time been a tendency to think of the Enlightenment as the name of a general movement of ideas about social progress, economic liberalization, religious toleration, philosophical rationalism and so on. As a result, individual writers all too readily came to be appraised according to their contribution to these allegedly central topics of debate. Faced with any particular writer, you had a means of determining how far they could be described as genuinely enlightened or not. It seemed to me a highly salutary development when historians like Roy Porter began to insist that we should stop assuming that the Enlightenment was the name of a pan-European set of assumptions and ask ourselves instead what specific questions were being raised, and for what specific reasons, within individual cultures and societies.

A further reason why I found this development congenial was that the different languages in which the philosophies of the Enlightenment were written – English, French, German, Italian – regained what seemed to me their rightful prominence. It can be all too easy to assume that we are talking about the same thing when we speak about *the state* or *l'état* or *Der Staat* or *lo stato*, but this is precisely what needs to be shown rather than assumed.

Having said all this, it is important not to throw out any babies with the bath-water. Some leading figures in what we still describe as the European Enlightenment commanded an international audience, as a result of which one can show – as John Robertson has recently done – that similar questions were sometimes addressed in very varied social and economic circumstances. As he has shown, the Enlightenment in Naples can be fruitfully compared with, and related to, the Enlightenment in

Scotland.

CHEN:

My next question is related to what you have just said about the reception of major thinkers across national boundaries. It seems to me that since the last decade of the last century, we have seen intellectual history striving to go beyond national and into trans-national study. The goal of internationalism or even globalization in historiography has been announced enthusiastically by many historians in this century. Do you consider such a spatial expansion a complementary endeavour to the linguistic turn and national context approach, or a criticism of it? What is your attitude to the tendency towards ever-enlarging space in historical research nowadays?

SKINNER:

You are certainly right to say that there has been what you describe as a spatial expansion in the subject-matter of intellectual history in recent times. One of the pioneers was Richard Tuck, especially in his now classic book *The Rights of War and Peace* (2000), in which he examined the political theory of international relations as it evolved from the early seventeenth century to the present day. More recently, Annabel Brett in her book *Changes of State* (2011) recaptured for us the idea of a universal moral community, one of the ideals eventually swept aside by the emergence of the modern systems of nation-states. But the scholar who has perhaps most explicitly and publicly embraced and promoted the international turn in the study of intellectual history has been David

Armitage, especially in his latest book *Foundations of Modern International Thought* (2013).

You ask about my attitude towards these developments, and my answer is that they seem to me wholly to be welcomed. All the books I have cited are landmarks of scholarship, and I am proud to be able to add that their authors are all former PhD students of mine. Nor do I see in their works any conflict with the kind of research I try to undertake myself. They are all instances of what you have been calling contextualist intellectual history. It is true that they might be thought to embody a criticism of my own focus of attention, and David's title might even be thought to allude to the title of my own earliest book. These writers all want to get away from the traditional focus on the state, the focus that continues to inform my own work. And they are surely right. This is not to concede that my own approach is misguided, but they have certainly made me see that it is more partial than scholars of my generation used to suppose. I don't in the least disagree that there are global as well as national questions to be addressed in the history of social and political philosophy, and in our increasingly globalized world it is very natural to want to emphasise them. If I have a worry about this approach, it is only that we need to be careful not to dilute too much the notion of intellectual context. David in particular wants to combine an international perspective with the study of the *longue durée*, and speaks of serial contextualism. I have no complaints about his own deployment of this approach, as his scholarly range is so extraordinarily wide, and his mastery of his materials so complete. But in the hands of a lesser historian the effect might be to edge us back towards a more traditional narrative history of ideas, which would I think be unfortunate.

CHEN:

You are a republican, and I know you have written about Machiavelli, Milton, Harrington and many other republicans in your works. But one — if not *the* — predominant figure you have chosen to commit yourself to is Thomas Hobbes. He is someone who would try his best to dismantle republican assumptions or tendencies. Would you please tell us why Hobbes looms so large in your career?

CARL SHAW (SHAW hereafter):

And I would add one word that I am extremely interested in your remark — I think it was yesterday — that the only thing you agree with Leo Strauss about is that he considered Hobbes to be the demon of modernity.

SKINNER:

I can see that my fascination with the demonic Hobbes may seem paradoxical, and perhaps I do not fully understand it myself. But I would say that there are two main reasons why I have never been able to get away from him. One is connected with the fact that I have always been primarily interested in the formation of the modern state, and in particular in those political writers who first attempted to explicate the idea of state sovereignty. My first book, *The Foundations of Modern Political Thought* (1978), attempted to trace the emergence of the modern idea of the state — I now feel, indeed, that it did so in far too teleological a way. It was my original intention to end the book not, as I did, with the articulation by Bodin of the idea of absolute and indivisible sovereignty, but with Hobbes's idea of the state. I only stopped short because I could not manage to trace the origins of Hobbes's core belief that the state is the name of a represented fictional person, nor indeed could I manage (despite repeated attempts) to arrive at a clear understanding of what he meant. But because I continued to be so deeply interested in the strange but powerful idea that the state, although it is a mere fiction, is nevertheless the bearer of sovereignty, I kept coming back to Hobbes, and in recent years I have spent a lot of time trying to refine my understanding of his intricate and extraordinarily influential theory about the personation and representation of the state.

A second reason why I have never been able to get away from Hobbes is connected with my work on the so-called 'republican' theory of liberty. The republican idea that social freedom is best understood as the name of a status — the status of those who are not dependent upon the arbitrary will of others — is of course a classical one, and it is hard to think of any Roman moralist or historian who conceived of the concept in any other way. With the revival of the study of Roman Law — in which the 'republican' view had been fully laid out — and with the increasing study of classical moral and political philosophy in the Renaissance, this conception of freedom came to be very widely endorsed. It was Hobbes, as I see it, who was the first political writer to launch an all-out attack on it. Since I am always interested, as I began by confessing, in the idea of political texts as interventions in specific political debates, I eventually found it irresistible to try to write about Hobbes's attempt to discredit and replace the idea of freedom as absence of dependence with his own much narrower view that it amounts to nothing more than absence of interference with our capacity to act at will. This became the theme of my book *Hobbes and Republican Liberty* (2008).

Reflecting on your question, however, I see that this is not really the whole story. I have to admit that my original interest in Hobbes was more methodological than philosophical in character. To explain myself, I need to say a word about one of my earliest mentors, Peter Laslett. He published his edition of John Locke's *Two treatises of government* in 1960, and I read it as an undergraduate at the time. I have never ceased to think of it as a model of what we have been calling contextual intellectual history, and it had a great influence upon me when I first began to do research myself. I remember, however, that I was surprised and in a way doubtful when I first heard Peter talk about what he felt he had achieved in this work. As I recall, he spoke of having demoted Locke. Locke had been widely regarded as the author of a systematic treatise on politics, and indeed as one of the founding fathers of the modern liberal theory of the state. Laslett argued that Locke's *Two treatises* was far more in the nature of a polemical pamphlet occasioned by specific political events. Locke's employer, the Earl of Shaftesbury, was attempting at the end of the 1670s to get an Act of Parliament passed to exclude the heir presumptive, king Charles II's brother James, from succeeding to the throne. Shaftesbury accordingly stood in need of any arguments tending to show that it may be possible for the people lawfully to set limits to the powers of their rulers and even remove them from office. He commissioned Locke to search out such arguments, and the *Two treatises* was the result.

There is no doubt that Laslett's account of the genesis of the *Two Treatises* is a classic piece of intellectual history, but what I most remember Peter saying was that one could never hope to perform a similar operation on, for example, Hobbes's *Leviathan*. Hence his claim about demoting Locke. Locke's treatise had usually been viewed, like Hobbes's *Leviathan*, as a systematic work of philosophy, but Peter felt he had shown that, by contrast with a work like *Leviathan*, it was far more a *piece d'occasion*. This, as I recall, was where I felt doubtful. I doubted if there was any work of political philosophy that could not be shown to some degree to be a *piece d'occasion* in the way that Peter had shown in the case of Locke, and I resolved to try to show that something similar could be demonstrated in the case of Hobbes. I never succeeded, of course in carrying out this resolve in anything like so comprehensive a way, but this was the project to which I addressed myself in my earliest series of articles, which were published in the mid-1960s.

If you ask how I could possibly have arrived with such confidence at the *a priori* insight that all works of political philosophy are best conceived as *pieces d'occasion*, the answer is that I took the idea directly from R. G. Collingwood, whose writings on the philosophy of history had been one of my intellectual passions ever since I was introduced to them by an exceptionally enlightened teacher at school. I would go even further and say that my ideas about what we have been describing as contextual intellectual history were more shaped by Collingwood's idea of 'the logic of question and answer' than by anything else. That's a long response to your question I'm afraid.

SHAW:

May I follow with one question on Hobbes. This can be regarded as my question addressed to your two lectures yesterday and today, because I refrained from asking them at the time. In yesterday's lecture on the idea of liberty, Hobbes is the initiator of the modern idea of negative freedom and he deliberately demolishes what he calls the doctrine of 'the democratic gentlemen'. So that's one part of the story. And in today's talk about the modern idea of the state we saw that Hobbes, at the same time, overcomes the populists and the absolutists and constructs a fictional theory which is the first, most complicated philosophical grounding of the modern state. Now, you are strongly against Hobbes's idea of negative freedom, but you endorse his idea of the state. So I am trying to find out if the two side of the system were combined. What would be your overall appraisal of this Hobbesian theory of freedom and the state?

SKINNER:

It is true that I reject Hobbes's analysis of the concept of liberty. He sees civil liberty, as I've said, merely as a matter of not being physically impeded in the exercise of your powers. But even if you accept the basic liberal view of freedom as non-interference, to quote Philip Pettit's way of putting the point, you might wonder if Hobbes can possibly be right to insist that freedom is taken away only by acts of physical or bodily interference. Most liberal political theorists would want to add that coercion of the will, not merely of the body, has the effect of undermining liberty. However, my rejection of the Hobbesian picture is a much more thorough-going one. I do not think that what is fundamental about civil liberty is non-interference on any understanding of that term. What is fundamental to freedom, I argue, is not being dependent on the arbitrary will and power of anyone else.

However, you can perfectly well combine that 'republican' view with a Hobbesian understanding of the character of the state. It seems to me that – to pick up the terminology you use in your question – Hobbes's most distinctive achievement was to articulate a view of the state that is neither absolutist nor populist in character. According to the absolutist theory, the right way to think about the state is on the analogy of the head and body of a person. The sovereign is figured as head of state (as we still say), that is, as the head of a body politic living in subjection to his will. By contrast, the populist theory — as articulated for example by the supports of Parliament in the English revolution — counters that the body of the people can itself be the possessor of sovereignty, and hence rejects the head-body analogy altogether. The power of the people, as represented in Parliament, comes to be seen as equivalent to the power of the state.

Hobbes rejects both these models of political life. He sees the state as an agent distinct both from rulers and ruled, and he treats sovereigns not as heads of state but as representatives of the state. His basic idea is that, when a sovereign is authorized to represent what he calls the person 'by fiction' of the state, then the sovereign's actions are attributed to the state and are considered to be the actions of the state. By the miracle of representation, the state thus comes to be the actual bearer of sovereignty in spite of being purely fictional in character.

This idea of the state as the name of a represented fictional person seems to me Hobbes's great contribution to political philosophy, especially as it gave rise to a powerful theory about the obligations of states towards their own citizens. Hobbes's systematic separation of the idea of the state from the mere apparatus of government enables him to speak of governments as having a duty to preserve the health and welfare of the person of the state – that is, of the body of the people united under an authorised sovereign representative.

But how, you may still ask, is this analysis compatible with the 'republican' view of civil liberty? To see how the two can be fitted together, you need only reflect for a moment on Rousseau's *Contrat social*. There the state is treated as a fictional *personne morale*, and the freedom of the people is equated with their capacity to make the actions of the state answer to their own general will, thereby avoiding any submission to purely arbitrary power. Freedom is construed as absence of dependence in true 'republican' vein, but the upholding of this view of liberty is then taken to be one of the duties of the state. I see no difficulty, in short, about combining my two allegiances.

SHAW:

Okay I see. So Rousseau is the ultimate synthesizer of the republican idea of liberty together with the fictional idea of the state.

SKINNER:

Exactly. What Rousseau shows is how the two can be combined.

SHAW:

All right. May I add a last point. Would not Gierke say that Rousseau's synthesis draws back from the Hobbesian innovation in the theory of the state towards pure populism?

SKINNER:

A very interesting doubt. I think that what Hobbes and Rousseau have in common is the idea that, in agreeing to form a civil association, we convert ourselves from a plurality into a unity. We become a body politic, and hence a legal person. This person is of course a fiction, and if it is to perform any actions, it will have to be represented by natural persons who act in its name, and whose actions can be attributed to it. But as I see it, the point on which Hobbes and Rousseau may be said to agree is that this fictional person is the true bearer of sovereignty, and that the name of this *personne morale* is *l'état*, the state.

Gierke would not perhaps dissent from this analysis, but he would certainly want to add that neither Hobbes nor Rousseau articulates what he takes to be the canonical form of the theory of the modern state. For Gierke, the person of the state is not a fiction at all; the state is the name of a real person with a will and interests of its own. It is only when Hegel presents this analysis, according to Gierke, that the modern theory of the state is finally born.

CHEN:

Now, we all know that you are one of the greatest historians of our time.

SKINNER:

No, not at all, I really do not think so. I am sure because I have known some great historians.

CHEN:

Well, people can second my statement. And you are also a successful university professor. As you mentioned, you have supervised many extremely successful students, including Richard Tuck and David Armitage. But my question is not particularly about intellectual history, but is addressed to you as an historian in a general sense. Nowadays it seems to me that historians are working on smaller and smaller subjects; people say that we know more and more about less and less. So what is your reaction to this modern practice of the historians' task? If a student wants to study a large topic, such as the English civil war, what would your suggestion be to this student? You just mentioned that you are always interested in great books, great texts. But could your linguistic or genealogical methods be used to explore grand historical questions such as the intellectual origins of civil war?

SKINNER:

It is true that I am a very traditional intellectual historian inasmuch as I always find myself attracted to writing about major thinkers and writers.

I have written about Machiavelli, about John Milton, about Thomas Hobbes, and the book I have just completed is about Shakespeare's use of classical rhetoric, a study which has in turn required me to spend much time with Aristotle, Cicero and Quintilian. As Stephen Spender says in the opening line of one of his poems, 'I think continually of those who were truly great'. Obviously these are not small subjects, but it's true that my focus is always on particular texts. So what, you ask, about much wider questions? I do not address them myself, but I do not worry that they are not being addressed. If I have a worry about the younger generation of historians, it is that they tend to be encouraged by agents and publishers to write on excessively large subjects at too early a stage in their careers. The resulting generalities can sometimes be embarrassing to read.

CHEN:

Interesting. Thank you for your very good point. My final question is about your experiences with the community of historians here in Taiwan. I can detect from their reactions to your series of speeches and lectures that you are very much liked and admired. What is your impression of the community?

SKINNER:

Well, my impression is only an impression because I have been here for less than a week. But it is immensely favourable. I have been extraordinarily warmly received and welcomed, and that has been a great pleasure. But I have also been highly impressed by the discussion of my work. A very large number of students have come to hear me, far more than I expected, and they have also asked some extremely searching questions, particularly today. I do not feel that I have always managed to answer their questions satisfactorily, but what they have shown me is that I still have a lot of work to do on the topics I have raised, and this has been a help in itself. I should also like to pay tribute to the remarkable linguistic skills displayed by the students in discussing my talks. Their willingness to engage with some complex texts, and their confidence in discussing them in English, especially in front of such large audiences, has been truly exhilarating to watch.

More generally, I very much admire the combination I find here of pride in traditional Chinese culture and openness to the rest of the world. The artifacts that we in the West can most readily appreciate – the paintings, the ceramics, the decorative arts – are of course among the glories of mankind, and I have found it thrilling to see them so beautifully preserved in the museums I have visited. But I am even more a beneficiary of your openness to other cultures, including my own. Without this, I would not be here at all.

CHEN:

Thank you very much for your comments and responses.

【Interview】

An Interview with Professor Richard Bourke

Interviewed and edited by Alvin Chen*

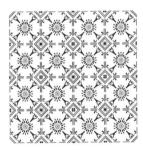

Richard Bourke

Richard Bourke is Professor in the History of Political Thought at Queen Mary University of London, and Co-Director of the Centre for the Study of the History of Political Thought. He has published widely in Irish history and the history of political thought, with an emphasis on enlightenment ideas. His major new study, *Empire and Revolution: The Political Life of Edmund Burke* will appear with Princeton University Press in 2015.

*   I am grateful to Professor Richard Bourke for this very generous and illuminating interview. The italicized words are the interviewer's, offering a brief introduction to Professor Bourke's academic background and to the context of this interview. The footnotes in the following text are also by the interviewer, in order to help readers understand the works addressed by Professor Bourke.

Richard Bourke is Professor in the History of Political Thought at
Queen Mary University of London. His research interests include
eighteenth-century European political thought, Enlightenment intellectual
history, political judgement, and democracy. He is series co-editor of Ideas
in Context (Cambridge University Press); co-director of the Centre for the
Study of the History of Political Thought (Queen Mary University of
London); a member of the convening committee of the History of Political
Ideas Seminar (Institute of Historical Research), and co-director of the
AHRC (Arts & Humanities Research Council) funded project Popular
Sovereignty Network.

Professor Bourke's many publications include Peace in Ireland: The
War of Ideas (2003, 2nd edition, 2012) and a volume of essays on Political
Judgement: Essays for John Dunn (2009), which he co-edited with
Raymond Geuss.1 His forthcoming book, Empire and Revolution: The
Political Life of Edmund Burke, is scheduled to be published by Princeton
University Press in 2015.

This interview (4 October, 2013) is based on an article by Professor
Bourke, 'Party, parliament, and conquest in newly ascribed Burke
manuscripts' (2012). The article is the result of Professor Bourke's discovery
of three unpublished political essays by Edmund Burke among the Edmund
Burke Manuscripts located in Sheffield. In this article, Professor Bourke

---

1   Richard Bourke, *Peace in Ireland: The War of Ideas* (London: Pimlico, 2003;
     2nd edition, 2012); Richard Bourke and Raymond Guess ed., *Political
     Judgement: Essays for John Dunn* (Cambridge: Cambridge University Press,
     2009).

argues that Burke had started thinking about subjects that would become the signature ideas of his political career even before he entered parliament. At the end of this article, Professor Bourke also edited and published, for the first time, these early essays by Burke. They include three newly discovered materials and one work that has previously been noted but never published. These essays are: 'Hints of Ireland' (WWM BkP 43, item 1), 'On parties' (WWM Bkp 41, item 9), 'Considerations on a militia' (WWM BkP 43, item 4), *and* 'National character and parliament' (WWM Bkp 41, item 10).

I started working on Edmund Burke (1730–1797) in the early 1990s, after I had completed my PhD at the University of Cambridge, partly because I had worked on Romanticism and was developing a more focussed interest in the history of political thought.[2] I was then working at University College Dublin as a lecturer on a temporary contract. I was in Dublin for three years, where I arranged a research seminar with a colleague, Dr. Eamon O'Flaherty. We ran the seminar for two years, inviting speakers from abroad, including Istvan Hont, Iain Hampsher-Monk and Robert Wokler. I started working more intensively on Burke at that point (although obviously I had studied him when I was doing my PhD).

---

2   Richard Bourke, "Economies of Loss: Wordsworth and the Judgement of Modernity," PhD diss. (University of Cambridge, 1990).

I decided at that stage that I wanted to write a book on Burke, but I did not know what kind of a book this would be. I therefore started by publishing articles in the field. The first of these came out around 1999.[3] I had thought of writing the book thematically. However, over time, especially in the early 2000s, I came to realize that there was only one effective way of reconstructing the political thought of a career politician – that is, chronologically, which in practice meant biographically. The main reason for this is that Burke was explicitly responding to quotidian events, and was subject to the immediate pressures of public life. Therefore, in order to grasp the character of his engagement with these events, political and intellectual biography appeared the most appropriate vehicle, for otherwise one would be reduced to the artificial exercise of abstracting Burke's career into a set of disembodied theories.

One of the reasons why I wanted to work on Burke had to do with the extraordinary range of his concerns. First there was Burke's intellectual milieu: his early familiarity with and association with David Hume (1711-1776); his friendship with Adam Smith (1723-1790); his wider interests in European thought, for example his early reviews of Jean-Jacques Rousseau (1712-1778). It is difficult to find a figure who was so deeply immersed in

---

3   For example: Richard Bourke, "Sovereignty, Opinion and Revolution in Edmund Burke," *History of European Ideas*, 25:3 (1999): pp. 99-120; *idem*, "Edmund Burke and Enlightenment Sociability: Justice, Honour and the Principles of Government," *History of Political Thought*, 24:4 (2000): pp. 632-655; idem, "Liberty, Authority, and Trust in Burke's Idea of Empire," *Journal of the History of Ideas*, 61:3 (July 2000): pp. 453-471.

practical affairs while having roots in the European intellectual culture of the period. Secondly, it is necessary to engage with most of the major issues in late eighteenth-century British and European politics in reconstructing Burke's thought and career. As a member of parliament, he had to respond to contingencies as they emerged. This obliged me to deal with the major political issues that affected the British Empire at the time – such as the expansion of the East India Company in South Asia; the crisis of the British Empire in the west, beginning with the rejection of the Stamp Act in the American colonies; the constitutional status of Ireland; the trajectory of Revolution in France; and, more generally, the emergence of the reform movement within British politics in the late eighteenth century. I am very interested in these historical developments, and was therefore inevitably interested in a figure like Burke who brought a powerful political intellect to bear on the issues. These are the main reasons why I chose to stick with Edmund Burke having expected, long ago, to have moved on to other things.

The Discovery

My discovery of these essays was not a very difficult or complicated affair, since I found them among the Burke Papers, a substantial quantity of which are located in Sheffield. The Burke Papers at Sheffield are available in microfilm (though, I have to say, not very legibly in that medium). To work seriously on Burke, it's necessary to visit the Sheffield archives. The essays I uncovered can be found in William Burke's papers

(1729-1798), included among the Burke papers. William Burke was a relative and longstanding friend of Edmund Burke – a minor figure in parliament down to 1768, who disappeared into relative obscurity thereafter. Most people are therefore unlikely to want to read his manuscripts.

William Burke and Edmund Burke collaborated a lot in the 1750s. Previously, portions of the notebooks of William Burke were published by H. V. F. Somerset, in *A Note-Book of Edmund Burke*, in 1957.[4] However, Somerset does not seem to have examined all the Burke files in detail – and very few others appear to have done so since. In any case, in making my way through the William Burke manuscripts, I came across an essay 'On parties'. This struck me as particularly interesting, because the idea of party is a major theme in the thought of Edmund Burke. In fact, it could be said to be a signature idea of his. He was responsible for developing much of the Rockingham Party's doctrines on the subject of party. In coming across an essay on that subject in these notebooks, it seemed an obviously good idea to read it.

I did not assume that this essay was by Edmund Burke right away. However, when I read on, I thought that the arguments in it were identifiably those of Burke. That was when I began to become very curious about the work. It was also at that point that I realized that I would have to read through the whole collection of William Burke notebooks among the

---

4   H. V. F. Somerset ed., *A Note-book of Edmund Burke: Poems, Characters, Essays and Other Sketches in the Hands of Edmund and William Burke* (Cambridge: Cambridge University Press, 1957).

Edmund Burke papers at Sheffield.

The first issue I encountered was that of evidence – evidence for the authorship of these essays. Ordinarily, there are four ways of establishing the authorship of works: the first, and most straightforward proceeds from a work's being signed; secondly, handwriting might enable attribution; thirdly, a work might embody the distinctive thought of an individual; and fourthly, style might help to identify the author. I did not myself resort to stylometric analysis at all, partly because Edmund and William rewrote material for one and another.

I mainly relied on the content and character of the argument. I juxtaposed the content of the arguments of these essays with the writings of William Burke – that is, with those for which we are sure about authorship. One major indicator of Burke's work compared with William's is that it contains what we would term philosophical components; that is to say, elements derived from the enlightenment science of politics. Putting these considerations together, it was necessary to conclude that either William Burke was the author of Edmund Burke's characteristic ideas about party, or that the author of 'On parties' was Edmund Burke.

Although this finding seems quite conclusive, it can prove rather difficult to convince historians, not least since most of them are not intellectual historians, and consequently are less preoccupied with the modalities of argument or the analytical core of philosophical positions. To that extent, it would prove no easy task to show that 'On parties' was Burke's essay. Nevertheless, another essay among the William Burke notebooks, 'Hints of Ireland', could readily be identified as Edmund

Burke's. Since William was not interested in Ireland at all, a discussion of the nature of the Irish constitution clearly pointed to Edmund. In addition, yet another of these essays – 'National character and parliament' – was signed by Burke himself. This proved that unsigned material among the William Burke notebooks was written by Edmund Burke. Equally, the fourth essay that I ascribed to Burke – 'Considerations on a militia' – seemed to me most appropriately attributed to Edmund on account of its employment of characteristically Sceptical Whig argumentation, and its philosophical reflection on the British constitution.

In brief, therefore, I came across these essays by accident when I was reading through the William Burke notebooks, only to find that I would have to look at them more closely. Upon fuller consideration, I felt it could be demonstrated that they were the work of Edmund Burke in accordance with the principles outlined already.

The Content

Let me deal with the essays in sequence. First, the essay on 'National character' had been attributed to Burke before, although it had not been printed. This essay is significant because it shows that Burke was interested not merely in events and characters in politics, but also in larger, systematic, constitutional change. In other words, it shows that Burke, in the mid-1750s, was preoccupied not merely with political process, but with political theory – a term commonly used in the eighteenth century for constitutional analysis. 'Theory' embraced considerations of the deeper, structural pre-conditions for political conduct.

There is a general assumption about Burke that he was hostile to political theory which, I would argue, is a radical misconception. He was hostile to aprioristic political theory; yet he was certainly committed to empirical political theory, as was, for example, David Hume. A model for such an approach can be found in Hume's essay, 'That politics may be reduced to a science'. Politics could indeed be a science, Hume suggests: that is, we can generalize about long-term structural aspects of political life, which enables us to construct constitutional theories.

Next, the essay 'Hints of Ireland' presents Burke's thought on the major issue of the relationship between Britain and Ireland in the eighteenth century: the rights of the Irish parliament versus the rights of the parliament of Great Britain. The question was: was the Irish parliament answerable to the British monarch, or to the British parliament? For Burke, that question depended upon the terms of the original conquest of Ireland in the twelfth century. Did the title to conquest reside exclusively in Henry II (1133-1189), or did the right reside in parliament? Ireland was conquered by Henry II, Burke recalled; the Irish lords, he claimed, made a pact directly with Henry II which established a constitutional relationship between the Irish parliament and the British king, rather than between the two parliaments.

The significance of this argument is that, as became obvious with the American Crisis, the question applied to the colonies as well; that is to say, who could bind the American colonial legislature? 'Parliament cannot', they were saying, 'you cannot bind subordinate legislatures in the absence of representation'. This position was originally based on the Irish case. 'Hints of Ireland' therefore proved to be politically significant.[5]

'On parties' is one of the two most important among these newly attributed documents. It shows that Burke's theory of party predates his membership of the Rockingham Whig Party and his entering into the parliament. At the time, party largely meant faction. Party therefore had a largely negative connotation before Burke. It bordered on the idea of conspiracy. It meant divisions with the body politic, which brought danger. In this context, when Burke proposed that political party could have a positive political connotation, he provided a whole new sense of the term.

To realise that Burke arrived at this conception before he went into politics is particularly interesting. Previously, scholarship, historically sensitive scholarship, has tended to interpret Burke's political thought as reactive, arising out of Burke's position as an advisor to Lord Rockingham (1730-1782) after 1765, when he accepted the post of Rockingham's secretary. He was seen as an *ex post facto* apologist for Rockinghamite policy. This interpretation of Burke's trajectory now stands refuted.

'Considerations on a militia', the fourth of the essays which I attribute to Burke, shows that, very early on, in 1757, he was opposed to populism in politics. He adopted what we might call a mixture of Sceptical and Court Whig ideas; Sceptical Whig in the sense that those Whigs who are

---

5   The article is "Party, Parliament, and Conquest in Newly Ascribed Burke Manuscripts" [*The Historical Journal*, 55:3 (Sep. 2012), pp. 619-652] in which Professor Bourke examines the intellectual significance of these essays and on which this interview is based.

sceptical about the intellectual pieties of Whig doctrine. David Hume is usually taken to stand for Sceptical Whiggism, while the Duke of Newcastle (1693-1768) can be taken as an example of a Court Whig. These figures were dominant in the generation immediately preceding Burke. Burke should be seen as heir to their preoccupations.

The people, Burke thought, had to be managed by politicians, rather than simply expressing themselves. That is a view that he expressed in his essay on the militia in terms of his analysis of the army; that is to say, popular embodiment in a militia appeared as potentially dangerous. Burke's scepticism in 1757 was actually reborn in the 1790s in connection with the French Revolution. In fact, in the 1790s, his first alarm about developments in France arose out of his concerns about the state of the French army; the question was whether they were loyal to the French monarchy. For Burke, they clearly were not. They were defecting, and manifesting perilous disobedience. The people in arms seemed to Burke, as early in 1757 and again in the 1790s, to be a potentially destabilizing element of politics. By 'revolutionary', he meant belligerent. The revolutionaries were threatening the state with civil war.

These essays share similar concerns with Burke's other early writings. For example, in 'Considerations on a militia', the view of the nature of the British constitution is extraordinary similar to those expressed in Burke's other works at the time, including *An Essay towards an History of the Laws of England* (1757–c.1762) and *An Essay towards an Abridgement of English History* (1757). The same applies to his account of Ireland since Ireland raised important issues in British constitutional history as well. It can therefore be shown that these concerns were very much Burke's at that time.

The Political Life of Edmund Burke

America, India, France, Ireland and Britain are the dominant issues of Burke's political career. They are the dominant issues because they occupied centre stage in British politics in the second half of the eighteenth century. Burke was responding to these issues as a member of parliament from January 1766, acting as an important publicist on behalf of the Rockingham Whigs down to 1782 when Lord Rockingham died, and thereafter as a Whig in association with Charles James Fox (1749-1806) until the divisions amongst the Whigs from late 1791.

I would say that India, Ireland, America and France were the main issues in Burke's political life, but there were other important issues besides: for example, the issue of parliamentary reform, and the issue of the toleration for dissenters.

When Burke entered parliament in 1766, the American Crisis was already gaining prominence. He spent his first nine months in parliament mastering the history and nature of trade within the Empire, as regulated by the Navigation Acts, which were very complex pieces of legislation, stretching back to 1660s. From that period on, through to the Declaration of Independence in 1776, and then to the end of the war in 1783, Burke was constantly responding to American events. There are various stages in the development of his views at the time, but broadly speaking, his position was that it was necessary to win the consent of the Americans. If

The British fell short of that, they would be forced to conquer them, which would obviously be counter-productive. A military monarchy would be established, potentially threatening the constitution of the metropolis. Burke's ideas for the appropriate resolution of the American crisis varied from stage to stage, partly in relation to the various measures that the British government of the time came up with to coerce America.

Burke's engagement with India occurred in three stages. His early opposition to attempts to regulate the East India Company began in 1766 and lasted until North's Regulating Act of 1773. Then the issue resurfaced again in 1778, when there was a controversy in Madras in connection with Lord Pigot (1719-1777), a governor of Madras opposed by other members of the council there. Pigot was a Rockingham Whig, so his political friends in London became involved. Thereafter, William Burke, Burke's 'cousin', went to Madras. William himself became interested in the relations between rulers in Southern India, and got Burke involved as well. From 1778 through to about 1783, Burke was involved in parliamentary action attempting to regulate the East India Company, including drafting Fox's India Bill, which of course ended in failure. After that, the Fox-North coalition fell from power, which meant that Burke lost his position as Paymaster of the Forces as William Pitt (1759-1806) came in as First Minister.

After losing power, Burke was forced to reconsider the best method of dealing with the India problem. Reform by means of parliamentary legislation was no longer an option. At that point, Burke settled on impeaching Warren Hastings (1732-1818), the Governor-General of

Bengal. This brings us to the third phase of Burke's preoccupation with India. He resolved to pursue the impeachment of Hastings in 1785. Proceedings got underway in 1786. The articles of impeachment were drafted by 1788, and the impeachment, beginning soon thereafter, did not come to an end until 1794.

Finally, there is France. France was an issue to which Burke was responding from the start of the revolution. His scepticism about events in France only deepened over time.

Epilogue and Prologue

There are a great many books about Edmund Burke, and a lot of them are very good. There were, to begin with, at least three outstanding nineteenth-century biographies and a number of impressive twentieth-century biographies. The nineteenth-century ones were by Sir James Prior, John Morley, and Thomas Macknight.[6] The twentieth-century ones were by Carl B. Cone, Conor Cruise O'Brien, and F. P. Lock.[7] What I would say about the nineteenth-century biographies is that they did not have the complete archive of Burke manuscripts available to them. That was a

---

6   Sir James Prior, *Memoir of the Life and Character of the Right Hon. Edmund Burke*, 5 vols. (1825); Thomas Macknight, *The History of the Life and Times of Edmund Burke*, 3 vols. (1856-1860); John Morley, *Edmund Burke* (1867).

7   Carl B. Cone, *Burke and the Nature of Politics*, 2 vols. (Lexington, Ky.: University of Kentucky Press, 1957, 1964); Conor Cruise O'Brien, *The Great Melody: A Thematic Biography and Commented Anthology of Edmund Burke* (London: Sinclair-Stevenson, 1992); F. P. Lock, *Edmund Burke*, 2 vols. (Oxford: Clarendon Press, 1998, 2006).

significant deficit. Since then, a superb edition of Burke's correspondence has appeared. This was not really available to Cone either.

O'Brien's biography, which came out around 1992, was, I think, a very important study. But it came at its subject from a very particular angle. It has a strong and compelling thesis, but it was not based on a comprehensive review of the sources. For example, O'Brien never discusses Burke's India writings. Actually, I think O'Brien's early edition of *Reflections on the Revolution in France* was in many ways more interesting than the biography that ultimately appeared.[8] The most scholarly biography of Burke is undoubtedly that by Lock. The thing about his biography, which I greatly admire for its scholarship, is that it was the first biography to use the full range of Burke materials. It is very much a personal, rather than an intellectual or political biography. One curious feature of the work is that there is very little discussion of the works of Edmund Burke.

What is new about my book, I would say, is that it is the first comprehensive intellectual biography of Edmund Burke to be based on all the printed and unprinted sources. Moreover, it discusses Burke not only with the tools of the intellectual historian, but also with the materials of the political historian. As a result, I provide, I hope, a new account of Burke's views on America, India, France, Britain and Ireland.

Strangely, there has been little work on Burke in connection with

---

8   Edmund Burke, *Reflections on the Revolution in France*, ed., by Conor Cruise O'Brien (London: Penguin, 1968).

America. There are some chapters here and there, a little pamphlet, an important article by J. C. D. Clark,[9] but there is no comprehensive study. This is remarkable, given that the American Revolution was certainly a major event; there is a very large historiography, and Burke is a major figure of the period.

There is a very important scholar who has specialised on Burke on India – P. J. Marshall – whose first book, which appeared in 1965, was on the impeachment of Warren Hastings.[10] But it is very much on the impeachment, rather than on Burke's views on India generally. Subsequent to that, Marshall has produced a very important edition of Burke's writings and speeches on India. However, as a scholarly edition, it does not present an analysis of Burke's theory of empire in India. Burke was very close to Adam Smith on the subject of India, and, therefore, it was a topic on which Smith and Burke can be seen to be closest in terms of their shared intellectual perspective. There has been considerable discussion of Smith and Burke, but almost nobody has looked at their views on India together, despite the fact that this is a major preoccupation of *The Wealth of Nations* and also a major preoccupation of Edmund Burke.

There therefore exists no detailed interpretation on Burke on India,

---

9   J. C. D. Clark, "Edmund Burke's *Reflections on the Revolution in America* (1777): or, how did the American Revolution relate to the French?," in Ian Crowe ed., *An Imaginative Whig: Reassessing the Life and Thought of Edmund Burke* (Columbia, Mo.: University of Missouri Press, 2005), pp. 71-92.
10 P. J. Marshall, *The Impeachment of Warren Hastings* (Oxford: Oxford University Press, 1965).

using all the available materials. Having said this, there is actually an important book on Burke and India by Frederick G. Whelan.[11] However, it is the work of a political theorist rather than a historian; therefore, I do not think that there is a full account of why Burke took the East India Company to be such a systematically malformed political entity.

France is the most widely discussed topic in Burke's thought; there is a voluminous secondary literature as a result. But still I have to say that, once again, no one has examined the whole corpus together interpretively. Obviously there are very important works on the *Reflections*; however, I think it is fair to say that much of this has tended to be led by a particular faction within French Revolutionary debates.

Since the 1880s, largely as a result of his position of the Revolution, Burke has been cast as a symbol of conservatism. However, it can be shown that Burke, even as late as 1788, was a supporter of the right to resist unjust government and an exponent of a liberal regime in politics which he associated with a progressive agenda. The word conservative, or conservatism, had no meaning in the period. Edmund Burke was a reforming Whig.

From the perspective of the twentieth century, all positions in the 1790s are in some senses 'conservative'; that is to say, reforming Whigs were conservative, radical Dissenters, as we called them, or heterodox Dissenters, as they should be called, were conservative. In this sense, the

---

[11]   Frederick G. Whelan, *Edmund Burke and India: Political Morality and Empire* (Pittsburgh: University of Pittsburgh Press, 1996).

orientation of the historiography in terms of pro- or anti-revolution stances has, I believe, been profoundly distorting. It casts all protagonists into the mould of 'conservatives', 'liberals', or 'reformers', usually with absurd results.

If we begin to study these figures again, starting with, say, Edmund Burke (since that is who I work on), we will have to think about what we mean by 'conservative' when we identify Burke as an exemplar of conservatism. The fact is that he was opposed to the Revolution. Yet it very soon became clear that the Revolution was a practical disaster; that is to say, the Revolution did not succeed in any of its goals. The Revolution began in the summer of 1789, revivifying itself through 1790 and 1791, triggering another Revolution in 1792, then a coup d'état in 1799. There were then other Revolutions in 1815, in 1830, in 1848, and in 1851. At which point do we decide that the Revolution's work has been completed?

Considering this, what is new about my study on Edmund Burke and France is that I take his writings on France very seriously and reconstruct his arguments in more detail than I think has been done before, while explaining, above all, that after the French Revolution he did not relinquish his view of the right of resistance that he espoused in 1788. Even in the *Reflections*, if read properly, we can see that he was not condemning all revolutions, nor the right to resist. He was condemning the French instance of resistance, because there were no grounds for revolution under the circumstances. For him, the French monarchy was a reforming and civilized monarchy, and, therefore, there was no devastating oppression of population at large. Burke thought that the French

Revolution was a coup d'état brought on by desperados who were liable to destroy the institution of property, the destruction of which entailed undermining the very foundations of civilization.

In the end, I suppose I present a more historically sympathetic account of Burke, not because I am a Burkean (which I certainly am not), but because I was trying to reconstruct his views in a richly painted context, shorn of the ideological responses which guide so much commentary in the period.

【Research Note】

An Essay in Comparative Intellectual History:

Datongshu and *Looking Backward*

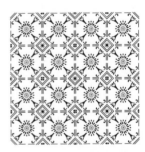

Peter Zarrow

Peter Zarrow teaches history at the University of Connecticut. His Current research projects include the history of utopianism and heritage in modern China. His most recent publications are *After Empire: The Conceptual Transformation of the Chinese State, 1885-1924* (Stanford, 2012) and (co-edited with Brian Moloughney), *Transforming History: The Making of a Modern Academic Discipline in Twentieth-Century China* (Hong Kong, 2011).

The recent rise of international or global intellectual history has been well remarked.[1] But comparative intellectual history is relatively neglected. Comparative literature is a well-established field.[2] Comparative philosophy is also a lively subfield, if not always appreciated by "mainstream" philosophers.[3] Few scholars, however, have done much work in comparative

---

1   It may also be that intellectual historians, with their interest in the circulation of ideas, inherently tend to regard their sources through an international lens, if not necessarily a truly global one. 大衛・阿米蒂奇 (David Armitage)，〈思想史的國際轉向〉，《思想史》，1（臺北，2013），頁213-241。See also Samuel Moyn and Andrew Sartori, eds., *Global Intellectual History* (New York: Columbia University Press, 2013); in the editors' introduction "Approaches to Intellectual History," they note that "a global intellectual history might compare intellectuals or intellectual practices or ideas and concepts geographically or chronologically. In such an enterprise, the point might be to elaborate on processes or tendencies that developed on a global scale or to use comparison to elaborate on the different processes or tendencies that developed in different parts of the world or in different eras."

2   Directly relevant to this research note is Douwe Fokkema's magisterial *Perfect Worlds: Utopian Fiction in China and the West* (Amsterdam: Amsterdam University Press, 2011).

3   See the *Internet Encyclopedia of Philosophy*: "Comparative philosophy—sometimes called 'cross-cultural philosophy'—is a subfield of philosophy in which philosophers work on problems by intentionally setting into dialogue sources from across cultural, linguistic, and philosophical streams. The ambition and challenge of comparative philosophy is to include all the philosophies of global humanity in its vision of what is constituted by philosophy" (http://www.iep.utm.edu/comparat/; accessed 6 December 2013). The East-West Philosophers' Conferences started at the University of Hawaii in 1939; the journal *Philosophy East and West* was founded in 1951; *Dao: A Journal in Comparative Philosophy* in 2001, and *Comparative Philosophy: An International Journal of Constructive Engagement of Distinct Approaches toward World Philosophy* in 2010.

intellectual history, at least explicitly.[4] Perhaps this is because while historians of thought may pursue ideas in local, national, or global contexts, to systematically compare different "thoughts" in different contexts seems cumbersome and of little value. A philosopher might be interested in echoes and differences between Xunzi and Aristotle,[5] but how can such comparative philosophy throw light on the radically different historical contexts in which the two thinkers operated? What comparative intellectual history might do, instead, in this case, is throw light on the reception of Aristotelian notions in China or the changing understanding and uses of Xunzi in the West.

More promising to my mind is comparative work on thinkers within the same tradition or comparative work on thinkers from different traditions that have been in contact. In the former case, the historian can assume that the subjects of investigation shared context and premises— shared a given problematique—however different their approaches.[6] In the latter case, the historian can assume that the subjects of investigation were

4   Although relevant to this project is the "political culture approach" of Shiping Hua, *Chinese Utopianism: A Comparative Study of Reformist Thought with Japan and Russia, 1898-1997* (Stanford: Stanford University Press, 2009). Possibly the methodology of conceptual history will provide a framework for comparative intellectual history—see Iain Hampsher-Monk, Karin Tilmans, and Frank Van Vree, eds., *History of Concepts: Comparative Perspectives* (Amsterdam: Amsterdam University Press, 1998).

5   See inter alia A. S. Cua, "The Ethical Significance of Shame: Insights of Aristotle and Xunzi," *Philosophy East and West,* 53: 2 (April 2003), pp. 147-202; Eric Hutton, "Moral Reasoning in Aristotle and Xunzi," *Journal of Chinese Philosophy,* 29: 3 (Sept. 2002), pp. 355-384.

6   In the modern China field, see Young-tsu Wong, *Beyond Confucian China: The Rival Discourses of Kang Youwei and Zhang Binglin* (London: Routledge, 2010).

coming to share certain premises and modes of thought, even if this was a process still in its initial stages. Comparative intellectual history can thus illuminate the circulation of ideas, whether global or regional, not in terms of "diffusion," "impact," or "reception" (all legitimate questions), but in more precise terms that root each subject in its own tradition or context. In this way, the comparison of views across traditions highlights the inner workings of those traditions even while they have begun to fertilize one another.[7]

The purpose of this research note is to conduct an experiment along these lines, by comparing two works that were written in dramatically different contexts but at roughly the same time—a time when indeed global forces were linking disparate parts of the world in unprecedented ways. If nothing else, Bellamy and Kang shared a sense of crisis rooted in the dramatic political and economic transformations of the era. It may seem obvious that ideas, when transplanted, change meaning as they are inevitably recontextualized.[8] It is often speculated that Kang Youwei's utopian thinking was influenced by Edward Bellamy's *Looking Backward*,

---

[7]   A third form of comparative intellectual history—perhaps the most commonly practiced—is to compare entire traditions. For example, Christian and Confucian ethical thought, or Islamic and Western political thought (even if these two traditions share some foundational sources). At this very high level of analysis, it might be better to think of the methodology as global intellectual history rather than comparative in the sense I have in mind.

[8]   Pierre Bourdieu, "The Social Conditions of the International Circulation of Ideas," in Richard Shusterman, ed., *Bourdieu: A Critical Reader* (Malden: Blackwell Publishers, 1999), pp. 220-228.

thus representing to some degree the transplantation of ideas.[9] (Kang had obviously also read Darwin and Fourier, whom he cites, and at least a little Marxism.)[10] However, I am not interested in the question of influence here. Rather, while not denying the importance of the question of influence nor claiming that *Datongshu* (*The Great Commonweal*) can only be understood in terms of Chinese cultural resources, I attempt to show that awareness of what *Looking Backward* and *Datongshu* do and do not share can tell us much about what content truly reflected globally circulating political thought and what content was working through distinct cultural or national traditions.

The logic of this approach to comparative intellectual history might suggest that any two works can be read together provided that they have some connection beyond the purely conceptual (which is the territory of comparative philosophy). Why, then, *Looking Backward* and *Datongshu*? That both were the dominant literary utopias of their respective societies at least justifies the attempt to compare them. Furthermore, *Datongshu* has essentially no rivals as a full-fledged and also full-length utopia in modern

---

9   E.g., John Fitzgerald, *Awakening China: Politics, Culture, and Class in the Nationalist Revolution* (Stanford: Stanford University Press, 1996), pp. 58-61. A very abridged version *Looking Backward* was serialized under the title «回頭看紀略» in *Wanguo gongbao* «萬國公報» in 1891-1892. Though perhaps better termed a chapter-by-chapter summary than even an abridged translation, it was enough to introduce the science fiction-y love story, the formation of the National Trust, the Industrial Army, compensation, shopping, and other basic concepts of Bellamy's utopia.

10   Douwe Fokkema, *Perfect Worlds*, p. 278.

China. Other utopian schemes were certainly important but were either sketches lacking both detail and a clear explanation of how and why they were to come about (for example, in anarchist writings of the early twentieth century), or else denied their own identity as utopian thought (for example, in Maoism). Notwithstanding a number of late Qing novels that can be called utopian, *Datongshu* is unique in its systematic approach to an ideal society. Such is not the case with *Looking Backward*, the optimistic socialism of which was widely shared, though also criticized. But just as Kang Youwei offered the first detailed and "totalistic" vision of an alternative world, Edward Bellamy was the first to imagine in such detail what a socialist future would be like to live in. Bellamy described not an isolated community but a historically embedded entire world. This is not to say that other comparisons would not be fruitful—*Datongshu* with William Morris' *News from Nowhere* or, say, the novel *Xin shitou ji* (新石頭記, 1905) with H. G. Wells' *A Modern Utopia* (1905). (The possibilities are endless.) It is simply to state why it seemed to me that a comparison between the works of Bellamy and Kang might prove fruitful and to anticipate the remarks that follow and that may prove or disprove the case.

2.

I begin with some simple observations on the main similarities and differences between *Looking Backward* and *The Great Commonweal*.[11]

---

11   References are to the following editions: Edward Bellamy, *Looking Backward, 2000-1887* (Boston: Bedford Books, St. Martin's Press, 1995); Kang

Neither was a utopia in the traditional or Renaissance form of a fantasy place. Rather they put utopia in the future, a place to be created through time rather than imagined in space. It is widely recognized that the modern (Renaissance) utopia owed much to the discovery of the Americas and, if highly rational in form, also displayed a certain primitivism; utopias of the sixteenth and seventeenth centuries were travelers' tales.[12] Utopias that are mediated through time rather than space, however, can free themselves of any primitive vestiges if they choose to do so. While Renaissance utopias were technologically and socially simple societies, by the nineteenth century, utopias were frequently imagined as lands of plenty, made possible by technological progress. Technology promised that humans would not have to labor (much) yet could still possess material wealth.

Furthermore, utopias of the future inevitably suggested themselves as projects, however fantastical. Neither *Looking Backward* nor *The Great Commonweal* proposed very specific plans for how to get from the here-and-now to the future they imagined, but both works claimed to be based on scientific principles of evolutionary progress. They postulate precise historical processes through which utopia will be reached but neglect the political and social movements that might propel those processes (actually repudiated by Bellamy and described only sketchily by Kang). Indeed,

---

Youwei, *Datongshu* «大同書» (Taipei: Longtian, 1979); Laurence G. Thompson, *Ta T'ung Shu: The One-World Philosophy of K'ang Yu-Wei* (London: George Allen & Unwin, 1958).

12 Krishan Kumar, *Utopianism* (Minneapolis: University of Minnesota Press, 1991).

notions of evolution were central to the structure of both works, although Bellamy and Kang understood evolution in different ways. While Bellamy's overall approach was rather deterministic and he explicitly denounced radical political action, Kang's voluntarism emphasized the historical role of sages in promoting progress. As well, while Bellamy's vision of the society of the year 2000 was based on an extrapolation of contemporary historical trends and just over a century away, Kang's utopia was based on a more mystical prophecy that the present world was not even prepared to hear, though just as inevitably scheduled to arrive in the distant future.

Nonetheless, Kang as well as Bellamy understood evolution as the expression of historical forces or trends. This created a theoretical dilemma: does utopia come about by human agency such as social movements or does it come about willy-nilly? Neither man entirely answered this question. Concerning a second dilemma, they produced different answers. If utopia promises a perfect society, does not stagnation necessarily follow? Or, does progress stop? Bellamy tried to imagine a space of continued cultural progress, but the institutions of his world of the year 2000 were essentially unchangeable. Kang's "great commonweal," however, thoroughly incorporated the principle of progress in an almost dialectical fashion, so that innovations are unceasing (if increasingly fantastical).

If utopias of place are by their very nature set apart from the world, utopias of the future tend to be cosmopolitan. They rest on universal principles and forces. Yet for all his work's cosmopolitan premises,

Bellamy simply was not much concerned with the rest of the world, content to focus on the United States.[13] Kang's cosmopolitan utopianism was harder fought. Kang had to begin with the reality of imperialism and racial division, and work out a way to transcend the particularisms that seemed built into the modern world.

To compare a literary utopia—*Looking Backward* is a love story (if a wooden one)—to a lengthy expository argument may seem wrongheaded. Yet the novelistic framework of *Looking Backward* is quite flimsy, and most of the work consists of argumentation in the guise of dialog. The characters are one-dimensional, lack inner lives, and clearly exist either to explain the new society, exemplify its virtues, or (in the case of the narrator) represent the reader of the nineteenth century trying to understand how a society mired in the ills of industrialization, plutocracy, and class tensions could become a smoothly operating machine producing an equal and comfortable living for all its members.[14] In fact, most of *Looking Backward* consists of dry exposition, while the writing of *The*

---

13   Bellamy's vision of international relations is discussed below.
14   The plot, in summary: One night in Boston in the 1880s Julian West, a well-to-do man of 30 engaged to a woman named Edith, goes to sleep. He wakes up in the year 2000 having aged not at all. The family of the retired Dr. Leete takes him in and shows and explains the new Boston to him. West falls in love with Leete's daughter Edith, whom he learns at the end of the novel is the great-granddaughter of his original fiancée. The only tension in the plot is provided when West thinks he is back in the Boston of the 1880s having only dreamed of the Leetes and the perfect society of the twenty-first century; however, this is but a dream from which he wakes in the twentieth century after all.

Great Commonweal often possesses real literary power.[15] In what follows, I will not attempt to summarize *Looking Backward* and *The Great Commonweal*, a task that has been performed well by many scholars, but highlight a few issues that are relevant to their comparison.

3.

Published in 1888, *Looking Backward* was a concentrated cry of protest against Gilded Age America.[16] The entire book remains relentlessly focused on the problem of economic inequality. Bellamy's utopian longings thus revolved around a set of institutions designed to foster absolute economic equality. This system Bellamy called "Nationalism," since he wished to avoid the more natural term for his system, "socialism," which in America was already associated with European revolutionaries.

---

15   For a single example, see the description of the fates of soldiers in war: "They may meet with arrows, stones, lances, cannon, poison gas. And then again, they may be disembowelled or decapitated, their blood splashed on the field, their limbs hung in the trees. Sometimes they are thrown into a river, dragging each other under" (*DTS* 83, Thompson 81 mod.). *The Great Commonweal* is full of such sonorous passages.

16   Nonetheless, *Looking Backward* was an international phenomenon quickly published into every major language in the world; in addition to the abridged Chinese version, translations appeared in the European languages, Russian, Arabic, Hebrew, and Japanese. Krishan Kumar, *Utopia and Anti-Utopia in Modern Times* (Oxford: Basil Blackwell, 1987), pp. 133-136. Nationalists clubs inspired by *Looking Backward* were formed abroad as well as in the US. Sylvia E. Bowman, et al., *Edward Bellamy Abroad: An American Prophet's Influence* (New York: Twayne Publisher, 1962).

Discussions of the means of economic production and distribution dominate *Looking Backward*. Bellamy envisioned a world (or at least an America) that was truly a cooperative society. All (adult) individuals contribute to society by their best efforts, working from the ages of 21 to 45, and all receive exactly equal incomes for life. The notion that the fundamental institution of society was this "industrial army" was both metaphor and plan. All persons work, both for honor and out of the kind of loyalty a soldier feels for his comrades, now transferred to society as a whole (and as in the army, the few malingerers will be punished). All workers are encouraged to explore their talents, while volunteers for more onerous or monotonous work will be rewarded with shorter hours. (People can also retire early, if they accept less income; also, they can work on their own—writing novels, editing newspapers, or ministering to spiritual needs, for example—if they can persuade people in effect to pay them— although more precisely, as Bellamy insists, not paid by subscribers but supported by persons willing to indemnify the government for their annual credit while they take leave from their regular job, since there is after all no private property.)

As for what people do with their incomes, that is entirely up to them. Some will prefer fine homes, others fine foods, yet others moderation in both. Bellamy describes no topic in as much detail as the distribution and consumption of goods. The most imaginative descriptions in *Looking Backward* concern shopping expeditions—grand but tasteful department stores have only samples and use pneumatic tubes for deliveries from great warehouses—and dining halls or restaurants. But this world of plenty is predicated on the premise that efficiency and a degree of technological progress assure a society of abundance. Basically, Bellamy argued that ending the wasteful competition and class warfare of late nineteenth-century capitalism would create efficiencies of production in the hands of the industrial army. Furthermore, by keeping track of what consumers demand, production will be planned to meet demands more precisely than markets can. Bellamy had less to say about the actual tasks of industrial production, and he did not really rely on technological breakthroughs to increase production but rather rational planning. Labor, for Bellamy is an unpleasant duty; its hardships can be minimized, but the only goal of working is to maximize leisure. Instead of the nineteenth century's tiny leisure class maintained by the long and brutal labor of the large working class, the new society will equally share the burdens of labor and the pleasures of leisure. Ironically, Bellamy said relatively little about the "daily life" aspects either of labor, though he described its organization in detail, or of leisure, at least aside from shopping. He claimed that people of the twentieth century were happy because they could pursue whatever interests, studies, pleasures, and cultural pursuits interested them, but the novel presented few examples of this. Tellingly, at least from today's perspective, Bellamy said that because everyone now had access to the products of the world's best musicians (music could be piped into homes 24 hours a day), few people bothered to learn musical instruments themselves.

Looking Backward was not based on the principle of "from each according to his abilities, to each according to his needs," but a purely mechanical equal distribution regardless of contribution and regardless of need. Bellamy recognized that people's abilities were different, so the industrial army did not expect the same contribution from everyone—it expected the same effort. Although he delighted in pneumatic tubes, telephony, and covered sidewalks, and although he lived in a period of technological breakthroughs, Bellamy eschewed anything that smacked of science fiction. Readers could not accuse him of imagining a world of abundance that depended on fantastic machines that might or might not be invented.

Bellamy's dark vision of labor seems both realistic and unexpectedly grim. For one who could imagine such a total remaking of social organization, he failed to imagine any possibility of remaking work. Bellamy's vision of leisure seems almost as cramped as his vision of labor. And his vision of civic life seems even more cramped. As he praised leisure, so Bellamy referred to his citizens' vibrant social and civic lives. Yet all readers see in *Looking Backward* is a private family eating and shopping alone. Even sermons are consumed in the privacy of the home rather than in a congregation. Bellamy described a civic apparatus of tiered elections (though not universal suffrage), but officials had no real political decisions to make. *Looking Backward* has management but no politics. There are no lawyers and few laws. Nationalist society has the hierarchy of the (industrial) army; not the messy debates of a public sphere.

To many readers today and some in the 1890s, these limitations were real faults and Bellamy's Nationalism smacked of authoritarianism. Nonetheless, Bellamy could argue that by giving humanity economic

296 Peter Zarrow 思想史2

independence, he was allowing the mass of people for the first time to choose their own leisure, construct their own lifestyles, and discover their own spiritual resources. If Nationalism was to have a higher purpose than assuring a just and affluent society, this purpose perhaps lay in—according to a sermon preached toward the end of the novel—"the idea of the vital unity of the family of mankind" (*LB* 167).[17]

Looking Backward touches on many issues, three of which I will now turn to: evolution, race, and gender. Bellamy's concept of social evolution is key to his whole scheme, because it explains how the new society is to be formed. Bellamy insisted that to get from "here" to "there" required no class struggle—nor even social reform movements—but was rather was a natural process that observers of the nineteenth century could already see taking place. Essentially, Bellamy extrapolated from the growing numbers of trusts in such industries as steel, oil, and railroads. This concentration of ↳ ital led to great evils but great efficiencies as well. Bellamy thus foresaw that the trusts of the nineteenth century would soon merge into one single gigantic trust—"the final consolidation of the entire capital of the nation.... The industry and commerce of the country, ceasing to be

---

17 The sermon even ends on a mystical-evolutionary note: "Do you ask what we look for when unnumbered generations shall have passed away? I answer, the way stretches far before us, but the end is lost in light. For twofold is the return of man to God 'who is our home,' the return of the individual by the way of death, and the return of the race by the fulfillment of the evolution, when the divine secret hidden in the germ shall be perfectly unfolded" (*LB* 173). Yet there is no sense that social institutions such as the family will change, nor that struggle is required to fulfill evolution.

conducted by a set of irresponsible corporations and syndicates of private persons at their caprice and for their profit, were intrusted [sic] to a single syndicate representing the people, to be conducted in the common interest for the common profit" (*LB* 56-57). The "Great Trust" came about peacefully because public opinion saw its desirability. Bellamy's analogy was to the death of monarchy: just as the people had agreed that public affairs should not be left in the hands of kings, so they now understood that the economy should not be left in the hands of private capitalists (although Bellamy might have asked how many monarchies had been abolished peacefully). Bellamy thus posited both economic trends and a shift in "public opinion" which recognized the advantages of "trusts" and carried through a belief in those advantages to its logical conclusion: that there be one single great trust.

As for race, *Looking Backward* made no reference to the recently freed slaves. Bellamy pictured a world in which most of the Americas, and Australia had built industrial armies and achieved a socialist order. These nations maintained their autonomy but cooperated closely. Not least of their cooperative projects was a "joint policy toward the more backward races, which are gradually being educated up to civilized institutions" (*LB* 98). On the one hand, Bellamy seemed to assume that a single universal path was leading all nations to the final goal; yet on the other he stipulated that even after a century of progress only the West had reached that goal. Another section of *Looking Backward* stressed the advantages of a kind of eugenics wherein the women of Nationalist societies only reproduce with the "best and noblest of the other sex" to achieve "race purification" (*LB*

161). Apparently Bellamy saw no tension between this goal and his vision of the "vital sentiment of brotherhood"—a vision that, in any case, he never took as a denial of the unequal physical, mental, and moral endowments of people.

Bellamy's casual paternalism extended to his attitude toward women. He assured readers that women would be perfectly equal in the Nationalist society, and he envisioned a world where most women could choose not to cook or launder for their families, as these tasks were performed by professionals of the industrial army. Women would be educated and have the same formal rights as men. Yet since women could not perform men's jobs, they would have their own industrial army. Bellamy proposed that women could love as well as and readily as men, and make the first moves in a relationship including proposals of marriage. This was perhaps shocking stuff to Victorian readers. Yet what *Looking Backward* showed as a novel were female characters who were nothing if not demure and retiring. Dr. Leete explains how society works; Edith takes Julian shopping; Mrs. Leete stays in the background. Women even leave the men to smoke their cigars after dinner. It is as if Bellamy was torn between the principle of egalitarianism on the one hand, and an inability to imagine a world without patriarchal authority on the other. As individual and perhaps racial endowments differed, in Bellamy's view, so did those of the sexes.

4.

Disseminated and published over the first years of the twentieth century, *The Great Commonweal* had its deepest impact on Kang's circle of disciples in the late Qing and a broader impact on the New Culture movement, but met with a cool response when the full version was finally published in the 1930s.[18] Kang based his entire argument on the fact of existential and contingent suffering, categories that blend into one another and that Kang himself felt no need to distinguish. Humanity suffered, he argued, from death and disease and poverty, and also from banditry, warfare, and petty jealousies. Suffering stemmed from human needs, but these could be satisfied. Sages have acted to ameliorate these problems, but to little effect. States and laws have been organized to control evils, but have brought about their own evils.

Now, Kang essentially asked, why should we care? To answer this question Kang introduced a theory of empathy that was based on the Neo-Confucian metaphysics of *qi*（氣）, which he took to be possibly related to the European notion of ether (that is, a medium that fills apparent space). This was to postulate that what appear to be separate bodies are in fact

---

18   The history of the work's writing (and frequent rewriting) remains somewhat murky, not least because of some of Kang's misleading claims. Nonetheless, the work essentially seems to have been completed by 1902; a significant portion was published in 1913. See Tang Zhijun湯志鈞, *Kang Youwei yu wuxu bianfa*《康有爲與戊戌變法》(Beijing: Zhonghua shuju, 1984), pp. 108-133; Richard C. Howard, "K'ang Yu-wei (1858-1927): His Intellectual Background and Early Thought," in Arthur F. Wright and Denis Twitchett, eds., *Confucian Personalities* (Stanford: Stanford University Press, 1962), pp. 306-314; and Kung-chuan Hsiao, *A Modern China and a New World: K'ang Yu-wei, Reformer and Utopian, 1858-1927* (Seattle: University of Washington Press, 1975), pp. 408-413.

permeated with the same primordial substance and thus connected. Furthermore, this quasi-substance or spirit constitutes all things and gives rise to knowledge, intelligence and virtue. Such perceptions and knowledge give rise to attraction and hence "compassion" （不忍者）, while persons possess both goodness （仁） and knowledge.[19] Kang essentially posited that knowledge of others is grounds both sufficient and necessary for compassion and empathy. These feelings might begin with one's own family but quickly grow to encompass one's nation, the world, and ultimately all living things. The only limitation is the boundaries of the earth, for in the first pages of *The Great Commonweal* Kang admits he cannot feel true empathy with Martians or other creatures of other galaxies. But it is human nature （人情） to "enjoy being in groups and to detest being alone, and to engage in mutual assistance and support" (*DTS* 7, Thompson 69 mod.).

And likewise it is human nature to struggle and compete and to use force violence, according to Kang. This is what gave rise to tribes and states, rulers and laws, all designed to protect life and property. In the past, sages worked to establish states to limit suffering, Kang wrote, in accord with human nature (that is, even though laws and states themselves caused suffering). Kang's vision of an ugly war of all against all in effect justified the actions of the sages. He implied that the sages did succeed in limiting suffering but that over time institutions like religion, the state, and the

---

[19] *DTS* 3-4, Thompson 64-65. Kang's metaphysics remain outside the purview of this research note (and my understanding), but clearly provided the foundation for his relentless drive toward universalism.

family became oppressive. The upshot of the creation of states, for example, was to increase warfare. Here, Kang introduced the theory of the evolution of three ages of Chaos, Ascending Peace, and the Great Commonweal（大同）. The timing of this evolutoin Kang left open. But he insisted the only conditions that could eliminate suffering and gain happiness were those of the Great Commonweal. For only then would the nine "boundaries"（界）that lie at the basis of all suffering be eliminated. Of these nine boundaries, the first seven seem to fall clearly within our category of secular institutions: the boundaries that mark states, classes, races, genders, family relations, occupations, and administration. By abolishing these boundaries, we reach the goal of equality. The eighth referred to the boundary of species, or at least love and respect for all life forms, and the ninth to the boundary of suffering itself, that is the transcendence of death and the achievement of spiritual perfection.[20]

Meanwhile, back on planet earth, the political, social, and economic institutions of the perfect society occupied Kang's attention. He pointed to the gradual coalescing of incalculable numbers of ancient tribes into a relatively small number of modern states: historical trends are leading toward global unified government, as also seen in various forms of

---

20   Kang spilled a great deal of ink to argue that eremitical lifestyles, though tempting to the spiritually advanced adept, wrongly rejected the responsibilities of empathy; however, he concluded that the highest good ultimately was found in buddhahood—in the Great Commonweal, this might be pursued after one has fulfilled one's responsibility to repay society for one's upbringing.

international cooperation such as postal unions and copyright regimes. Kang also noted that the wars of civilized states are much more destructive than the damage that barbarian armies can cause (*DTS* 102). At any rate, there will be no more states in the Great Commonweal—their "boundaries" will be abolished physically and mentally: along with the very idea of states, which encourages chauvinistic nationalism. Integral to this process is the spread of democracy, in Kang's view.[21] For while autocratic rulers seek their own profit, by the same logic of human nature, people in democracies seeking profit and pleasure will reach these goals through cooperation and federation. With the abolition of states, the globe will be divided into self-governing local districts based on precise squares according to latitude and longitude. Layers of representative assemblies culminate in a global parliament, and policies are decided by majority vote. However, there are no presidents or leaders as such: only assembly members and administrative officials. Kang deprecated party politics, but praised "universal public discussion" and majority voting (*DTS* 392, Thompson 235). There are no armies (since no states) but there are police; furthermore, all persons must serve in public institutions for one year and work for a total of twenty years.

---

21   Kang did not regard progress as either easy or quick, though possibly inevitable. One of the most valuable features of *The Great Commonweal* is Kang's analysis of all the difficulties facing even modest progress, much less the creation of utopia. However, his lengthy descriptions of historical developments and contemporary conditions—though contrasting with Bellamy's Pollyannaish confidence in the future—lie outside the scope of this research note.

This new political order was to be based on the abolition of the boundaries of race, class, and gender. In other words, the equality of all persons. Equality for Kang was a matter of practicality and morality. Kang said that the price of inequality was ignorance and weakness; and that history showed the more equality, the more progress. He further contended that all persons, given birth by Heaven, were naturally equal as such. In the future, there would be no races because today's races will have amalgamated together, both through miscegenation and through environmental conditioning. However, Kang predicted that while the Yellow and White races would amalgamate into a single (new?) race, the Brown and Black races would probably disappear, according to Darwinian processes, although miscegenation and migration was still possible.[22]

If the boundaries of race could be eliminated through amalgamation, such was not the case with the boundaries of gender. Kang here still tended to deny difference: men and women were the same in intelligence, character, morality, and physical abilities. He did not propose that the two sexes could be made the same, but he did propose that as reforms freed women from their dependency, so men and women should wear the same clothing. In the Great Commonweal, regulations would not be necessary

---

[22] In his earlier discussion of the movement toward unified global government, Kang highlighted the constitutional movements of his day, but he also pointed to the elimination of "weak and small states." And as democracy spreads, civilized peoples will become ever more enlightened while "inferior peoples" ever weaker (*DTS* 111, Thompson 89). Kang thus accepted some correlation between race and civilization.

and every person could wear whatever they liked—except at public meetings when uniformity should still prevail. In the Great Commonweal, couples will form temporary marriage alliances when they freely chose to do so, and marriage will of course no longer be based on considerations of property. Kang seems to have considered marriage still necessary as an institutional basis of social order, but only under the conditions of utmost freedom. This freedom, in turn, practically depended on abolishing "family boundaries" by providing public nurseries and other institutions that take care of all persons from birth to death. This was to abolish the "family" by turning children into wards of the state.[23] Kang targeted two problems: the particularism of the family system, which hindered broader humanism, and the difficulties of making the family system work, whether these be the heavy requirements of filiality or the financial burdens of raising children.

For Kang, economic productivity and the abolition of class boundaries were two sides of the same coin. Communism promised efficiencies of production and would eliminate profit-gouging, monopolization, and economic oppression. The Great Commonweal has no space for competition; with public industry, economic decisions will be made by the best experts for the good of the whole community. Distribution of goods is handled by a single store in each locality, while prices are rationally fixed and maintained at steady levels. Society will no longer suffer from over-

---

23 Thus all couples effectively remained childless; homosexual couples could also form marriage contracts. Contracts were good for one year and could be renewed—Kang disapproved of promiscuity but believed most people would weary of old sexual partners.

production or under-production. Schools, professional associations, and officials will furthermore work to improve technology, so that the workday can be shortened to just a couple of hours. Workers will thus be able to spend most of their time in cultural and recreational pursuits. The diligent and capable will be rewarded and the lazy dishonored, but since so little labor is required, shirking is scarcely a problem. All persons will develop their abilities, those of superior intelligence pursuing learning and the rest pursuing leisure activities and physical training. "Freed of worries, humankind will progress, becoming stronger and morally better and happier" (*DTS* 374, Thompson 222 mod.). Workers will be divided into ten grades based on their skills, while all workers will develop their skills to their maximum potential. Kang thus did not entirely eliminate differences among workers, but it is noteworthy here that he also envisioned a system of perpetual progress, not an unchanging state.

In sum, Kang conjured up a world of the equality of all citizens who were essentially unmarked by race, gender, original country, or class. To abolish national boundaries: a single state, though a federal system with local government based on arbitrary (a-historical, a-geographical) administrative districts. To abolish racial boundaries: amalgamation into a single race. To abolish gender and family boundaries: coupling based entirely on free choice, removal of children from the family, and state institutions to provide all functions previously provided by families, except for sexual intercourse and pregnancy. The abolition of all these boundaries was in a sense a single abolition: they were all linked. Without abolition of the family, for example, abolition of classes and of political competition would harder to bring about or maintain, since people would selfishly attempt to benefit "their own kind." Indeed, abolition of the family was perhaps the most basic, or first step in imagining how the Great Commonweal could come about (*DTS* 380, Thompson 226-227), even if Kang's discussion of the abolition of states preceded it.

Kang showed little sign of considering that the price of rigorous universalism might be high: the loss of variety and a dull homogeneity. He even postulated that people of the Commonweal would speak one and only one language and practice one and only one religion (or in fact a kind of secular humanism). Kang did explicitly note his fear that the Great Commonweal might become stagnate and decay; he recognized the problem as one of how to progress without competition (*DTS* 407, Thompson 240-241). In spite of a specific prohibition against "competition"—and frequent condemnation of it—Kang also suggested a limited space where individuals might compete for honors and slight wage differentials, as well as competition among administrative districts. But the real solution Kang devised for the future of the Commonweal itself leapt well beyond humanism to envision the abolition of the boundaries of species and of suffering. True compassion (仁) requires love for all living things. This will be practical when the Commonweal's technological development comes up with substitutes for animal meat, though a future where people kill not even microbes remained unimaginable. In a word, the Great Commonweal will end suffering by providing for people's needs and indeed luxuries. Here, Kang has imagined a world of public hotels and dining halls with all their services provided mechanically, of frequent bathing and shaving, of imbibing the essences of foods, of music everywhere, of daily medical check-ups, and ultimately of study to become an immortal or a buddha.

5.

For comparison to be interesting, perhaps the texts in question must be neither too similar nor too dissimilar. Not all of Bellamy's concerns were those of Kang, in particular the evils of industrialization, and not all of Kang's concerns were those of Bellamy, in particular the evils of the family and of national and racial discrimination. Nonetheless, the secular social systems they envisioned were similar in many respects. They both emphasized equality of outcomes. They basically proposed that people would be motivated by honor rather than material gain, and deterred from wrong-doing by public shame rather than punishments, and assumed that egalitarian societies would have little crime. They both relied on a mix of social organization and technological fixes to minimize labor while maximizing production and hence a materially good life for all. They both assumed some kind of highly expert central planning would take care of all economic issues.

Yet it is clear that the central metaphors or what might be called the core visions of utopia held by Bellamy and Kang differ considerably. Bellamy's was of "solidarity" based on the industrial army, a vision of hierarchical but voluntary cooperation, not entirely unlike the organization of social insects like bees or ants (at least in the eyes of his critics, though

Bellamy never referred to this). Kang's was of "abolishing boundaries" based on the contrast of human nature as pleasure-seeking on the one hand and the reality of existential and contingent suffering on the other, though abolishing boundaries seemed (to Kang's critics) to threaten not only traditional cultural values but individuation as well.

Another fundamental difference in the two works lies in Kang's philosophical framework, which is simply lacking in Bellamy, at least in any explicit way. Whether for this reason, Kang's reimagining of social organization was more radical than Bellamy's. Unlike Bellamy, Kang fundamentally abolished family life. The rest of social life in the Great Commonweal was simultaneously individual and communal: individual in the pursuit of private pleasures (most notably, for Kang, lifetime study and spiritual discipline) and communal in its settings of the work unit, schools, and other institutions. Kang's approach was based on a more rigorous universalism than Bellamy felt required to pursue.

I would also emphasize the contrast between Bellamy's professionally managed, law-less society and Kang's civic realm of elections and public discussion. By no means was this an absolute contrast, for Kang gave little indication that people of the Great Commonweal would be debating fundamental issues. Still, he assumed the continued need for new policies and legislation. Perhaps Kang's appreciation for civic life was linked to his interest in the principles of republicanism and the project of democratizing China. But there was a more fundamental reason as well. One reason Bellamy failed to conceive of a civic sphere may be that he foresaw no need for any future change. But, as we have seen above, the Great

Commonweal continued to be devoted to development and progress.

These various contrasts between the two works may help us highlight the different conditions the two thinkers were trying to work through, at roughly the same time, from their different positions in the globalizing capitalist system. It may not be surprising that in the world's foremost republic Bellamy dreamed of the end of politics, while in the last days of a decadent empire Kang dreamed of creating a civic realm. Both dreamed of an egalitarian social and economic order. Bellamy of course thought the American republic had become a plutocracy, while Kang knew that China was mired the autocracy of the Age of Chaos.

The utopias of Bellamy and Kang are both well known in their respective societies. The details of the radically different institutions and customs that they pictured are discussed in scholarly and even popular literature. As noted above, *Looking Backward* was immediately translated into numerous languages. *The Great Commonweal* was translated into English in the 1950s.[24] The two works have shared a cosmopolitan space, then, for over half a century. It is very likely that some of the details of the Great Commonweal and perhaps even its inspiration owe something to Bellamy's Boston of the year 2000.

Bellamy's relationship to earlier utopian writers, perhaps especially Comte, and to Christian doctrine is obvious but indirect. He was well

---

24   The translator's title of Kang's "One-World Philosophy" perhaps reflected contemporary hopes in the United Nations and fears of the Cold War, highlighting what was then seen as the most politically interesting aspect of the Great Commonweal—its world government.

versed in European socialist texts, including Marxist writings, but in many ways rejected them, as he had rejected the Calvinism of his parents.[25] Bellamy's belief that the resolution of the social problem had to be solved at the level of the nation-state reflected new thinking about the nature of society, and his industrial army was derived from the experience of the Civil War. In a sense, Bellamy sought to enlarge capitalist organization, not destroy it.

Kang was also aware of modern socialist writings, including of course Bellamy. But his starting points were Confucianism and Buddhism. Rather than engage in the arid debate of whether Kang was more Confucian or more Buddhist, or the degree to which he transcended one or the other, it might be better to call *The Great Commonweal* a Buddho-Confucian text. At any rate, while Kang deliberately situated his work in relationship to both Buddhist and Confucian concepts, he just as clearly saw himself as making an original contribution to social thought.

Bellamy and Kang were thus not only responding to different circumstances with some of the same intellectual resources, they were also using strikingly different resources. Yet a comparison of their utopias demonstrates the appeal of communism across cultural borders and a shared belief in egalitarianism, if based on different premises. For all the differences in the two utopias that I have described above, their commonalities suggest not the specific transference of ideas from metropole to periphery but something of a "global moment." The

---

25   Krishan Kumar, *Utopia and Anti-Utopia*, pp. 132-167.

universalist thrust of both works even suggests a new concept of the global. Utopia cannot be located in an isolated backwater but represents irresistible forces working everywhere, at least one way or another. For intellectual history, then, to appreciation of the contexts of the linguistic, the conceptual, and the socio-political, must be added that of the global, which comparative methodologies clarify.

【書評】

評蕭高彥《西方共和主義思想史論》

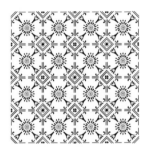

曾國祥

國立中山大學政治學研究所教授

蕭高彥，《西方共和主義思想史論》，臺北：聯經出版事業
公司，2013。457頁。

一、

　　在號稱自由民主的社會中，我們的政治生活，就像「政治」這個字眼早已變成了爭權奪利的代名詞一樣，正面臨著深層的道德困境與實踐瓶頸。如果說人類理性的使用離不開語言的脈絡，如果說我們是在「政治語言」（political language）之中理解政治並產生行動，那麼，現代政治的深層危機，無非就是「政治語言」的貧困或「政治理解」（political understanding）的侷限：科學語言與技術語言取代並壓制了歷史語言、哲學語言與行動語言的作用。究其原因，以下三者相當關鍵：首先，由於現代國家在尋求統治正當性的過程中，從富國強兵、報效國家、社會貢獻、到符合市場需求，一再地以國家權力對大學教育進行干涉，並在科學知識與人文知識之間採取一種不對稱的價值判斷，這不僅鞏固了科學主義與技術主義的文化意識形態，更因而致使涉及人類自身之存在價值的思想資產未能獲得公平對待。其次，主流社會科學研究因受制於實證論科學觀的支配，對於形上學、人性論、倫理觀、政治價值等議題一概秉持存而不論的態度；其結果是，我們對於諸如自由、平等、民主、正義等重要政治語彙的理解，僅限於可被量化並具有經驗內涵的操作型定義，而不再深究其歷史縱深、哲學義理與行動意涵。最後，對於自由民主的僵化認識，亦壓縮了政治想像與社會批判的空間；在武斷地以為自由民主必然等於程序民主的同時，我們已經畫地自限地將民主的其他可能排除在政治知識版圖之外。

　　緣於上述因素，現代政治反覆顯現一個困厄：在民主成為大家口耳相傳的「普遍價值」的關鍵時代裡，我們卻同時失去了評估民主價值與改善民主制度的能力：我們對於知識的求索，是為了滿足國家與

社會的外在需求；我們對於政治的認識，依然停留在選舉、民調與滿意度；我們對於民主的嚮往，也可能只是因為更多的自由選擇可以擴增自我利益的極大化。不過，恰恰是在這個民主成為人類核心價值卻又危機四伏的歷史時刻裡，我們再度驚覺了政治思想史的知性魅力。正由於哲學是經驗的概念化、歷史是概念的具體化，所以，縱使面對著科學主義的重重危機，哲學家不該就此偃旗息鼓，思想史家也不該從此消聲匿跡；具有歷史慧眼的哲學家，應如米諾瓦的貓頭鷹那般，在夜幕低垂的黃昏，展翅高飛。

二、

在實踐理性的黃昏裡，中研院人社中心蕭高彥教授所撰《西方共和主義思想史論》一書的問世，彌足珍貴。本書共計十二章，以恢弘的史觀、細膩的哲思、洗練的筆觸，精緻雕塑了亞里斯多德、西賽羅、馬基維利、盧梭、《聯邦論》作者、西耶斯、黑格爾、施密特、鄂蘭、史金納等古典大師與當代名家的共和思想圖像。全書架構完整、理路連貫，力圖擺脫自由主義、保守主義與社群主義的既有定見，轉從共和主義的視點，穿透現代政治的規範體系、權力邏輯與內在矛盾，從而擴展了我們「政治理解」的深度與廣度。作為一本政治思想史專論，本書至少提供了讀者三種可能的閱讀進路：歷史的、哲學的、行動的。

首先，若將本書各篇合起來閱讀，則宛如是在一條清晰動人的主旋律之下，譜出了西方共和思想的歷史交響曲。基本而言，共和主義的核心論題是政治自由與獨立自主；順此，共和主義所涵蓋的理論觀念包括：政制、法律、理性言說、政治參與、公民德行、共善、合

諧、公共精神、愛國情操等。除了重建共和主義的原始意涵，本書最富創見之處，實則是在規範論與判斷論的二元架構中，考察共和主義與現代政治之基礎性問題的內在關聯。藉著貫通古今，本書全面而深入地重建了共和主義的語言典範。

　　雖然共和主義歷史悠久、影響深遠，但在十九世紀以後已呈衰退。從思想史的角度來看，這主要是因為共和主義的政治自由概念在性質上與自由主義相牴觸，而其政治獨立的理想又被民族主義所吸收（頁19）。由於共和主義逐漸退場之際，正是中西文明碰撞最為激烈、接觸也最為頻繁之時，因此華語學界對於共和主義的關注程度，一向不及以現代性為問題導向的自由主義等當代思潮。直到晚近，隨著共和主義作為一種回應現代性危機與化解現代國家倫理困境的論述風潮在西方學界捲土重來，其深邃的思想蘊含才慢慢引起兩岸學者的矚目，而本書則堪稱當代華語學界第一本鑽研共和主義的鉅著。

　　其次，本書每章分開來看，不僅各有獨立主題與嚴密論證，並對傳頌千古的哲學文本，提出了新穎的詮釋內容。在本書的字裡行間，處處可見作者的睿智與巧思；沿著作者所開闢的蹊徑，讀者可以攀越層層障礙，登上哲學高原，展覽西方文明峻嶺。本書幾乎到達篇篇精彩、章章可讀的水準，尤其是對幾位眾說紛紜、艱澀難解之思想大師的解讀：亞里斯多德、馬基維利、盧梭、黑格爾，更是讓人讚嘆不絕，解開了許多長期困擾國內學者的理論迷團。

　　從哲學的閱讀取向來說，本書具有豐厚的方法論意涵與獨特的寫作風格。基本而言，本書呈現在政治學方法論上的一個重要啟示是：反科學主義，不等於反科學、反事實、反經驗、或反判斷；剛好相反，反科學主義是反對以科學為高於歷史、哲學與實踐之唯一真理的文化意識形態。更清楚地說，雖然通過哲學—歷史的視域轉向，作者

對於政治詞彙的解析，因此不再侷限於經驗內涵的單一向度，而是立
足於「歷史、哲學、政治」的三角板凳之上。但這絕不意味著政治思
想史家必須遠離事實以追求飄渺的烏托邦，政治哲學家必須置身在經
驗世界之外來尋求超越的規範原則。關於這點，我們可以證諸作者對
於馬基維利與盧梭的精湛詮釋。事實上，從這兩位偉大作家出發，作
者對於現代政治的理解，基本上即是環繞著前述的二元架構：涉及價
值的規範論以及攸關事實的決斷論或秩序論。準此而論，本書展示出
了一種足以調解政治思想史、政治哲學與政治科學的「政治理解」模
式。

　　此外，作者極具個人特色的寫作形態，是藉著深入歷史人物的思
想底層，尋找某種特殊的反差關係，作為評價與重塑其理論之原創性
的依據。例如：從公民參與及統治技藝的雙重面向來解讀亞里斯多
德、從高尚性與利益的競合關係來解析西賽羅、從質料與形式以及常
態秩序與超越常態兩組二元命題來研究馬基維利、從公民之自主性與
立法家之父權性的內在衝突來詮釋盧梭、從憲政主義與激進民主的緊
張關係來展讀《聯邦論》、從憲政主義與憲政革命的抗衡機制來介紹
西耶斯、從理性公民共同體與合理愛國主義的歷史辯證來掌握黑格
爾、從憲政規範與政治決斷的對峙狀態來展開鄂蘭與施密特的隱蔽對
話、從德行與法律的基本差異來說明波考克與史金納的路線分歧。因
此，作者在瀏覽二手詮釋資料之後，每每能夠擷取各家之長，提出自
己的理論見解。

　　閱讀本書的第三種途徑，指向政治行動（political action）的探
索。在此，有別於行為主義對於表現個人情感偏好之「政治行為」
（political behavior）的情有獨鍾，「政治行動」意指能動者在歷史場
景中的意向活動、意義表達與價值抉擇。就此而言，本書的寫作宗

旨，亦可謂是對蟄伏於共和主義傳統中的行動議題，進行系統性的重
構，包括：統治者的治理技藝與政治決斷，以及被統治者的德行涵養
與選擇判斷。

　　從統治者的角度來說，本書有關「偉大立法家」的追溯，不僅能
對政治領袖起著典範作用與感召效果，書末關於台灣憲法政治的政治
哲學解析，更是具體地落實到行動的層面上，來表述台灣民主所實際
面臨的歷史叉路與理論難題。從被統治者的角度來說，政治行動概念
本身即蘊含著作者是以具備歷史臨場感與現實參與性的「公民」為說
理對象。由於探究公民德行與政治共同體之建立和維持的關係，原是
共和主義迥異於自由主義的立論重點，本書的一個潛在貢獻，因而是
開啟了國內學界有關公民身分研究的新氣象：從權利到德行。此外作
者在討論黑格爾時，基於合理愛國主義的視野，以歷史內在標準作為
公民判斷的依歸，也為生活在憲政國家下的公民群體所時時遭逢的政
治紛爭，指出了一種超越普遍主義與特殊主義的解決方式。

　　不過，就像研究喜劇本質的人，自己不用很會講笑話，從事神學
探索的人，自己不一定要懂得教會儀式的運作。身為政治理論家，作
者對於政治行動所抒發的議論，仍與現實政治之間保有批判距離。我
想，這或許是黑格爾帶給作者的另一影響：哲學家志在解釋這個世界
而不是直接改造它。

三、

　　以下將依照古典與現代（從近代到當代）之劃分，概述本書之重
點。在歷史起源上，作者以亞里斯多德為共和主義的思想根源，並酌
以當代詮釋（尤其是沃格林與史特勞斯學派），指出亞里斯多德的主

要貢獻，在於其政治學說揉合了公民的政治參與和德行培育以及偉大立法家的統治技藝。而在制度與價值層面對共和主義產生實質影響的古典作家，首推波利比烏斯與西賽羅。前者的政體循環論與混合憲政論不但是承接希臘哲學遺產與羅馬法律稟賦的橋梁，並在文藝復興時期成為義大利人文主義學者所依賴的思想泉源。至於後者的《論義務》，則是在肯定羅馬共和政制之正當性與羅馬法之有效性的前提下，依據「效益」必須符合「高尚性」的自然法律則，重新評價古典四基德（智慧、正義、勇氣與合宜性）以及羅馬特有的榮耀觀念，從而完成了以德行規範政治的傳統格局。此外西賽羅的另一名著《論共和國》，雖因長期佚失而未能在歷史中發揮應有作用，但隨著該書部分文本的重現，其以「公共事務」、「法律的協議性」與「利益的共同性」等要素來界定政治共同體的方式，實則已將人民、公共審議、階層和諧等觀念注入西方政治意識當中，並成為共和民主思想在當代轉進的重要理據。

　　從今天的眼光來看，古典共和主義至少仍有兩項發人深省的理論精義。其一是有關政治本質的理解。在亞里斯多德看來，政治之所以發生的根本條件，在於人類處境介於神明與禽獸之間：人依其自然本性，雖非神聖萬能，卻獨具「理性言說」的潛能，可以藉著理性駕馭私利與欲望，與人溝通、協商、審議公共事務並選擇合宜的行動方案。這一方面預設了「人類行動的自主性」，肯定人類能夠憑藉思考來決定自己的行為，也就是說，政治思辨與政治活動的出現，即已假定這個世界上所發生的事情並不完全是由自然力量所決定；在另一方面，這同時顯示出了「政治的必然性」，因為只要有人群匯聚的地方，就存在著理性與語言，而政治也就自然而然地隨之發生了。

　　其二是有關自由民主的理解。本於「理性言說」，共和主義所談

論的民主參與，因此不是一種程序而是一種目的，強調公民必須透過
共享治理的公共生活，「追求最高且最廣的共善，也就是在法律的架
構之中通過自治而培養德行」（頁8）；共和主義所嚮往的政治自由，
也不是消極自由，而是著重共同體不受奴隸的自主狀態，引用西賽羅
的一句名言來說，「自由並非有一個公正的主人，而是沒有主人的支
配」（頁100）。

四、

　　在近代部分，作者別出心裁地區分了共和主義的兩種典範，亦即
憲政共和主義與激進共和主義。誠然憲政共和主義與自由主義更具家
族相似性，從而易於引起一般讀者的共鳴。但本書真正精彩的地方，
其實是集中在對激進共和主義的重構；藉此，作者不但賦予共和主義
一個嶄新的現代形貌，更發掘出了觸及政治本質的一組新課題：人性
腐化、政治秩序、政治創新、超越常態、政治決斷、開端（arche）、
制憲權、人民主權、革命、激進民主等等。

　　作者以馬基維利為現代共和主義的開端，並提出三點高見：第
一，馬基維利處理政治與道德之關係的原創性，在於他的秩序論與西
賽羅的規範論之間的徹底決裂。換言之，相較於西賽羅所代表的羅馬
式保守主義，馬基維利企圖從當時義大利的腐化狀態中創造出一種全
新的政治秩序，而其基本作法，則是「將政治去道德化」，進而扭轉
了德行的內涵：「德行僅意味著達到政治目標必須具備的個人能力與
特質。卓越政治行動者之德行在必要性的限制中能夠轉化限制成為機
會，因而得以創造政治秩序」（頁130）。第二，馬基維利巧妙地運用
了形式與質料以及超越常態與常態秩序兩組辯證命題，作為他追求政

治的「有效真理」之利器。對馬基維利而言，形式存在於統治者心中，當面對因質料之內在矛盾而浮現腐化時，例如：權貴渴望權力與平民追求自由所形成的階層衝突，統治者必須以超越常態的方式，藉著法律的制定、風俗的建立與宗教的傳播，改造質料，重建秩序。第三，既然超越常態的政治時刻，不僅「先於任何常態政治秩序的起始，且於其中沒有任何規範的限制」（頁152），所以唯有依靠超群絕倫的奠基者，始可完成此一開創基業的壯舉。而由於人類事務總是處在變遷之中，政治決斷顯非一勞永逸、一蹴可幾，因此，馬基維利的共和思想在提倡擴大公民參與之餘，同時主張適合於政治創新的一人統治形態，應該繼續存在共和政制的常態秩序中。

由此可見，作者對於馬基維利的詮釋，兼顧政治決斷論與公民德性論，或用當代術語來說，融合了政治現實主義與道德理想主義。事實上，如前所述，決斷論與規範論正是貫穿現代共和主義之思想進程的兩個對立範疇。依此，盧梭民主共和主義的原創性，在於他以彰顯人民同一性的普遍意志，充當創造政治共同體與公民身分的最高「共和原則」，並根據「民主原則」將民主從一種特殊的政體形式，轉變成所有政府統治之正當性所必須依循的唯一可能原則。換言之，盧梭有關普遍意志與人民主權的規範論證，必須從政治神學的角度來做理解：正如上帝是世界的創造者，「人民的普遍意志乃是政治領域中至高無上之權力根源」（頁176）。而由於「社會契約並未確立政治共同體在歷史中的自我保存」（頁209），因此，在說明了政治權利的規範原則後，盧梭還從決斷論與秩序論的角度，進一步闡釋偉大立法家應如何藉著靈魂的力量進行公共啟蒙，創造政治空間，並扮演憲法守護者的角色，以公民宗教等設置來維繫風俗習慣與公共輿論，從而改變人性，使個體融入整體之中，成為一位國民、一個民族國家的文化成

員。就此而言，盧梭所完成的歷史功業，是將共和主義有關獨立自由的政治體何以建立與維持的問題，轉換成推進現代政治之運轉的兩個時而產生摩擦的軸心：民主政治與民族國家。馬基維利的政治創建與盧梭的激進民主，因而帶有反政治馴化的動力、反立憲主義的趨向。關於憲政共和主義的形成，我們因此必須回到《聯邦論》作者、西耶斯、康德與黑格爾等哲人身上尋求奧援。這並不是說這些作家的思想只允許憲政主義一種詮釋可能，恰恰相反，在作者筆下，規範論與秩序論始終變化著不同的表現形式，並反覆顯現在近代政治思想史中。因此，作者主要是通過憲政共和主義中「隱蔽的人民」與民主共和主義中「人民正身的展現」兩個互斥的觀點，引導出憲政秩序保障下的公民自由與超越憲政秩序的人民主權之間的兩難抉擇，作爲他解讀《聯邦論》的主要依據。縱然《聯邦論》有關分權制衡、聯邦制度與代議政府等憲政規範原理的奠基，夾帶著豐沛的歷史意義，但作者此處刻意反其道而行，試圖藉著對「依賴人民是控制政府最基本的辦法」進行激進民主的新解，站回到秩序論的平台上，來揭露《聯邦論》偉大而晦澀之若干陳述所蘊含的人民主權思想。

　　同樣地，作者基本上也是置身在憲政革命與憲政主義的緊張關係之中，來表述西耶斯獨具慧眼的制憲權理論：「國民作爲創造實證法的根源性權力，雖然永遠不會體現在實證法體系之內，且僅在憲政危機時展現；但是當國民意志展現時，現有法秩序便失去效力，靜待國民意志對憲政秩序與規範進行決定」（頁269）。換言之，在西耶斯的革命憲政主義體系中，決斷論與規範論再次被分別形塑爲：宣揚國民意志的民主原則在革命時刻的展現，以及表徵憲政主義的程序性格在常態時刻的作用。通過西耶斯的制憲權理論，近代政治思想史上有關國家權威存在之正當性與國家權力行使之合法性的二元分界，於焉確

立。

作為一位研究黑格爾出身的傑出理論家,作者以黑氏為近代政治思想之集大成者,並不讓人意外。究實而論,本書在方法論上依然保有黑格爾主義的身影,尤其是二元詮釋架構的引用以及追求歷史、哲學與行動合一的「政治理解」取向。表面上看,康德對於統治形式與政府形式的區分、以行政權與立法權的分立為共和政府的基本原則、主張共和制為公民憲法唯一正當形態等觀點,似乎是意在維持盧梭重視自由與自我立法的前提下,降低其思想中的激進民主成分,並因而影響了黑格爾趨向保守的憲政國家理論。然而,深一層看,規範論與決斷論的框架仍然存留在作者對黑格爾之共和主義思想的翻案研究中。

較清楚地說,黑格爾的國家理論著重主觀自由與實質性倫理生活的統一。因此,從公民理性共同體一面切入,黑格爾的憲政理論不僅重視政治自由與分權原理,並宣稱抽象的自由原則只有在公共生活之中才能獲得落實,也就是說,公民對於公共事務的參與討論,實為自由之實現所不可或缺的一環。以此言之,黑格爾政治思想中的共和主義遺跡,在於其妥善地將理性言說與政治審議的古典理想,整合進符合現代政治處境的倫理生活之中(如公民權利與憲政國家),並從而建立起了一種調合個人特殊性與國家普遍性的「具體自由」概念。在另一方面,黑格爾同時提出了合理愛國主義的論點,「主張政治認同可以通過公民的理性認知而建立,若且為若政治社群有合理的憲政結構」(頁317):「我愛我的國家,因為它是我的而且它有自由的政制」(頁320)。就此而言,合理愛國主義立即印照著決斷論與秩序論的光澤。然而,與盧梭的偉大立法家不同,黑格爾的歷史主義使其確信,合理憲政或自由政制的判斷標準,既不是普遍主義的抽象原則,也不

是特殊主義的即時理性，而是歷史所提供的內在標準。在此意義上，黑格爾反倒比康德更能和當代激進民主理論接軌；例如，Chantel Mouffe的激進民主思想便主張，「將公民權了解爲通過對共和政治體的確認而建立的政治認同」（頁325）。

決斷論與規範論作爲刻畫共和主義思想淵源的兩個對立邊界，繼續在當代生效，並成爲施密特與鄂蘭進行隱蔽對話的主要線索。換言之，施密特著稱的政治優先於法治、民族制憲優先於憲法制度的決斷論邏輯，大抵上是以公法語言重述了馬基維利與盧梭的政治創建理論。相較於此，鄂蘭則是通過重申公民共和主義的平等精神與政治自由，反駁了施密特的決斷主義。鄂蘭傾向規範論的批評重點有二：第一，施密特的決斷論混淆了權威與權力的差別：權威是法律的來源，並因而具有延續性與擴充歷史基業的意涵；權力的基礎則是人民，並因此將隨著人民意志的變動而有所變化。第二，美國獨立革命其實呼應了羅馬共和主義的根本精神；因爲不像法國革命是在一個斷裂的歷史時刻中，打倒舊制度、重建新秩序，發生在美國的這場革命，毋寧是基於既存之社會權力的賦權（empowerment），試圖爲政治生活「重新奠基」，並透過制憲而將權威安置於憲法之中。要之，從美國經驗來看，立憲不是一個單一性的、任意性的政治決斷，而是一個展現「建築世界的能力」（頁352）、一種追求「開端啓新」與「協同一致」的歷史持續過程（頁359）。

最後，就共和主義的當代復甦而言，劍橋學派兩位領導人物波考克與史金納扮演重要角色；而在相當程度上，決斷論與規範論似乎也可被看成是造成這兩位學者走向理論殊途的關鍵因素。簡單地說，波考克對馬基維利的詮釋，是以「政治創新」爲經、政治參與和公民德行爲緯，史金納則是避「政治創新」而不談，轉以階級衝突、政府制

度與法律等論題，對馬基維利的自由觀提出一種親近於自由主義之消極自由的新解。雖然作者的立場明顯偏向波考克，並對史金納的新羅馬共和主義及其自由觀，提出深刻的理論批評，但無可否認地，在史金納的影響下，當代共和主義已經逐漸出現以德行與法律爲核心的兩種不同論述取向。

五、

　　誠然本書結構已經十分完備，篇幅也相當飽滿，但對筆者而言，作者在歷史人物題材的選擇方面仍留下了幾個缺憾。在這樣一本精湛的專書中，獨缺共和主義與英國政治思想史的關聯，有些可惜。孟德斯鳩與托克維爾在書中沒有獲得獨立討論，令人遺憾。對於康德的討論也過於簡略，只是爲了黑格爾的出場鋪路，實爲美中不足。如果能對近代中國接觸共和主義的歷史過程略做鋪陳，那就再好不過了。

　　此外，本書雖然爲讀者恢復了以人性和道德爲主軸的「政治理解」之人文主義面貌，但由於作者並未使用充足的篇幅來闡釋歷史與哲學的理論關係，這於是使得本書的「史觀」隱晦不明，留給了讀者幾種不同的詮釋可能；在本文中，筆者大抵上是以歷史主義與懷疑主義作爲綜覽全書的兩條中心線索。在一方面，歷史主義的閱讀印象來自作者對於歷史差異性的重視，並強調被詮釋者之創作意圖與問題意識的特殊性；也因此，如前所述，作者於書中刻意採用不同的理論詞彙來表達決斷論與規範論的二元架構在不同作家身上所扮演的不同角色。

　　然而，在另一方面，本書對此二元架構的採用，卻有滑向懷疑主義的跡象：如果我的討論前提是正確的，亦即，不管前述這些理論詞

彙的具體內涵有何差別，整體而言，它們俱可涵攝在涉及人性與權力
邏輯的決斷論與攸關道德與價值體系的規範論兩大概念範疇之下；那
麼，本書最終的理論企圖似乎不是在統一決斷論與規範論的斷裂，而
是在警醒人們，使得政治成為可能與必要的權力邏輯與價值體系之
間，實際上存在著種種難以化解的衝突、矛盾與對立。換言之，倘使
權力與道德是構成人類政治兩大不可或缺的元素，那麼，在歷經了更
深刻的「政治理解」之後，我們頓然發現，現代政治之更深層的困
境，其實是某種懷疑主義式的困境；因為在現代性的撲天蓋地之下，
賦予權力以正當性基礎的終極道德根源如今已然瓦解，面對權力與道
德之間的緊張關係，哲學家縱然急躁不安，卻又束手無策。就此而
言，從馬基維利石破天驚地道出了權力的邪惡本質，現代政治的歷史
發展在在坐實了霍布斯有關政治是人類生活之「永恆困境」的說法；
在這點上，縱使是西方現代政治哲學最偉大的心靈，如盧梭或黑格
爾，也無法提供令人完全滿意的解答。

六、

　　以歷史意識而言，本書擲地有聲，可媲美波考克的 *The Machia-
vellian Moment*，堪稱華語世界的「馬基維利時刻」；以哲學內涵而
言，本書精彩絕倫，展現出了台灣政治理論研究的新高點；以政治行
動而言，本書意境深遠，將是日後學界討論政治創新與公民德行所不
可不讀的一本經典。《西方共和主義思想史論》的作者，以他精華的
學術生命，為「共和主義在東方」留下了一座重要的里程碑。

《思想史》稿約

1. 舉凡歷史上有關思想、概念、價值、理念、文化創造及其反思、甚至對制度設計、音樂、藝術作品、工藝器具等之歷史理解與詮釋，都在歡迎之列。

2. 發表園地全面公開，竭誠歡迎海內外學者賜稿。

3. 本學報為半年刊，每年三月及九月出版，歡迎隨時賜稿。來稿將由本學報編輯委員會初審後，再送交至少二位專家學者評審。評審人寫出審稿意見書後，再由編委會逐一討論是否採用。審查採雙匿名方式，作者與評審人之姓名互不透露。

4. 本學報兼收中（繁或簡體）英文稿，來稿請務必按照本刊〈撰稿格式〉寫作。中文論文以二萬至四萬字為原則，英文論文以十五頁至四十頁打字稿為原則，格式請參考 *Modern Intellectual History*。其他各類文稿，中文請勿超過一萬字，英文請勿超過十五頁。特約稿件則不在此限。

5. 請勿一稿兩投。來稿以未曾發表者為限，會議論文請查明該會議無出版論文集計畫。本學報當儘速通知作者審查結果，然恕不退還來稿。

6. 論文中牽涉版權部分（如圖片及較長之引文），請事先取得原作者或出版者書面同意，本學報不負版權責任。

7. 來稿刊出之後，不付稿酬，一律贈送作者抽印本30本、當期學報2本。

8. 來稿請務必包含中英文篇名、投稿者之中英文姓名。論著稿請附中、英文提要各約五百字、中英文關鍵詞至多五個；中文書評請加附該書作者及書名之英譯。

9. 來稿請用真實姓名，並附工作單位、職稱、通訊地址、電話、電子郵件信箱地址與傳真號碼。

10. 投稿及聯絡電子郵件帳號：intellectual.history2013@gmail.com。

專號徵稿啓事

　　爲紀念《青年》(1915，後改爲《新青年》)雜誌創刊一百周年，本刊正籌劃出版青年專號。舉凡與《青年》或《新青年》雜誌相關，抑或與五四運動相關之論文或研究討論，本刊均竭誠歡迎賜稿。來稿請參考本刊〈撰稿格式〉，論文電子檔請寄至 intellectual.history2013 @gmail.com，或將紙本寄至台北市南港中央研究院歷史語言研究所陳正國先生收。有關本刊相關訊息，請參考 http://www.linkingbooks.com.tw/lnb/top/9789570842661.aspx。

Call For Papers

　　The journal *Intellectual History* (Sixiangshi, Taipei) is planning a special issue in 2015 on the New Culture Movement in commemoration of the hundredth anniversary of the founding Youth (Qingnian) magazine (renamed New Youth, in 1917). Articles and research notes may be in Chinese or English; send electronically to intellectual.history2013@gmail. com, or by mail to Dr. Jeng-Guo Chen, The Institute of History& Philology, Academia Sinica, Nankang, Taipei 11529, Taiwan. The style is identical with that of *Modern Intellectual History*. For more information on *Intellectual History*, see http://www.linkingbooks.com.tw/lnb/top/9789570842661.aspx.

《思想史》撰稿格式

（2013/08修訂）

1. 橫式（由左至右）寫作。
2. 請用新式標點符號。「」用於平常引號，『』用於引號內之引號；《》用於書名，〈〉用於論文及篇名；英文書名用 Italic；論文篇名用""；古籍之書名與篇名連用時，可省略篇名符號，如《史記・刺客列傳》。
3. 獨立引文每行低三格（楷書）；不必加引號。
4. 年代、計數，請使用阿拉伯數字。
5. 圖表照片請注明資料來源，並以阿拉伯數字編號，引用時請注明編號，勿使用"如前圖"、"見右表"等表示方法。
6. 請勿使用："同上"、"同前引書"、"同前書"、"同前揭書"、"同注幾引書"，"ibid.,""Op. cit.,""loc. cit.,""idem"等。
7. 引用專書或論文，請依序注明作者、書名（或篇名）、出版項。
   A. 中日文專書：作者，《書名》（出版地：出版者，年份），頁碼。
      如：余英時，《中國文化史通釋》（香港：牛津大學出版社，2010），頁1-12。
      如：林毓生，〈史華慈思想史學的意義〉，收入許紀霖等編，《史華慈論中國》（北京：新星出版社，2006），頁237-246。
   B. 引用原版或影印版古籍，請注明版本與卷頁。

如：王鳴盛，《十七史商榷》（臺北：樂天出版社，1972），卷
12，頁1。

　　如：王道，《王文定公遺書》（明萬曆己酉朱延禧南京刊本，
臺北國家圖書館藏），卷1，頁2a。

C. 引用叢書古籍：作者，《書名》，收入《叢書名》冊數（出版
地：出版者，年份），卷數，〈篇名〉，頁碼。

　　如：袁甫，《蒙齋集》，收入《景印文淵閣四庫全書》第1175冊
（臺北：臺灣商務印書館，1983），卷5，〈論史宅之奏〉，頁11a。

D. 中日韓文論文：作者，〈篇名〉，《期刊名稱》，卷：期（出版
地，年份），頁碼。

　　如：王德權，〈「核心集團與核心區」理論的檢討〉，《政治大學
歷史學報》，25（臺北，2006），頁147-176，引自頁147-151。

　　如：桑兵，〈民國學界的老輩〉，《歷史研究》，2005：6（北
京，2005），頁3-24，引自頁3-4。

E. 西文專書：作者—書名—出版地點—出版公司—出版年分。

　　如：Samuel P. Huntington, *Political Order in Changing Societies*
(New Haven: Yale University Press, 1968), pp. 102-103.

F. 西文論文：作者—篇名—期刊卷期—年月—頁碼。

　　如：Hoyt Tillman, "A New Direction in Confucian Scholarship:
Approaches to Examining the Differences between Neo-Confucianism
and Tao-hsüeh," *Philosophy East and West*, 42:3 (July 1992), pp.
455-474.

G. 報紙：〈標題〉—《報紙名稱》（出版地）—年月日—版頁。

　　〈要聞：副總統嚴禁祕密結社之條件〉，《時報》（上海），2922
號，1912年8月4日，3版。

"Auditorium to Present Special Holiday Program," *The China Press* (Shanghai), 4 Jul. 1930, p. 7.

H. 網路資源：作者—《網頁標題》—《網站發行機構／網站名》—發行日期／最後更新日期—網址（查詢日期）。

倪孟安等，〈學人專訪：司徒琳教授訪談錄〉，《明清研究通迅》第5期，發行日期2010/03/15，http://mingching.sinica.edu.tw/newsletter/005/interview-lynn.htm (2013/07/30)。

8. 本刊之漢字拼音方式，以尊重作者所使用者爲原則。

9. 本刊爲雙匿名審稿制，故來稿不可有「拙作」一類可使審查者得知作者身分的敘述。

《思想史》購買與訂閱辦法

一、零售價格：每冊新臺幣520元。主要經銷處：聯經出版公司官網、
　　門市與全省各大實體書店、網路書店。

二、國內訂閱（全年二冊／3、9月出版）：
　　機關訂戶，新臺幣1040元；個人訂戶，新臺幣820元；學生訂戶，
　　新臺幣780元。郵政劃撥帳戶「聯經出版公司」，帳號01005593。

三、海外訂閱（全年二冊／3、9月出版）：
　　港澳／大陸地區——航空每年訂費NT$2280元（US$80），
　　　　　　　　　　　　海運每年訂費2052元（US$72）
　　亞洲／大洋洲地區—航空每年訂費NT$2422元（US$85），
　　　　　　　　　　　　海運每年訂費2166元S$76）
　　歐美／非洲地區——航空每年訂費NT$2622元（US$92），
　　　　　　　　　　　　海運每年訂費2166元（US$76）
　　若需掛號，全年另加US$ 5

請將費用以美金即期支票寄至：
臺北市大安區新生南路三段94號1樓　聯經出版公司
1F., No.94, Sec. 3, Xinsheng S. Rd., Da'an Dist., Taipei City 106,
Taiwan (R.O.C.)
TEL：886-2-23620308

Subscription

A. List price: (surface postage included)

Hong Kong, Macao, China US$72 per issue; Asia, Oceania, America,
Europea,

Australia and Other Areas US$76. (Add US$5 for registered mail)

B. List price: (air mail)

Hong Kong, Macao, China US$80 per issue; Asia and Oceania Areas
US$85 per issue;

America, Europea, Australia and Other Areas US$92. (Add US$5 for
registered mail)

C. Subscription Rate: (2 issues / per year)

Please pay by money order made payable to:

Thoughts History, 1F., No.94, Sec. 3, Xinsheng S. Rd., Taipei City
106, Taiwan (R.O.C.)

E-mail：lkstore2@udngroup.com

TEL：886-2-23620308

FAX：886-2-23620137

聯經出版事業公司

《思想史》期刊　信用卡訂閱單

訂 購 人 姓 名：_____

訂 購 日 期：_____年_____月_____日

信 用 卡 別：□ VISA CARD　□ MASTER CARD

信 用 卡 號：_____（卡片背面簽名欄後三碼）_____必填

信用卡有效期限：_____月_____年

信 用 卡 簽 名：_____（與信用卡上簽名同）

聯 絡 電 話：日(O)：_____夜(H)：_____

傳 眞 號 碼：_____

聯 絡 地 址：_____

訂 購 金 額：NT$_____元整

發　　　　票：□二聯式　□三聯式

統 一 編 號：_____

發 票 抬 頭：_____

◎若收件人或收件地不同時，請另加填！

收 件 人 姓 名：□同上_____□先生　□小姐

收 件 人 地 址：□同上_____

收 件 人 電 話：□同上 日(O)：_____夜(H)：_____

※ 茲訂購下列書籍，帳款由本人信用卡帳戶支付

訂閱書名	年 / 期數	寄送	掛號	金額
《思想史》	訂閱____年	□ 航空 □ 海運	□ 是 □ 否	NT$

訂閱單填妥後

1. 直接傳眞 FAX：886-2-23620137
2. 寄臺北市大安區新生南路三段94號1樓　聯經出版公司 收

　 TEL：886-2-23620308

思想史
思想史 2

2014年3月初版　　　　　　　　　　　　　　　　定價：新臺幣480元
有著作權・翻印必究
Printed in Taiwan.

編　　　著	思 想 史 編 委 會
發 行 人	林　　載　　爵

出　版　者	聯 經 出 版 事 業 股 份 有 限 公 司	叢書編輯	陳　逸　達
地　　　址	台 北 市 基 隆 路 一 段 1 8 0 號 4 樓	封面設計	沈　佳　德
編 輯 部 地 址	台 北 市 基 隆 路 一 段 1 8 0 號 4 樓		
叢 書 主 編 電 話	(0 2) 8 7 8 7 6 2 4 2 轉 2 2 5		
台 北 聯 經 書 房	台 北 市 新 生 南 路 三 段 9 4 號		
電　　　話	(0 2) 2 3 6 2 0 3 0 8		
台 中 分 公 司	台 中 市 北 區 崇 德 路 一 段 1 9 8 號		
暨 門 市 電 話 ：	(0 4) 2 2 3 1 2 0 2 3		
台 中 電 子 信 箱	e - m a i l ： l i n k i n g 2 @ m s 4 2 . h i n e t . n e t		
郵 政 劃 撥 帳 戶	第 0 1 0 0 5 5 9 - 3 號		
郵 撥 電 話	(0 2) 2 3 6 2 0 3 0 8		
印　刷　者	文 聯 彩 色 製 版 印 刷 有 限 公 司		
總　經　銷	聯 合 發 行 股 份 有 限 公 司		
發　行　所	新 北 市 新 店 區 寶 橋 路 2 3 5 巷 6 弄 6 號 2 樓		
電　　　話	(0 2) 2 9 1 7 8 0 2 2		

行政院新聞局出版事業登記證局版臺業字第0130號

本書如有缺頁，破損，倒裝請寄回台北聯經書房更換。　ISBN　978-957-08-4363-7 (平裝)
聯經網址：www.linkingbooks.com.tw
電子信箱：linking@udngroup.com

國家圖書館出版品預行編目資料

思想史 2／楊正顯、魏綵瑩、黃克武、梁裕康等編著.
初版 . 臺北市 . 聯經 . 2014年3月（民103年）.
352面 . 14.8×21公分（思想史：2）
ISBN　978-957-08-4363-7（第2冊：平裝）

1.思想史　2.文集
110.7　　　　　　　　　　　　　　　　103003090